证券投资顾问理论与实务操作

黄小宁　主编

中国财政经济出版社

图书在版编目（CIP）数据

证券投资顾问理论与实务操作/黄小宁主编．—北京：中国财政经济出版社，2012.2

ISBN 978-7-5095-3319-2

Ⅰ．①证…　Ⅱ．①黄…　Ⅲ．①证券投资-投资分析-从业人员-基本知识　Ⅳ．①F830.91

中国版本图书馆CIP数据核字（2011）第266452号

责任编辑：卢关平　　　　责任校对：李　丽
封面设计：郁　佳　　　　版式设计：兰　波

中国财政经济出版社出版

URL：http：//www.cfeph.cn

E-mail：cfeph@cfeph.cn

社址：北京市海淀区阜成路甲28号　邮政编码：100142

营销中心电话：88190406　北京财经书店电话：64033436　84041336

北京富生印刷厂印刷　各地新华书店经销

787×960毫米　16开　15.75印张　249 000字

2012年6月第1版　2012年6月北京第1次印刷

印数：1—3500　定价：26.00元

ISBN 978—7—5095—3319—2/F·2809

（图书出现印装问题，本社负责调换）

本社质量投诉电话：010—88190744

前　言

证券和证券咨询行业经过20多年的发展，已初具规模，在全球地位日益突显，但也存在一些老大难问题，如证券经纪业务靠天吃饭，证券咨询行业业务转型难。要解决这些问题必须与国际惯例接轨，比如向特定客户提供增值服务并收取账户管理费，就是一个比较好的出路。而投顾业务的微观基础和载体就是具有一批训练有素、经验丰富的投顾团队。

2011年1月1日开始实施的《证券投资顾问业务暂行规定》（以下简称规定）明确了证券投顾业务和证券投顾人员的法律地位。该规定出台业内好评如潮，投顾人员欢欣鼓舞，而2011年不景气的二级市场走势，给投顾业务开展带来巨大困难，并给投顾人员泼了一盆冷水。各机构在艰难的探索之中搭建投顾平台、设计投顾产品、加强投顾人才培养。

在券商和咨询机构业务转型倒逼下，大家认识到投顾业务的重要性。而投顾人才的巨大缺口，使得券商投顾业务开展困难重重，在券商内训不足而储备资源相对匮乏的背景下，从外部挖人自然成了各大券商的首选，在将来推出投顾人员“转会制”后，证券投资顾问的薪酬像保荐人一样一路看涨，已经有业内券商喊出了“年薪百万元”的口号挖人。按照新“规定”，投顾人员进入门槛高并需要丰富的实战经验，当期达到合格标准的并不多。由于证券投顾业务是新生事物，如何培养证券投顾没有统一的内容和标准，各家机构招数不一。由于没有统一的培训教材，使各家机构的培训无“书”可依。相信本书的出版将填补国内证券投顾理论和实务运作方向的空白。

本书内容包括证券投顾的理论知识和执业素养，证券投顾的分析技术、实务运作、管理及监管，特别是对券商关注的营销和服务一体化作了深入讨论。本书在理论和实务的结合点上对证券投资顾问的历史、现状和未来发展作了全方位、多视角的描述。

本书适合在校大学生、研究生、证券投顾从业人员阅读。

感谢中国财政经济出版社的领导和编辑对本书出版的大力支持。由于时间仓促，书中错误在所难免。敬请各位业内专家、学者和从业人员提出批评指正。

黄小宁于重庆解放牌

2012 年 2 月 18 日

目　录

第一篇　理　论　篇

第二篇　方　法　篇

第三篇　技　术　篇

第四篇　管　理　篇

第一篇

理 论 篇

本篇为理论篇，是证券投资顾问的基础，它主要从认知上解决证券投资顾问“是什么”及“为什么”的重要问题。

第一章
证券投资顾问基础

顾问并不是顾而不问的摆设，而是能带来收益的金点子。

——作者

本章目标

- ◆ 明确证券投资顾问的基本概念
- ◆ 了解证券投资顾问的类型划分
- ◆ 把握证券投资顾问的性质特征和关键问题

第一节 证券投资顾问的内涵

证券投资顾问（以下简称“投顾”）的概念涉及证券、投资、证券投资顾问等内容。

首先从证券的概念谈起，证券从广义上讲是指证明或设定某种权利的凭证，它分为无价证券和有价证券，有价证券是指能够带来未来收益的证券，有价证券又分为商品证券、货币证券和资本证券，商品证券一般包括提货单、运货单等；货币证券一般包括商业汇票、银行汇票等；资本证券一般包括债券、股票、基金以及相关金融衍生品等。资本证券是有价证券的主要形式。本书中所述的证券特指资本证券。

再谈投资的概念，投资是指经济主体（法人或者个人）为了获取未来的预期收益或者资产增值而预先支出或者垫付一定量的货币或者实物以从事某项经济活动的经济行为。它分为实业投资和证券投资。证券投资就是投入资金购买有价证券的经济行为。

关于证券投资顾问的定义，国内外在内涵和外延上都不尽相同。

先看美国的定义，美国《1940年证券投资顾问法》界定“证券投资顾问”[①]（investment adviser）为：为了报酬，从事向他人或直接地或通过出版物或著作就证券价值或投资、购入或转让证券的明智性提供建议业务的任何人，或为了报酬且作为日常业务的一部分，发布或公布关于证券的分析或报告的任何人，作为证券投资顾问应符合下列三项要件：

（1）为取得报酬；

（2）从事《1940年证券投资顾问法》规定的经营行为；

（3）直接或由出版品，提供顾问、建议、发行报告，或提供有关证券方面之分析者。

从美国《1940年证券投资顾问法》的定义看，证券投资顾问指从事咨询业务的人员，包括分析师和证券投资顾问。美国、欧洲的证券投资顾问服务实际指证券市场的资产管理服务行为，涵盖共同基金、对冲基金、财富管理（账户全权委托）、投资建议及理财规划服务等领域。券商（财富管理和资产管理）、共同基金和对冲基金的管理人均注册为证券投资顾问。

再看中国台湾的定义，2004年6月30日颁布的“证券投资信托及顾问法”对证券投资顾问做了如下定义，指直接或间接自委任人或第三人取得报酬，对有价证券、证券相关商品或其他经主管机关核准项目之投资或交易有关事项，提供分析意见或推介建议，该定义与美国的定义一脉相承。

中国台湾地区“证券投资信托及顾问法”规定，证券投资顾问机构经许可，可以从事证券投资顾问业务（提供投资建议服务）、全权委托投资业务（管理委托人的账户）。

日本对证券投资顾问业务的管理与中国台湾地区类似，符合基本条件的证券投资顾问机构可以提供投资建议服务，符合较高条件的证券投资顾问机构经

① 刘军稳、鄢圣鹏编译：《1940年美国投资公司立法》（中英文对照本），新华出版社2007年版，第331页。

核准可以从事账户全权委托业务①。

中国香港地区把证券投资顾问定义为，售卖证券、保险、按揭、存款等任何金融产品或就这些产品提供意见或提供理财策划服务的人士；在香港，主要有三类中介人可以向公众提供财务顾问服务：

（1）持证监会牌照的证券投资顾问；

（2）银行；

（3）保险中介人。

他们分别受不同的监管构架监管。香港地区对证券投资顾问的定义，是在混业经营下对证券投资顾问的外延最广的定义。

中国香港地区 9 类证券期货业务牌照中，第 4 类牌照是证券投资咨询牌照，第 9 类牌照是资产管理牌照，证券投资咨询与资产管理分牌照管理。据了解，香港地区有大量的证券投资顾问机构同时取得第 4 类证券投资咨询牌照和第 9 类资产管理牌照，也有近 100 家证券投资顾问机构仅取得第 4 类证券投资咨询牌照。

最后看国内对证券投资顾问的定义，中国在 2010 年《证券投资顾问业务暂行规定（征求意见稿）》中，把证券投资顾问定义为在证券公司、证券投资咨询机构已经取得证券投资咨询业务资格、在中国证券业协会注册为证券投资顾问、以公司名义为签约客户提供证券投资顾问业务的工作人员。那么什么是证券投资顾问业务？按照中国证监会《证券投资顾问业务暂行规定》规定，证券投资顾问业务，是证券投资咨询业务的一种基本形式，指证券公司、证券投资咨询机构接受客户委托，按照约定，向客户提供涉及证券及证券相关产品的投资建议服务，辅助客户作出投资决策，并直接或者间接获取经济利益的经营活动。投资建议服务内容包括投资的品种选择、投资组合以及理财规划建议等。

从中国对证券投资顾问的定义看，注重资格管理和证券投资顾问业务界定。

综上所述，证券投资顾问在不同的国家或地区有不同的含义，有的包括金融各分行业，是混业经营的产物，有的特指证券投资顾问；在开展业务的范围上不同国家和地区的法律规定存在较大差异。

---

① 中国证券监督管理委员会机构监管部孟繁永：《〈证券投资顾问业务暂行规定〉和〈发布证券研究报告暂行规定〉有关问题的说明》，《中国证券报》2010 年 11 月 2 日专题版。

中国将分析师和证券投资顾问分类管理，证券投资顾问业务和发布证券研究报告是证券咨询的两种基本形式，本书根据中国的定义，将投资顾问界定为证券投资顾问，证券行业之外的其他行业的投资顾问不在本书论及范围，将投资顾问的业务范围按中国法规界定，证券公司和咨询机构传统的理财顾问、营销人员、经纪人也不包含在证券投资顾问范围内。

第二节 证券投资顾问的类型

从不同的角度看，证券投资顾问可以分为不同的类型。

一、根据范围分类

根据范围进行划分，证券投资顾问分为广义证券投资顾问和证券投资顾问。

1. 广义证券投资顾问：指销售银行、证券、保险、信托、基金、房产等行业中任何金融产品或就这些产品提供意见或提供理财策划服务的人士。

2. 证券投资顾问：仅为销售证券行业中任何金融产品或就这些产品提供意见或提供理财策划服务的人士。

二、根据性质分类

根据性质进行划分，证券投资顾问可以分为提供建议型证券投资顾问、财富管理型和代理操作型证券投资顾问。

1. 提供建议型证券投资顾问：向客户提供涉及证券及证券相关产品的投资建议服务，辅助客户作出投资决策，属传统型。

2. 财富管理型：理财规划服务，属新型。

3. 代理操作型证券投资顾问：除向客户提供涉及证券及证券相关产品的投资建议服务，还全权代理客户操作（管理委托人的账户），国外存在，国内属未来探索型。

三、根据服务内容分类

根据内容进行划分，证券投资顾问可分为：

1. 证券投资品种的选择：即对客户个股推荐及买卖时机把握，取得高于市场平均收益率。

2. 证券投资组合：即对大户即中小机构的构造证券投资组合，在规避风险的前提下，战胜市场。

3. 证券理财规划建议：在与客户签约的前提下，提供证券投资规划、实施方案及应急措施。

4. 证券财富管理：提供在股票、债券、基金、股指期货、融资融券等方面的套利组合，实现低风险的稳定盈利机会。

第三节 证券投资顾问的特性

一、证券投资顾问的特性

中国证券投资顾问具有建议性、指导性、综合性、独立性等特性。

1. 建议性。证券投资顾问根据对投资者（客户）的调查、诊断获得的一手资料进行分析，进而提出其改善投资管理方案。证券投资顾问只是充当一个辅助者的角色，为投资者提出建设性的而非强制性的改进方案。如果投资者觉得此投资方案的实施效果不佳，投资者完全可以否决该投资方案，实施与否的决定权在投资者手中。

2. 指导性。证券投资顾问并不停留在为签约客户提供建议的层面上，更重要的是，证券投资顾问会对签约客户进行讲解和培训，帮助改进投资方案，提高投资管理水平。

3. 综合性。证券投资顾问需要综合素质，即要对投资管理知识系统掌握，又要有丰富的实际操作经验，还要将咨询成果与客户不断沟通和匹配以达成共识。为了推广和包装自己，还要掌握与媒体打交道的技巧。

4. 独立性。在自己利益、所服务机构的利益与客户利益发生矛盾时，必须优先保护客户利益。公正、客观是证券投资顾问的灵魂。

二、证券投资顾问的道德规范

证券投资顾问应该是具有很高的道德修养、扎实的投资管理知识和丰富实践经验的高素质公众人物。中国《证券投资顾问业务暂行规定》第四条规定：证券公司、证券投资咨询机构及其人员应当遵循诚实信用原则，勤勉、审慎地为客户提供证券投资顾问服务。第五条规定：证券公司、证券投资咨询机构及其人员提供证券投资顾问服务，应当忠实客户利益，不得为公司及其关联方的利益损害客户利益；不得为证券投资顾问人员及其利益相关者的利益损害客户利益；不得为特定客户利益损害其他客户利益。这两条规定就是对执业道德的规定。

证券投资顾问作为一项职业，有着不同于其他职业的职业特性。因而，证券投资顾问人员所应具备的职业道德也有别于其他职业。

根据中国证券投资顾问实践和国际经验，证券投资顾问的职业道德和行为规范应遵守以下几点：

1. 诚实守信。遵守并奉行诚实原则，据实掌握客户之资力、投资经验与投资目的，据以提供适当之服务，并谋求客户之最大利益，不得有误导、欺诈、利益冲突或内幕交易等违法行为。

2. 勤勉尽责，量力而行。勤勉尽责就是要勤奋工作，忠于职守，尽到作为证券投资顾问应尽的责任。从业人员应于其业务范围内，跟踪业务进行与发展，对客户的要求与疑问，及时给予答复和说明。无论和现有客户、潜在客户、雇主或职员进行交易时，都必须秉持公正公平且充分尊重对方的原则。证券投资顾问人员对客户的承诺，不能超过自己的能力范围，吹嘘自己的过往业绩是不道德的。在证券投资顾问实践中，证券投资顾问人员要对自己的资历、能力和经验作慎重而真实的介绍，特别是在免费咨询服务项目、过往的投资绩效等方面要持特别慎重的态度。

3. 体现客户利益最大化。证券投资顾问在证券投资顾问活动中处理与客户有关的事务时，应一切从客户的利益出发。证券投资顾问应全身心地投入，协助客户在投资业绩上取得积极、持久、显著的改进，在不违背公众利益的前提下，实现客户利益最大化。这是证券投资顾问业的一条“金科玉律”。但在实际执行这一条款时经常遇到的困难是，客户的利益究竟是什么？在客户的长期利益和短期利益之间，在所有客户的不同群体之间，利益往往是有冲突的。因此在投资方案执行前，必须就证券投资顾问项目的实施方案与客户广泛沟通，达成共识。

证券投资顾问提交的投资建议、报告或方案中应当充分披露相关信息，使客户能够合理理解。不得向客户提供含有虚假、严重不实、有偏见、具有误导性或不全面的分析、预测、建议、方案或报告，对于客户获利的期望值持有重要保留意见时应明确告知客户。

在实际工作中经常注意的问题是要避免与客户发生利益冲突。避免利益冲突是证券投资顾问职业素养和道德准则中最敏感和最重要的问题之一，证券投资顾问人员（机构）应始终将客户的利益放在第一位，不得为自身谋取任何潜在利益。

4. 保持证券投资顾问工作的独立、客观、公正。独立、客观、公正是证券行业执业的专业化目标。证券投资顾问人员能否提供客观公正的建议，是客户选聘证券投资顾问人员的主要理由之一。因为证券投资顾问人员与客户的利益是一致的，它与客户是契约关系，没有利益上的冲突。证券投资顾问人员的建议或评价不应该有偏见，应从客户的资产保值增值角度考虑问题。证券投资顾问人员的一切结论必须基于事实，而不能靠猜想、推测。

在某些情况下，独立和客观是同一个问题，证券投资顾问如果习惯于迎合客户的意见，喜欢取悦于高层管理者的偏好，那么他很难提出公正的见解，就会出现独立性和客观性的问题。

在证券投资顾问实践中，每个证券投资顾问都会受到教育、文化、政治和宗教信仰的影响，为了降低这些影响，证券投资顾问应努力使用系统、科学和高度结构化的工作程序来降低证券投资顾问的主观影响。另外，与客户公开讨论问题，请同事审核方案和方法，都能提高咨询工作的客观性。

内部证券投资顾问因为受到各种内部因素的影响，其独立性和客观公正性较难处理，这也是其工作的局限性。内部证券投资顾问不应该承担那些很明显自己无法公正地思考和行动的证券经营或咨询活动。

5. 保守客户秘密。不得泄露客户的投资资料信息，也不能利用客户的资源和机密信息牟取私利，这一条是证券投资顾问业必须遵守的行为准则。证券投资顾问在实际工作中必须约束自己，在投资管理和咨询中既不能泄露客户没有授权公开的信息，也不能利用客户的任何有商业价值和潜在商业价值的信息为其所在机构和其他客户谋取利益或优势。只有这样，证券投资顾问才能真正取得客户的信任。

证券投资顾问需避免在繁忙的工作中无意识地泄露客户的机密，例如，网上传送文件被他人截用、文件销毁处理中的大意、与其他客户在谈话或会议发言中引用了保密信息等。

6. 既“授人以鱼”，又“授人以渔”。证券投资顾问不仅要为客户解决投资管理中的问题，还要着眼于提高客户的投资管理水平，投资咨询过程中证券投资顾问不仅告诉客户应该怎样做，还要告诉客户为什么这样做，指导客户去做，无保留地向客户传授相关的投资知识和经验，使客户在咨询结束之后也能解决类似的问题。

7. 不得诋毁同行。证券投资顾问为了争取客户，不应采用任何诋毁同行、吹嘘自己的手法。诋毁同行既会损害证券投资顾问行业的形象和秩序，也会损害证券投资顾问人员所在机构和其个人的形象。

总之，证券投资顾问职业道德和行为规范的建立与实施既是现代社会道德体系建设的组成部分，也是证券投资顾问行业发展的必要条件。在证券投资顾问职业活动中恪守职业道德规范，养成良好的职业素养，对社会、机构和个人都具有十分重要的长远意义，对证券投资顾问活动本身也具有积极的导向、调节和激励作用。

三、证券投资顾问业务的关键

证券投资顾问除了遵守投资管理一般原则和道德规范外，还要把握好证券投资顾问活动的关键，这样才能与客户明确双方的利益需求，有针对性地提出切实可行的投资方案，实现客户和自身利益的最大化。

1. 创造性智力活动。一方面，证券市场是激烈竞争和以少胜多的场所，是斗智斗勇的博弈场所。证券投资顾问要能正确指导客户战胜市场，既需要全面的理论知识、又需要具体的分析技术和市场经验或直觉，还要有好的投资心态和资金控管能力。另一方面，证券投资顾问只是辅助客户投资决策，需要把自己好的研究成果转化为投资方案并与客户沟通，这就需要投资规划能力和与客户的沟通能力。

2. 契约关系。证券投资顾问业务实际上是证券投资顾问机构与意向客户之间的契约关系。其中，意向客户是委托人，证券投资顾问机构是代理人。证券投资顾问机构受人之托，按委托人需求和指令辅助投资决策，从而获得报酬，达到互利双赢。证券投资顾问是契约的实施者。

3. 匹配过程。证券投资顾问业务是证券投资顾问的咨询产品与客户需求的匹配过程，证券投资顾问认真研究证券市场走势、行业状况和投资品种，形成投资方案，再与意向客户沟通，使客户增加执行方案的自觉性和坚定性。

4. 研究咨询报告与方案。研究咨询报告和实施构成证券投资顾问业务的最后两个环节，因此是十分关键的。研究咨询报告又分为研究咨询报告书和沟通两部分。实施是沟通的结果。

5. 实施过程中的修正。太阳每天都是新的，证券价格时时在波动，证券市场风险无处不在，必须不断根据市场变化修正投资方案，不断调整资金比例和投资品种并及时传达到客户手中。

（本章作者：黄小宁）

第二章 证券投资顾问的价值

证券投资顾问是民富的重要推动力量。

——作者

本章目标

- ◆ 提升对证券投资顾问价值的认识
- ◆ 明确证券投资顾问的切入点
- ◆ 深化对证券投资顾问策略的思考

第一节 证券投资顾问的价值

证券投资顾问脱胎于证券咨询，是在20多年探索实践中形成的，并逐渐与国际惯例接轨，其价值主要体现如下：

一、为中小投资者提供个性化的咨询服务

传统的证券咨询服务注重研究和分析预测，其咨询结论和产品的受众是不特定的，其水平高低和预测的准确性由分析师自己负责，对投资者特别是散户的实际操作指导性不强，而证券投资顾问的咨询结论和产品的受众是特定的，

是订单式生产，注重客户利益和实际操作，并对特定客户负责。具体来说两者具有显著的区别，主要体现在：

1. 立场不同。证券投资顾问基于特定客户的立场，遵循忠实客户利益原则，向客户提供适当的证券投资建议；证券分析师基于独立、客观的立场，对证券及证券相关产品的价值进行研究分析，撰写发布研究报告。

2. 服务方式和内容不同。证券投资顾问在了解客户的基础上，依据合同约定，向特定客户提供适当的、有针对性的操作性投资建议，关注品种选择、组合管理建议以及买卖时机等。证券分析师向不特定的客户发布证券研究报告，提供证券估值等研究成果，关注证券定价，不关注买卖时机选择等具体的操作性投资建议。

3. 服务对象有所不同。证券投资顾问一般服务于普通投资者，强调针对客户类型、风险偏好等提供适当的服务；证券分析师发布证券研究报告一般服务于基金、QFII 等能够理解研究报告和有效处理有关信息的专业投资者，强调公平对待证券研究报告接收人。

4. 市场影响有所不同。证券投资顾问服务与特定客户的证券投资及其利益密切相关，但通常不会显著影响证券定价；证券研究报告向多个机构客户同时发布，对证券价格可能产生较大影响。

5. 在服务流程上，证券研究报告一般是证券投资顾问服务的重要基础，证券投资顾问团队依据证券研究报告以及其他公开证券信息，整合形成有针对性的证券投资顾问建议，再按照协议约定向客户提供①。

中小投资者在中国股市投资者中占有较大比例，中国股市投机性过重，与投资者结构具有重大关系，中小投资者的追涨杀跌操作和爱打听小道消息等行为，导致中国股市暴涨暴跌，虽然中国 2010 年 4 月推出股指期货和融资融券业务，但暴涨暴跌依然存在。对投资者的教育和实际操作指导是克服追涨杀跌和打听小道消息的重要方法，证券投资顾问可担当此重任，为中小投资者提供个性化的咨询服务，同时克服抢帽子交易等短期行为。

二、对中小投资者进行教育

作为证券投资顾问，最值得去做的工作就是投资者教育——授人以渔，教

① 中国证券监督管理委员会机构监管部孟繁永：《〈证券投资顾问业务暂行规定〉和〈发布证券研究报告暂行规定〉有关问题的说明》，《中国证券报》2010 年 11 月 2 日专题版。

会投资者进行投资管理，引导投资者进行价值投资。通过证券投资顾问的示范和指导，使签约客户改变操作习惯，注重中长期收益，改变过度投机习惯。

三、投研报告成果转化者

证券投资顾问是既有理论知识，又有实际操作经验，为了客户利益和自身利益，依托扎实的专业知识，他们有能力及时消化投研报告，并转化为指导签约客户的咨询建议；大量高水平的证券投资顾问存在，是形成有效市场的必要条件，有利于市场稳定和证券市场功能实现，有利于价格发现和风险规避。

四、财富积累的推动者

中国要实现从国富到民富的转变，让国民分享中国经济高速增长的成果，必须增加国民的财产性收入，证券投资收入是其重要的组成部分。国民证券投资收入需要证券投资顾问的大量工作，以期切实提高投资者的理财水平和操作水平，财商教育是一个长期的过程，在这一过程中证券投资顾问起着非常重要的作用。

第二节 如何做一名优秀的证券投资顾问

证券投资顾问的美好职业前景和市场的巨大缺口，将吸引许多优秀人才加入证券投资顾问队伍，随着该市场的发展和成熟，必然加剧证券投资顾问的竞争性。如何成为一名受投资者欢迎的优秀证券投资顾问？需要具备哪些基本素质和进行哪些执业修炼，是本节讨论的重点。

一、优秀证券投资顾问应具备的基本素质

1. 健全的知识体系。优秀证券投资顾问需要健全的知识体系，既要懂经济、金融、投资相关专业知识，又要懂行业、经营管理、财务管理等知识，如

世界股神巴菲特对企业经营管理、财务、并购重组就相当在行。有些行业的研究需要工科背景，建立模型需要数学功底好。若要站得高，看得远，透过纷繁复杂的现象抓住本质，就需要哲学素养，如世界著名投机大师索罗斯学的就是哲学专业。

健全的知识体系，是一个不断积累的过程，在大学本科已构建的知识体系的基础上，不断扩充，每天进步一点点，活到老，学到老。

2. 从业经验积累。证券投资与客户的交往需要经验的积累，即使你对宏观经济的掌握很好，你也难准确预测某次加息后市场是上涨还是下跌；即使你技术分析理论烂熟于心，在大盘和个股的顶部和底部判断上也难及时准确预测。投资界有句名言："至少破产一次以上，才算成熟的投资者。"

对于应届大学毕业生而言，年轻是你的资本，经验缺乏时要多向大师学习，多向市场学习；切记同样的错误不能犯第二次。

3. 保持对市场及各种消息的高度灵敏。证券市场是各类参与者的聚集地，对多空双方的心理预期、行为特征进行把握和研究，找出规律性的东西，指导实际操作；证券市场是各种消息的发散地，广泛收集各种信息，如国内外重大政治事件、国内外经济金融数据、国内经济政策导向、上市公司信息、行业信息、机构投资者持仓信息以及市场的消化程度，加以研究分析，去粗取精、去伪存真，精准预测对证券市场的影响及应对措施。

4. 团队协作能力。目前国内部分券商正在建立证券投资顾问团队，团队协作能力必不可少，处在不同的岗位必须从整个团队出发，而不能各自为政；证券投资顾问在研究分析时，也有内部分工，在客户营销、投资咨询、客户服务各环节应相互衔接，发挥整体合力。

5. 客户沟通能力。客户是券商和咨询机构的衣食之本，在证券投资顾问的各种环节中，必须保持与客户的充分沟通，将研究咨询建议及产品与客户需求匹配。

6. 策划能力。证券投资顾问和分析师一样，需要与媒体打交道的能力。策划好内容，并以恰当方式表达，做到以内容说服人、以预测准确性征服人、以可操作性帮助签约客户赚钱。

二、优秀证券投资顾问的执业修炼

证券市场斗智斗勇，证券投资顾问需要具备良好的心理素质。良好的心理素质建立在良好的分析判断和应对风险的措施上。培养良好的心理素质有以下具体途径：多参与竞技性活动如体育运动，提高身体的反应力和耐力；经历人生磨难，也能增强人的毅力和承受困难的勇气；对艺术的欣赏，疏解人的紧张心理，也能提高人的心理耐力；对宗教的研究和信仰，也有利于培养人的“戒、定、惠”。具体来说在证券投资上应学会以下执业修炼①：

1. 学会建立必赚的强烈信心。做任何事情，要有信心才能成功；证券投资及业务开展更是如此，有了必胜信心，才能成功；信心是建立在对必然王国的认识上，是在克服各种消极心理后的结果，是久战沙场后的积淀升华。

2. 学会在关键时刻果断抛股。会买还要会卖，会卖才是师傅，在运作周期完成时，或高位放量、或高位出现避雷针时要坚决清仓出局，不能“死猪不怕开水烫”。

3. 学会在狂热中保持冷静。每一波行情的高峰时即是最好赚钱的时候，也是风险最大的时候，要经得起诱惑，在狂热中保持冷静，激流勇退。

4. 学会从悲观中看出“危中有机”。在行情波动的低迷期，各种利空消息满天飞，“伸手不见五指”，在最黑暗的时候不要被恐惧所吓倒，在别人不敢买时勇敢出手，从悲观中看出“危中有机”。

5. 学会在熊市中空仓或止损。牛熊轮回是股市的固有规律，具有中国特色的股市是“牛短熊长”，在股市要先学会生存，再求发展，要提高预测顶部的功底，在熊市中要学会两项本领：一是空仓，二是止损；不要轻易抢反弹，在暴跌时才抢反弹，并及时退出。

6. 学会控制贪婪的恶性膨胀。在赚钱时，只要不见顶，就大胆地持有，在顶部信号明显出现时，要善于止盈，贪婪是没有好结果的。

7. 学会保本的艺术。世界投资大师巴菲特说：投资的第一条准则是不要赔钱，第二条准则是永远不要忘记第一条。

8. 学会判断哪些股票不能碰。投资要有原则性，暴炒后的股票不能动，不熟悉的股票不能动；放消息出来的股票不能动。

9. 学会判断何时顺势操作。股票市场是有趋势的，顺势而为是投资的金科玉律，在上升趋势中耐心持有，在下跌趋势中空仓等待。

10. 学会何时逆势操作。市场是少数人赚钱，多数人赔钱，利用相反理论才能赚钱，在顶底部要敢于逆势而为。

---

① 山海著：《这样操盘一定大赚》，中国经济出版社 2006 年版，第 20 ~ 21 页。

三、证券投资顾问必读书目

1.《江恩股市定律》。作者：（美）威廉·D. 江恩，译者：田继鸣、胡怀栋；出版社：清华大学出版社；出版日期：2006 年 1 月；内容提要：江恩以其人生的巨大成功，证明了他所创造的股市投资理论的正确性，在近一个世纪的股市交易中，江恩的股市定律至今仍被奉为金科玉律，成为传世经典。该书是江恩的一本涵盖股票和期货投资的专著。幽默轻松的语言和 22 幅股市行情图，深入浅出地揭示了股票和期货投资过程中卓有成效的交易方法。

2.《财务报表分析与证券价值评估（第 3 版）》。作者：（美）彭曼；出版社：北京大学出版社；出版时间：2007 年 9 月；内容提要：该书从价值评估的概念框架出发，系统介绍了财务报表分析以及企业基本面分析的相关内容，如财务报表、权责发生制会计、财务报表分析、预测与价值评估、会计分析与价值评估以及风险分析等，从而使读者能够通过合理的财务报表分析理解企业的价值，并将分析结果应用于实际的证券投资之中。

该书为英文改编版，作者首先建立了一个概念框架，以帮助读者理解企业如何运行、如何创造价值以及财务报表如何反映这些价值，并将企业运行的相关知识转化为价值评估，使分析建立在合理的基础之上。并阐述了大量财务报表分析与投资分析中常用的分析工具，并以著名公司的实例阐述了这些工具的运用。该书中所有的分析都与现代金融的原理一致，并且显示了对会计本身的质量的评价。

作者简介：彭曼（Stephen H. Penman），哥伦比亚大学商学院 George O. May 教授和摩根士丹利研究学者，《会计研究评论》（*Review of Accounting Studies*）主编。研究领域为权益定价及会计信息在证券分析中的应用，1991 年获得美国会计学会和美国注册会计师协会颁发的会计研究杰出贡献奖，2001 年因该书获得美国会计学会和德勤颁发的 Wildman 奖。

3.《行为金融理论中的决策偏差与相对理性》。作者：金雪军、蔡健琦；作者单位：浙江大学经济学院；内容提要：行为金融（behavioral finance）结合了心理学与金融学的研究，认为人具有启发式（heuristic）和框架依赖（frame - dependence）两大类心理决策偏差，从而在金融市场上造成了用标准金融理论难以解释的异常（anomalies）现象。基于行为金融理论中的决策偏差，并结合经济学理性假设中的理性行为假设和有限理性假设，提出相对理性的概念。

4.《统计方法在证券投资风险分析中的应用》。作者：杨桂元、唐小我；作者单位：安徽财贸学院基础部、电子科技大学管理学院；内容提要：文章探讨了对证券投资的收益率和风险进行估计的一般方法：通过分析收益率与风险存在着线性相关关系，得出了高收益必然伴随着高风险的结论；求出一种证券的收益率与整个证券市场收益率的线性回归直线，为投资者进行风险分析奠定了基础；探讨了通过组合证券投资的途径降低投资风险的一般方法。

5.《国际金融（第二版）》（金融学译丛）。作者：（英）爱默德·A. 穆萨（Imad A. Moosa），译者：廉晓红、冯海红、别胜华；出版社：中国人民大学出版社；出版日期：2008 年 4 月；内容提要：该书重在介绍金融学的基础知识和基本理论，帮助读者更好地认识和了解金融业，奠定从事深层次学习、研究等的基础。突出金融理论在实践中的应用，重在通过实务案例以及案例讲解等，帮助广大读者将金融学理论的学习与金融学方法的应用结合起来，更加全面地掌握现代金融知识，学会在实际决策中应用具体理论，培养宏观政策分析和进行实务操作的能力。

作者简介：爱默德·A. 穆萨，1986 年毕业于英国谢菲尔德大学，获金融学博士学位。曾先后任职于国际货币基金组织、科威特国际管理公司等处，1994 年 7 月以来，执教于澳大利亚墨尔本拉筹伯大学，现为该校金融学教授。曾出版多部著作，较近的有：《国际金融》、《汇率制度：固定、浮动还是介于两者之间》、《结构时间序列模型：在经济学和金融学中的应用》、《操作风险管理：金融与资本市场》等。

6.《道氏理论：股票市场分析的基石》。作者：陈东；出版社：中国经济出版社；出版日期：2007 年 1 月；内容提要：该书认为，道氏理论首先给予我们的启示是，道氏从众多的投机事件中总结出的是市场中的规律，而不是抱怨市场是多么不规范，要求政府、交易所如何如何。而当我们看见金融事件的时候，我们又能总结出什么？创新出什么？道氏通过基本运动是不可以被人为操纵的这一认识感悟到，市场的基本运动是以自然经济运动发展的客观规律为基础的。因此，这一原理是道氏理论的基础，也是市场分析的基础，更是该书的基础。任何一位投资者都会被道氏的深刻洞察力和极其深邃的哲学内涵所震撼，认真研究道氏理论的基本原理，可以从中吸取有益的营养成分。道氏理论的哲学思想给其技术体系带来了生命活力。

道氏理论的存在已经上百年了，今天的市场已经与一百多年前不同了，特别是投资者也在“升级”，已经由个体投资者“升级”到以基金为代表的机构投资者，市场行为也有一定的不同，因此道氏理论也应当有所创新。近 30 年来，出现了很多新的技术，有相当部分都是道氏理论的延伸，这在一定程度上弥补了道氏理论的不足。另外，道氏理论也不仅仅是查尔斯·亨利·道个人的理论，它是以道氏为代表的，随后又由后来的几代开拓者不断总结、不断发展、不断完善、不断创新的理论。当今的年代是一个理论创新的年代，一百多年来道氏理论也在发展，也在创新。

7.《应用艾略特波浪理论获利》。作者：（美）史蒂文·波泽，译者：符彩霞；出版社：机械工业出版社；出版日期：2005 年 5 月。

作者简介：史蒂文·波泽（Steven W. Poser），Poser Global Market Strategies 公司总裁和创始人，这是一家提供国际股市、债市和外汇市场操作建议的咨询公司，出版每日投资简报，简报涵盖了对证券市场的技术分析和基本分析；ETF Authority 的编辑，该杂志专门分析交易型开放式指数基金；教育家，为个人和公司提供客户技术分析培训。其观点经常被财经媒体引用，是美国全国有线广播公司亚洲财经频道、美国有线电视新闻财经频道和路透社财经电视节目的常邀嘉宾。其客户包括许多大型的机构客户、共同基金、套利基金以及小部分零售账户。

《应用艾略特波浪理论获利》列举了多方面的直白易懂的例子告诉读者怎样应用艾略特波浪理论。作者根据其多年运用艾略特波浪理论的经验，提出了以下有价值的内容：回顾了技术分析有效的原因和机理，展示了艾略特波浪理论适用的情形。揭示了市场可能出现的基本形态和复杂形态，分析了一般情况下出现这些形态的市场条件。概括了创建一个有效的操作计划的流程。阐释了当市场不断通过价格、成交量等向你提供新信息时，不断更新操作计划的方法。分析了怎样从多个时间周期来看市场，这样你就能知道会出现什么级别的价格折返以及可能的效益－风险情况。

8.《伟大的博弈（1653～2011）》。作者：（美）约翰·S. 戈登著，祁斌译；出版社：中信出版社；出版时间：2011 年 1 月。

作者简介：约翰·S. 戈登，美国作家和经济历史学家，1944 年生于纽约，其祖父和外祖父均在纽约股票交易所拥有席位。1966 年毕业于范德比尔特大学，获历史学学士学位。1999 年出版了《伟大的博弈》，该书获得各界广泛关注，美国全国广播电视公司（CNBC）还专门为此书制作了长达两个小时的专题报道。

译者简介：祁斌，中国证监会研究中心主任。先后获得清华大学物理学学士学位、美国罗切斯特大学生物物理学硕士学位、芝加哥大学 MBA 学位、清华大学数量经济学学位。曾就职于高盛集团、巴黎银行等投资银行，从事过华尔街一级市场、二级市场、资产管理和风险投资等业务运作。2000 年加入中国证监会，历任战略规划委委员、基金监管部副主任、研究中心主任，兼中央党校客座教授。曾编译《伟大的博弈》，主笔《中国资本市场发展报告》，编著《资本市场：中国经济的锋刃》。

9.《股票估值实用指南》。作者：（美）格雷（Gray，G.）、库萨蒂斯（Cusatis，P. J.）、伍尔里奇（Woolridge，J. R.）著，张甦伟、杨南超译；出版社：上海财经大学出版社；出版时间：1999 年 8 月；内容提要：《股票估值实用指南》一书向读者提供股市投资的操作指南。其重点在于介绍如何进行股票估值——很多投资者觉得其乐无穷，但对此却鲜有真正掌握者。该书里的概念和十大原则，使得投资者能够透视一个简单却颇具效率的股票估值模型，从而正确地评估出一只股票的价值。

该书将有助于读者成为一个更有知识、更专业的投资人——将掌握如何评估普通股、金融股、高科技板块的价值，学会自己挑选股票，进而建立高效的投资组合，管理投资风险。

对于普通投资人而言，幸运的是，该书的估值方法只需要通过简单的加减乘除就能完成，不需要具备微积分、微分方程知识或者高等数学能力。相信所有的投资者看过该书后，都会在股票估值之旅中发现属于自己的投资机会。该书于 1999 年出版，2004 年再版。

作者简介：加里·格雷博士（Gary Gray，Ph. D.）为宾夕法尼亚州立大学金融学客座教授，同时担任多家投资和商业银行的顾问。此前他曾任雷曼兄弟公司常务董事，在希尔森合并之前也曾在希尔森雷曼兄弟和 E. F. 哈顿任职。格雷博士自 1972 年起成为一名投行和金融专家，专长于市政债券和优先股的新产品开放。由他主持推出的金融产品包括：免税零息债券、资本增值债券、精细期权交叉偿还债券、剩余利息债券/精选拍卖浮动利率证券（RIB/SAVR）、市政对冲权证项目（CHOP）、债券支付义务（BPO）、农业收入债券、包括多选项市政证券在内的免税和优先股二级市场项目，以及一系列单位投资信托产品和有限杠杆合伙等。格雷博士获得橄榄球奖学金从而进入宾夕法尼亚州立大学学习。在宾夕法尼亚州立大学校队他踢内场后卫，曾在乔·帕特诺（Joe Pa—terno）手下任助理教练。他的专著在多种期刊上发表，包括《哈佛商业评论》、《市政金融》。他著有《随牛市奔跑》，于2001年由里昂出版社出版。格雷博士与库萨蒂斯合著的《市政衍生证券：应用与估值》一书，于1994年10月由伊尔文专业出版社出版。格雷博士热衷钓鱼，每年7月都参加西班牙帕普罗纳的奔牛节。

10.《上市公司财务报表解读——新会计准则下投资价值挖掘视角》。作者：阮永平；出版社：华东理工大学出版社；出版时间：2010年5月；内容提要：股票投资估值体系中，财务要素是最核心的，也是可以精确量化的。但传统的财务分析基于历史数据，与股票投资的“未来价值发现”存在一定冲突，因此，如何透过历史财务数据来把握未来的投资估值，对投资者至关重要。该教材正是基于发现未来投资价值而编写，以新的会计准则为基础，结合行业特征、上市公司资本运作规律去分析财务报表，并以知名上市公司的财务报表为案例进行说明和分析。

（本章作者：黄小宁）

第三章 证券投资顾问的发展和监管

他山之石，可以攻玉。

——作者

本章目标

- ◆ 了解证券投资顾问在海外及中国的发展成就
- ◆ 把握证券投资顾问实践发展的基本趋势
- ◆ 明确各国证券投资顾问在制度和实践上的差异
- ◆ 洞察中国证券投资顾问业务发展的问题与潜力

第一节 海外证券投资顾问概况

西方国家的证券投资顾问业务作为金融行业的一个重要组成部分，和中国在 2011 年 1 月 1 日出台规范的新兴的证券投资顾问业务相比较，有着较长的历史和较成熟的体系，可以作为中国证券投资顾问发展的借鉴。

一、英美的证券投资顾问模式和监管

1. 美国。美国的证券投资顾问监管法律主要有《1940 年美国投资公司立法》，监管机构是美国证券交易委员会（The U. S. Securities and Exchange Commission,

SEC）和美国金融业监管局（Financial Industry Regulation Authority，FINRA）。SEC是直属美国联邦的独立准司法机构，也是美国证券行业的最高监督和管理机构。

证券投资顾问在美国的称谓主要包括：金融顾问（financial consultant，FC或financial advisor，FA），投资代表（investment representative，IR）以及注册理财规划师（certificated financial planner，CFP）。

由SEC或FINRA认可，从事资产管理或作出投资建议的金融专业人员，叫做注册证券投资顾问（registered investment advisor）。注册证券投资顾问可以代表客户作出买入卖出证券的决定。一些投资交易可以由注册证券投资顾问全权行使，一些需要在交易前得到客户授权许可。

按照SEC的规定，注册证券投资顾问需要通过FINRA系列65考试（the FINRA Series 65 exams）。大部分从业人员在考FINRA系列65考试时，已经通过了FINRA系列6或系列7考试（the FINRA Series 6/7 exams）。通过FINRA系列6或系列7考试可获得证券投资顾问资格。同时，SEC认可特许金融分析师（CFA）① 资格具有等同美国证券从业员系列7（Series 7）的法定资格。

美国各个金融机构都有自己的证券投资顾问体系。比较经典的是美林（Merrill Lynch）的证券投资顾问模式。美林的证券投资顾问（financial consultant，FC）国内一般翻译为理财规划师。服务的对象侧重于中高端客户市场，尤其是高净值客户（high net worth individual）。

这些客户全由FC自己开发，客户的开户、资金转账、对账单的寄送以及金融信息的资讯服务都由FC一手包办，从而实现“一对一”的服务。

FC的市场开发方法包括：

（1）打陌生电话（cold call）。这是美林FC最常用，也是最有效的一种客户开发方式。

（2）参加各种聚会。FC经常参加朋友的、社区的各种聚会，可以借机认识更多的人，并储备潜在的客户群体。

（3）举办讲座。美林的FC举办各种讲座，必须要经过上级管理层的批准。美林不允许FC自己做广告，也不允许他们上电视发表评论。

（4）利用运动或娱乐。FC通过与客户一起打高尔夫、打网球等共同的运

---

① CFA（chartered financial analyst），特许金融分析师，是由美国投资管理与研究协会（association for Invest - merit management and research，AIMR）进行资格评审和认定，是一种国际通行的金融投资从业者专业资格认证。

动拉近与客户之间的距离，以达到客户开发的目的。

客户只需要将自己的财产规模、生活质量要求、预期收益目标和风险承受能力等有关信息告诉 FC，FC 通过全球信用顾问（trusted global advisor，TGA）为客户制定具有针对性的服务方案，内容包括交易通道、资讯信息、顾问服务等，例如，向客户提供《财务计划书》、为客户投资交易各种金融品种（包括股票、债券、共同基金等）提供便利（包括为客户下单、定期寄送对账单等）、提供及时的金融信息资讯、根据客户的风险偏好提供投资组合、税务规划和资产传承规划等。这个投资组合是动态的，FC 不断调整存款、股票、债券、基金、保险、动产、不动产等各种产品的组成。

在 TGA 后面有一支实力雄厚的研究队。美林在全球有 1.5 万名 FC，在总部则有 700 多名研究人员。美林营业部里只有大量的 FC 和极少的几个管理者，营业部的经理通过 TGA 系统监督 FC 的每一笔交易。

2. 英国。英国证券投资顾问监管法律是 2000 年颁布的《金融服务市场法》，监管机构是英国金融监管服务局（Financial Services Authority，FSA）。FSA 为独立的非政府组织，负责监管银行、保险以及投资事业，包括证券和期货，与英格兰银行（BOE）同隶属财政部。

在英国，投资建议由证券投资顾问（financial advisor）或经纪人（stock broker）给出。金融服务监管局组织考试并颁发理财规划资格（certificate in financial planning，CFP[①]）或证券投资顾问资格（certificate for financial advisers）。同时，英国证券及投资公会（SII）给予 CFA 特许资格持有人可以直接得到英国证券及投资公会（SII）的会员资格（MSI）或符合相关经验要求便可以成为资深会员。

英国的证券投资顾问有两种形式：一种是服务于特定一个或几个公司（tied，or multi－tied）。服务于特定公司的证券投资顾问只能向客户推荐服务公司的金融产品，报酬来自于他们受雇的公司的佣金。即使金融市场上有更好更适合客户的同类产品，证券投资顾问也只能推荐服务公司的产品。

另一种是独立顾问制，独立证券投资顾问根据客户的资产状况与风险偏好，关注客户的需求与目标，将“以客户需求为中心”作为核心工作理念，采取一整套规范的模式，提供包括客户生活方方面面的全面财务建议，为他们寻找一个最适合的理财方案，帮助客户实现不同人生阶段的生活目标。独立证

① CFP 的考试认证机构是 CFP 标准委员会（CFP Board Standards），中国于 2005 年 8 月 26 日正式成为 CFP 成员。

券投资顾问业起源于英国，并在英国的金融服务业中占据了绝对主导地位。独立证券投资顾问向客户收取顾问费用。独立证券投资顾问要求为客户推荐市场上最合适的产品，而不应该让该产品的佣金奖励影响推荐时的选择。

二、证券投资顾问的职业伦理与道德规范

证券投资顾问对客户的资产和投资决策产生直接影响，他们由于专业优势和信息优势，会产生一定的道德风险。除了制定严格的法律来监管约束证券投资顾问的行为，在思想道德层面，各国对证券投资顾问的诚信品质都有很严格的要求，大都要求从业人员遵循诚信、正直、客户利益至上的基本原则。

这些职业守则主要分为两个来源：一个来源是政府监管机构，例如，中国香港证券及期货业务监察委员会（SECURITIES AND FUTURES COMMISSION，SFC）制定了一般原则9条（GP1 -9）：

GP1 诚实及公平；

GP2 勤勉尽责；

GP3 能力；

GP4 有关客户资料；

GP5 给客户提供资料；

GP6 利益冲突；

GP7 遵守法规；

GP8 客户资产；

GP9 高级管理层的责任。

（中国台湾金融监督管理委员会证券期货局出台的《证券投资信托暨顾问商业同业公会证券投资顾问事业证券投资信托事业经营全权委托投资业务操作办法》也有类似的规定。）

另一个来源是全球范围内较有影响力的协会和组织。得到广泛认可的权威行业协会有CFA的职业伦理守则（ethic code）和CFP的7项从业原则。CFA的职业伦理部分，针对会员与客户、公众、公司管理者、雇主、助手及其他分析师的关系，内部信息（Inside information）问题，监管责任，研究报告和投资建议，补偿利益冲突，信用责任，职业道德，投资适宜性等，都有严格界定。

CFP提倡7项原则（正直诚实原则 integrity、客观原则 objectivity、称职原则 competence、公平原则 fairness、保密原则 confidentiality、专业精神原则

professionalism、勤勉原则 diligence）。

三、与中国现行证券投资顾问的区别

1. 在美国、英国、中国香港和中国台湾，具有证券投资顾问资质的公司或者个人可以订立契约全权代理客户交易或作出投资建议。中国大陆由于证券市场不规范健全，严禁从业人员代客理财。

2. 英、美国家金融业的混业经营体系下，很多大型银行也有自己的证券业务部与经纪人、投资顾问。银行业对应于证券投资顾问的财富管理（wealth management）或更高端的私人银行家（private banker）。证券投资顾问或私人银行家可能与客户甚至客户家族建立起了深厚密切的关系。他们不仅是金融理财方面的顾问，他们还是客户的公司事务顾问、健身伙伴、球友、倾诉密友乃至家庭生活顾问。比如在美林，客户与 FC 就是终生的合作关系。如果 FC 的子女也从事证券投资顾问业务的话，该 FC 甚至可以将自己的客户像遗产一样传承给自己的子女。

3. 西方国家的证券投资顾问或理财顾问不局限于提供某种单一的金融产品，而是针对客户的综合需求进行有针对性的金融服务组合创新。包括个人及家庭生命周期每个阶段的资产和负债分析、现金流量预算和管理、投资规划、教育规划、职业生涯规划、保险规划、税收规划、个人税务及遗产规划等各方面。致力于为客户追求财务独立和金融安全。同时理财规划是针对客户的整个一生而不是某个阶段的规划，它是一种全方位、分层次、个体化的服务。

而现阶段，中国的证券投资顾问业处于起步阶段，在券商和银行等金融机构，证券投资顾问和理财顾问几乎都停留在销售基金、保险、银行理财等金融产品的初级层面上，较少为客户构造个性化的投资组合，也没有组合投资、保险、合法避税的规划，基于客户的长期财务规划和动态资产管理更少。

第二节
中国证券投资顾问分析

本节从中国证券投资顾问及其业务的历史沿革、现状及未来做出分析，全景式、立体地描绘中国证券投资顾问的各个方面。

一、中国证券投资顾问的历史沿革

1990年12月19日上海证券交易所（以下简称“上交所”）开业至今，中国证券市场走过20多年光景，伴随证券市场的建立，中国的证券投资顾问的前身可以说就是原来各个券商基层营业部的分析师以及咨询机构的分析师。证券投资顾问业务也就是过去证券投资咨询业务的沿袭与改良。而中国的证券咨询业则是与证券市场相伴而生的，并随着中国证券市场的发展而不断成长壮大。其发展历程大致可以分为三个阶段：

（一）证券投资顾问的萌芽

20世纪90年代初，新中国股票市场开天辟地之初，证券行业内应运而生了一批“股评家”。发展初期管理混乱，主要表现为在公众媒体和证券营业部开展的“股评”活动，无学历，无执业证，只要胆子大会说，就可以做股评，预测准确，荐股让股民赚钱，就成为股评家。

作为中国最早的职业股评人士，其主要工作就是为投资者提供个股资讯和买卖建议；当时的资讯可能仅仅来源于上市公司的年报，而所谓买卖建议也可能仅仅建立在“股评家”的经验之上。而这些“股评家”则是中国证券投资顾问的雏形。虽然当时没有证券投资顾问的业务模式，但这些“股评”则类同于一种顾问服务。无论从哪个角度来讲，这种近似于“咨询”的服务非常缺乏专业性。并且在此阶段，股票和证券公司都是稀缺性的资源，针对证券投资咨询活动也缺乏法规约束，全凭股评家们的“职业道德”，其中所包含的各种风险可想而知。

（二）证券投资顾问的产生与发展

20世纪90年代中期，专营性证券投资咨询机构正式亮相，同时，综合性证券公司也开始扩展投资咨询业务，纷纷设立专门的证券研究部门。各种各样的国际上通行的证券及期货投资的技术分析方法被借鉴引入国内，证券投资咨询进入看图说话的时代。创新的技术指标以及证券分析软件随信息技术的进步被开发出来，成为证券投资咨询的一个重要组成部分。同时由于市场投资者普遍迷信所谓“庄家”，也出现了大量的分析庄家行为的投资理论与方法，“跟庄”也成为了投资咨询一个重要的指导方向。1997年原国务院证券委发布

《证券、期货投资咨询管理暂行办法》，将证券投资咨询纳入监管范围。该办法将证券投资咨询界定为，从事证券投资咨询业务的机构及其咨询人员，为证券投资人或者客户提供证券投资分析、预测或者建议等直接或者间接有偿咨询服务的活动。

《证券、期货投资咨询管理暂行办法》的颁布，使证券咨询行业有法可依，对分析师实现资格管理，媒体发布证券分析文章必须是持牌的证券分析师，它从系统内部管理分析师的执业行为。由于国内证券媒体和地方证券栏目需要大量稿源，稿费涨价，有些咨询机构和分析师靠稿费谋生，知名分析师还可以挣到每月 2 万元左右稿费，1997 年第一批分析师是中国证监会资格认定的，1998 年开始从业人员资格考试，一批年纪大的分析师由于考试未通过而未取得资格，从此不得展业。1998 年在江西省南昌市召开各咨询机构总经理会议，进行证券咨询法律法规培训。由于投资咨询走向法规化管理，一部分正直尽责的分析师在国内的影响力大幅提升，其中有一个例子就是明证，1998 年长江流域发洪水，中国股市也像洪水泄洪一样，一泻千里，当时管理层为了维护市场稳定，向国内有影响的分析师打招呼，要求从三个方面论证股市即将向上，在全国各地证券媒体统一发表以上三条规定，第二天股市果然止跌回升，足见当时分析师在股民中的影响力之大。

随着分析师的影响力增大，一些分析师先打名气如参与荐股比赛的排名，再利用自己影响力和媒体的广泛传播，通过荐股进行抢帽子交易，先自己和会员买进，荐股高开后，自己和会员先跑，套牢散户，其中最著名的就是赵笑云和雷立军庄托事件。

赵笑云的成名跟东方趋势息息相关。赵笑云曾于 1997 年 8 月从华夏证券出来创建北京东方趋势证券投资顾问有限责任公司，任董事长兼总经理。

作为国内股市红极一时的股评家，赵笑云在 2000 年极力推荐青山纸业，青山纸业自 1997 年上市后表现平平。2000 年 6 月，该股借职工股上市之机连续上涨。7 月 22 日，赵开始在各大媒体上对其大肆推荐，当时股价在 13 元左右。7 月 29 日，赵笑云再次推荐该股，并明确给出目标价位：第一目标位 28 元，第二目标位 40 元。

此后，赵又多次发表文章推荐该股，称“咬定青山不放松”。2000 年 9 月 6 日，青山纸业 10 送 10 后除权，9 月 11 日，他又在“南北夺擂”模拟比赛中买入青山纸业，并在多家媒体上力荐该股。然而当天 18.3 元（复权后）的股价却成为了该股的历史高点，此后青山纸业就开始了漫长的下跌过程，“咬定青山”的投资者终被套牢于青山之上。青山纸业开始的漫长的下跌过程，导致众多股民深度套牢。

青山纸业事件之后，赵笑云被众口指为“庄托儿”，证监会停止了赵笑云所在公司东方趋势的证券投资咨询业务，停止了包括赵笑云在内的多名投资咨询人员的从业资格年检，但并未对赵笑云本人进行处罚。当时，赵笑云迅速淡出公众视野，“留学”海外。

雷立军先在广东科德证券投资顾问公司专职做股评，后再转投广东金手指证券投资顾问公司。正是在金手指期间，雷立军扬名四方，与赵笑云一道，成为有“南雷北赵”之称的国内顶级股评家。

在雷立军当红时期，全国各大报纸、财经网站，几乎都有以“广东金手指雷立军”或单独以“雷立军”名义发表的荐股文章。令市场人士叹为观止的是，凡是雷立军推荐的股票，几乎百试不爽，只涨不跌。其实，雷立军推荐的股票，大部分都是自己或相关团队已经先期建仓的。雷立军正是通过推荐股票吸引股民跟风买进，而完成自己的出货。

2004 年 9 月，雷立军因“非法从事咨询业务”，被中国证监会查处。证监会认定雷立军“为市场禁入者，五年内不得从事任何证券业务”。此后，雷立军的名字，逐渐淡出江湖。

自 2001 年后在长达四年的熊市期间，一些专业证券咨询机构为了生存寻找新的盈利模式，台湾模式趁机传入大陆，即会员制业务。会员制证券投资咨询业务是指证券投资咨询机构，通过电视、电台、网站等媒体或利用传真、短信、电子信箱、电话、软件等工具及营销手段，面向不特定投资者招揽会员或成员，提供证券投资信息、分析、预测或者咨询意见等专业服务，并取得咨询服务收入的证券投资咨询业务运作方式。

会员制业务就是将营销、研究咨询、客户服务融为一体，将研究咨询变成现实生产力，对客户实行分级收费。这一模式引进大陆，使业务狭窄的咨询机构找到了盈利模式，改变了投资者接受免费咨询的习惯。一时之间，各专业咨询机构纷纷效仿，会员制业务遍地开花，发展到后来一些根本不懂咨询为何物的生意人，把证券投资咨询变成捞钱的工具，在 2001 ~ 2005 年四年大熊市中证券公司面临普遍亏损，而会员制业务经营好的证券咨询机构每年能赚得盆满钵满，分析师就变成演员，不需要什么水平，内容有人为你策划，你只要讲好就行，特别是出现夸大营销宣传，利用媒体电话进行电话营销，讲究话术，咨询公司打人海战术，有的大公司有成百上千的电话营销人员，而研究咨询和服务跟不上，客户投诉不断。个别公司欺骗客户，高额收费，导致客户强烈不满，危及社会稳定。

2005年12月12日，中国证监会颁布《会员制证券投资咨询业务管理暂行规定》，自2006年1月1日开始实施。该规定切中时弊，要求清理违规业务，规定不得从事下列活动：

（1）不得招收异地会员；

（2）不得以"黑马推荐"等方式明示或暗示投资者一定获得投资收益，或以"免费赠股"等营销方式招揽业务；

（3）不得以夸大、虚报荐股业绩等方式，进行不实、诱导性的广告宣传及营销活动；

（4）不得直接代客操作，或与客户约定分享投资收益或者分担投资损失。

会员制业务被整顿规范后，由于本地会员招收困难，利润空间被挤窄，许多咨询机构停止了会员制业务，而非法证券咨询业务开始泛滥，原来做会员制业务的许多业务员出去乱开咨询公司或投资公司，以卖软件或荐股为幌子，欺骗股民，疯狂敛财，大量诈骗和非法经营案件出现，导致股民财产损失和社会不稳定。

随着证券市场的不断发展、市场参与者结构和投资者需求的变化，特别是1998年以来，公募基金等机构投资者快速发展，对证券估值专业研究的需求增强，另一研究盈利模式诞生，在证券经营机构和咨询机构出现了独立的证券研究所，如国泰君安证券研究所、申万证券研究所，他们撰写研究报告，提供给基金等机构投资者。证券研究报告包含证券投资价值分析和投资评级，证券业内将发布研究报告活动俗称为"研究咨询"。个别券商研究机构以及开放式基金的投研团队开始逐步兴起上市公司的"草根"调研，将国外的证券价值评估体系引入国内，深挖上市公司的基本面素质，在熊市中发现了不少牛股。彼时有券商研究机构骄傲地宣称：研究创造价值！而在后来的2006年、2007年由基金等机构投资者主导的大牛市中，价值投资的理念更是逐步地深入人心。证券投资咨询进入一个崭新的时代，对证券投资分析师的素质要求也越来越高。目前，已有88家证券公司和少数证券投资咨询机构设立了研究部门，形成一支近2000人的研究队伍，每年发布证券研究报告近30万篇①。证券研

① 中国证券监督管理委员会机构监管部孟繁永：《〈证券投资顾问业务暂行规定〉和〈发布证券研究报告暂行规定〉有关问题的说明》，《中国证券报》2010年11月2日专题版。

究报告成为证券公司、少数证券投资咨询机构服务机构投资者的基本手段。同样因为2001年到2005年的漫漫熊市，股票投资获利的机会寥寥，让一部分投资者也逐步认识到了债券市场的投资吸引力。证券投资不再仅仅局限于股票，投资者也懂得了在风险资产与固定收益类资产之间的合理资产配置和转换，证券投资咨询也相应地在现实需求中丰满了其内容。其后的可转债、权证、融资融券、股指期货等新兴业务及金融衍生品也成为证券投资咨询的新内涵。

如前所述，传统证券咨询已经异化成少数不法分子赚钱的工具，简单"股评"活动逐渐失去了其初期具备的普及证券知识等功能。利用资金实力和媒体的公信力，个别咨询机构和不法商人在媒体股评上出现夸大营销宣传、误导投资者等违法违规问题，甚至出现"抢帽子交易"操纵股价等违法犯罪问题，不仅难以满足投资者的需求，还严重损害投资者利益，导致大量投诉。如北京首放汪建中案和宁波涨停板敢死队。

在证券咨询机构利润空间被挤窄后，一些从咨询机构出来的人，将咨询公司模式移植到证券经纪业务中，将研究咨询、营销、客户服务三位一体，并取得了成功。近年来，适应投资者对专业咨询顾问需求的变化，部分证券公司结合证券经纪业务服务的深化，建立证券投资顾问服务团队，积极探索向客户提供面对面、有针对性的证券投资建议、理财规划等证券投资顾问服务；部分证券投资咨询机构开始脱离媒体股评，向证券投资顾问业务模式转型。证券公司、证券投资咨询机构的证券投资顾问业务模式逐步形成①。

（三）证券投资顾问的逐步规范

过去的20多年是新中国资本市场法规建设的一个高潮期，包括证券投资咨询在内的各项业务逐渐地有了相应的法规约束和规范。

1997年12月，国务院证券委发布了《证券、期货投资咨询管理暂行办法》及其实施细则，并于1998年4月起施行。证券委开始对证券投资咨询业务实行业务许可制度，标志着证券咨询业务进入依法经营、规范运作的阶段。

1998年12月29日首次颁布，并在2005年10月27日完成修订的《中华人民共和国证券法》，作为资本市场的一部根本法也确立下来。

针对会员制业务的不规范行为，中国证监会于2006年1月颁布实施了

---

① 中国证券监督管理委员会机构监管部孟繁永：《〈证券投资顾问业务暂行规定〉和〈发布证券研究报告暂行规定〉有关问题的说明》，《中国证券报》2010年11月2日专题版。

《会员制证券投资咨询业务管理暂行规定》。

2010 年 10 月 19 日颁布《证券投资顾问业务暂行规定》和《发布证券研究报告暂行规定》并于 2011 年 1 月 1 日开始实施。

在此期间，证券行业协会的自律规范也逐渐完备。2001 年 1 月 1 日颁布实施《证券从业人员行为守则（试行）》；2000 年首次颁布《中国证券分析师职业道德守则》，并于 2005 年 9 月 21 日修订颁布了《中国证券业协会证券分析师职业道德守则》。2009 年 1 月 19 日颁布《证券业从业人员执业行为准则》。相关的法规体系逐渐地丰满和多层次多维度地建立起来。

《证券投资顾问业务暂行规定》和《发布证券研究报告暂行规定》的发布实施，确立了证券投资咨询的两种基本业务形式，明确了证券投资顾问和证券分析师的角色定位，强调了证券研究在证券服务体系中的基础作用，反映了证券投资咨询是向客户提供专业顾问服务的本质特征。随后，各券商营业部的基层分析师和咨询机构的大部分分析师纷纷将原有证券从业资格——投资咨询资格规范为现在的证券投资顾问资格，而称谓也正式定名为证券投资顾问。

同时《证券投资顾问业务暂行规定》明确，以软件工具、终端设备等为载体，向客户提供投资建议或者类似功能服务的，应当执行该规定的各项规范要求，相应纳入证券投资顾问业务管理。证券投资顾问业务是证券投资咨询业务的一种基本形式，经营此类证券咨询软件工具、终端设备的机构应当取得证券投资咨询业务资格。

二、发展中国证券投资顾问的必要性和问题

（一）证券投资顾问产生的内在需求

1. 从证券市场投资者的角度观察证券投资顾问以及证券投资顾问业务。随着新中国证券市场的不断发展，中国证券投资者的队伍不断发展壮大。而每次牛市都会带来一批批新的证券投资者加入。稍远一点的“5.19”大行情，上一波由 2006 年股权分置改革后的大牛市，无一例外地大大活跃了整个市场，普及了证券投资知识，同时极大地促进了投资者队伍的增长。

据中国证券登记结算有限责任公司（以下简称“中登公司”）2011 年 12 月的统计月报数据显示，截至 2011 年底，中国沪深两市 A 股账户数为 17316 万户，一般情况下，投资者开户时都会同时开立沪市和深市两个交易账户，也

就是说，截至2011年年底，机构和普通投资者的数量超过7000万户，而从中国资本市场投资者的现实结构比例来看，机构的数量非常有限。以2011年底的数据为例，17316万户的A股账户中自然人拥有17060万户，比例高达99.98%。

这些普通中小投资者大多都不是专业的投资者，很多也不具备专业投资能力。但他们对证券投资的需求以及对证券投资顾问服务的需求却是显而易见的，并且这种需求正在随着新增投资者队伍的剧烈膨胀和投资者越来越趋于理性而不断地增长。

过去，证券公司针对中小投资者的咨询服务严重不足，这是导致非法咨询活动屡禁不止的重要原因。证券公司在市场份额、经营业绩等多重压力下，普遍将业务拓展重心放在新增客户开发上，而将服务重点则放在具有高价值含量的高端客户上，对于普通中小投资者提供的证券投资咨询服务明显偏少，有的证券公司直接将客户服务工作委托于普通营销人员或经纪人，有的证券公司向客户提供的咨询产品与中小投资者的风险承受能力差异巨大。而中小投资者对证券投资咨询服务有着极其广泛的市场需求，供求矛盾导致非法咨询乘虚而入。这些大量的空白点，就是证券投资顾问生存的广阔空间，也正是证券投资顾问业务开展的广袤土壤。

2. 证券投资顾问业务也是券商及证券投资咨询公司自身服务转型升级的内在需要。未确立行之有效的业务模式和盈利模式是证券投资咨询公司生存困难的根本原因。过去的证券咨询机构主要分为两类：一是证券投资咨询机构；二是兼营证券投资咨询业务的证券公司。过去的市场环境使得证券投资咨询机构在实践中步履维艰。一方面，由于行业惯例中投资咨询没有明确独立的收费渠道，使得投资咨询业务很难找到有效的盈利模式。兼营证券投资咨询业务的证券公司在行业竞争不那么激烈的固定佣金费率时代，经营业绩有保障，往往视咨询业务为拓展客源、扩大社会影响的手段，推行免费咨询，即使收费也只针对极少数特定群体。另一方面，由于未明确证券投资咨询业务的风险防范机制，证券投资咨询业务的诚信和专业受到了极大的破坏，违规现象猖獗，行业形象急需维护。

由于业务隔离制度不健全，导致证券分析师缺乏独立性。由于证券公司内部没有建立有效的隔离墙制度，证券公司的研究咨询业务部门与其他业务部门之间在办公场所、人员、管理体制、薪酬考核方面均不能相互独立，而双方间又存在利益冲突，使得证券分析师既可能为谋取券商利益故意误导公众投资，又可能在其证券研究咨询中利用其参与其他业务如承销保荐、财务顾问等获取信息。

现阶段的行业背景是，券商营业部全国遍地开花，全行业实行浮动佣金体制，整个行业基本上都在无序地杀价恶性竞争。通道、服务基本同质，不同的东西仅剩佣金费率。行业如何自救，如何通过修炼内功来满足价格以外的投资者需求，同时提升自己的服务价值评判，成为各方面研讨的课题。

因此，对证券公司来讲，尤其是基层营业部来讲，证券投资顾问业务可以改变过去主要依靠经纪业务的经营模式，开拓新的盈利渠道。当然，这也对证券公司的综合服务能力提出了更高的要求。证券投资顾问团队化服务、有针对性的个性化专业化服务将成为未来证券公司市场竞争的有力武器。同时，也为那些真正有证券投资顾问服务能力的从业人员提供了一个广阔的发展空间。

《证券投资顾问业务暂行规定》明确规定，证券投资咨询业务必须以机构的名义与客户签订证券投资顾问协议，可有法可依地收取证券投资顾问服务费。证券投资咨询机构回归主业的时刻到了。

（二）目前证券投资顾问业务需要注意的一些问题

1. 证券投资顾问队伍建设亟待补课。目前国内证券投资顾问基本由以前证券公司的基层营业部或咨询机构的分析师转型而来。截至 2011 年 3 月底，在中国证券业协会网站上能够查到的注册登记的证券投资咨询业务（证券投资顾问）人员，券商有 9888 人，咨询机构有 554 人。也就是说全国的证券投资顾问 1 万人出头，却要面对 7000 多万户的普通投资者。先暂且不讨论这 1 万人的证券投资顾问队伍素质如何，单就 1∶7000 的供需比例，很容易让这项业务变成少数人的游戏。一个成熟和优秀的证券投资顾问通常是经历丰富、专业能力突出、善于分析投资者、职业道德品质高尚的人。培养这样的人才，恐怕非一朝一夕之功。证券投资顾问业务注定需要一个很长时间的积淀和培育。

2. 证券公司或咨询公司的利益驱动可能会使证券投资顾问业务变味。证券公司的主要盈利模式是经纪业务的佣金收入，而不少券商对于基层营业部的重要考核指标是该营业部的交易量市场占有率和佣金收入水平。因此，促使投资者交易仍是券商的一大内在冲动。证券投资顾问对投资者的影响力一旦建立，在佣金收入与顾问费用收入的天平上不断权衡后，如何避免其过度“交易化”地指导投资者，仍需要制度上的约束。回归到前述关于证券投资顾问素质的问题之上，一个蹩脚的证券投资顾问无法长期收取投资者的顾问费用，因为投资者可以很快与其解约，那么，如何避免他的短视行为，避免他将投资者的资产化作交易佣金，这种道德风险的防范，依然是令人不安的。同样，对于咨询公司的证券投资顾问业务来说，也有类似的风险存在。

3. 证券投资顾问业务仍处于摸索期，需要避免急功近利的思想。对于证券投资顾问业务的发展模式，券商机构或咨询机构仍需积极探索。投资俱乐部模式或是证券投资顾问一对一模式，未来可能会百花齐放。而咨询产品的内部标准化，各个机构提供的产品各有差异、各具特色和个性也是可以预见的。但由于传统咨询公司在咨询收费业务开展上多年停滞不前，借此政策东风很容易奋起大干，但人才储备的瓶颈和证券市场特有的风险特征，也很容易让这项业务很快陷于非常尴尬的境地——投资者在证券投资顾问的指导下亏损面和亏损额可能比自己独立操作更大。

4. 新形势下的投资教育工作不能忽略。《证券投资顾问业务暂行规定》对证券公司及证券投资咨询机构的诸多规定，均围绕保护投资者合法权益。此外，《证券投资顾问业务暂行规定》进一步赋予客户以签约后悔权，但投资者仍需理性投资。同时，投资者本身也有必要增强风险意识，因非法证券咨询活动往往利用投资者一夜暴富的心理。证券投资顾问的作用仅在于辅助作出投资决策，投资风险从根本上仍需由客户承担，即使投资决策是由证券投资顾问代客户作出的。教育投资者正确认识证券投资及其风险，正确认识证券投资顾问，也是必不可少的工作。投资者至少需要了解证券投资顾问的禁止行为主要有：接受客户的全权委托、代客户作出投资决策；以任何方式向客户承诺或者保证投资收益；利用虚假信息、市场传言或者内幕信息为依据向投资人或者客户提供投资分析、预测或建议；以个人名义向客户收取证券投资顾问费用等。

5. 证券投资顾问业务仍需法律体系建设的跨越发展。中国的证券市场截至目前，其发展阶段还是新兴加转轨，还在蹒跚学步。市场发展的基石——法律体系，至今还有很多漏洞和不规范。法规中更多是暂行规定，是部门的规章制度，还没有上升到法律的高度。包括《证券投资顾问业务暂行规定》，也不具有法律效力，只是中国证监会作为证券行业的主管机构颁布的一个部门管理规定。而欧盟、美国相对完善得多，如美国在 1940 年就颁发了《证券投资顾问法》。然而法律的建设，虽路漫漫其修远兮，也期待如经济发展一般能有中国特有的速度。

三、中国证券投资顾问的未来

1. 证券投资咨询机构必须加快实现业务转型。《证券投资顾问业务暂行规定》（以下简称《暂行规定》）明确证券公司与证券投资咨询机构是证券投资咨询服务的法定主体，必须脱离夸大其辞的媒体荐股和过度营销，为投资者提供有针对性的专业化证券投资顾问服务，在具备相当专业积累的基础上，可以从事发布证券研究报告业务。

制度层面切断了“媒体股评”等灰色利益链条。首先，从防范违法违规问题的角度，对证券投资顾问、证券分析师参与媒体证券节目，发表意见或评论，做出了严格的限制，证券投资顾问不得通过公众媒体作出具体的投资建议，证券分析师通过公众媒体以及报告会、交流会等形式发表涉及具体证券的评论意见或解读其证券研究报告的，应由所在公司或机构统一安排且不得明示或暗示保证投资收益（参见《证券投资顾问业务暂行规定》第三十二条、《发布证券研究报告暂行规定》第二十条）。

证券投资咨询机构的业务转型目标为形成面向高端客户提出的独立证券研究报告和证券投资顾问业务（包括面向普通客户的理财规划服务和面向高端客户的组合管理建议服务等），如有条件，还可从事证券资讯（数据服务平台或工具、资讯产品等）、理财产品代销、财务顾问等。证券投资咨询机构如果不转变观念，建立清晰的业务框架，忽视资本和人才的投入，投机经营，则可能无法适应《暂行规定》施行后的市场变化。

2. 实现咨询机构的专业化。目前中国证券市场上从事投资咨询业务的主体主要有以下几类：证券公司下属研究部门（包括独立的证券投资咨询子公司和非独立的研究部门）；基金管理公司附属的研究部门；事业型证券研究机构；独立的民间研究机构；独立的证券投资顾问机构等。完全独立的专业证券投资咨询机构所占份额很小，证券投资咨询活动往往只是咨询机构的一部分甚至是一小部分业务，有的证券投资机构由媒体设立，有的证券投资机构为行政机构或事业单位下属单位。

但《暂行规定》从从业人员资格、业务流程、风险控制监管等多个方面对从事证券投资咨询业务的机构规定了种种限制和要求，为更好地适应上述规定，证券咨询机构应实现市场化、专业化，因此可能需要采取一些措施，包括：（1）通过企业化或股份化改革，成为以证券投资咨询业务为主营业务的专业投资咨询机构；（2）从业人员实现专业化，制定相关的考核与规范要求等。

当前，境内证券公司、证券投资咨询机构对证券投资顾问服务和证券研究的探索发展方向，与境外成熟资本市场多年探索形成的服务方式基本一致。

中国的证券投资顾问相当于欧美国家的证券投资顾问，从未来的发展空间上讲：一个成功的证券投资顾问的能量本质上等同于一个私募基金经理。而这个证券投资顾问的“私募”规模大小，取决于他自己的专业能力和市场号召力。

四、其他几个与中国证券投资顾问相关的问题

与中国证券投资顾问相关的其他问题（见参考文献15）包括：

（一）证券分析师与证券投资顾问的关系（如前所述）

（二）证券经纪人与证券投资顾问的区别

具体讲有以下问题：

1. 身份关系。证券经纪人是指接受证券公司的委托，代理其从事客户招揽和客户服务等活动的证券公司以外的自然人，不属于证券公司员工；证券投资顾问是证券公司、证券投资咨询机构的正式员工中取得证券投资咨询执业资格、提供证券投资顾问服务的人员。

2. 注册要求。证券经纪人通过证券从业资格考试，可进行注册登记；证券投资顾问必须通过投资分析的专项考试，具有本科以上学历，并至少有两年证券从业经验。

3. 服务内容。证券经纪人的客户服务限于向客户传递由证券公司统一提供的研究报告及证券投资有关的信息；证券投资顾问要了解客户需求，评估客户风险承受能力，提供有针对性的顾问建议服务。证券投资顾问拓展服务范围，从事证券投资顾问业务，应当转变身份，成为证券公司或者证券投资咨询机构的员工，通过所在机构注册取得证券投资咨询执业资格。

（三）如何看待炒股软件

近年来，随着资本市场的健康稳定发展以及信息技术水平的飞速提高，市场上出现一大批证券炒股软件，这些软件往往集合行情及资讯信息、投资分析数据模型以及投资咨询建议服务等多种功能，其实质是提供投资建议辅助客户进行决策，仍然是证券投资顾问的一种形式。对炒股软件，投资者要认清其证

券投资顾问的本质，重点关注三个方面：一是辅助投资决策的性质，软件只是一种工具，不代替投资者进行最终决策，也不保证获取收益。二是软件本身有其固有缺陷，一方面信息容量有限，不能囊括整个资本市场的所有信息；另一方面相关数据分析模型也是事先由人工设定，体现设计者的主观选择判断，而证券市场千变万化，未来的走势往往难以准确预测。三是主体资质，提供投资建议或者类似功能服务产品的运营机构应当具备中国证监会的证券投资咨询业务资格。

第三节　证券投资顾问监管

一、监管原则

监管成功与否，首先取决于理念原则。在证券投资顾问业务监管中，主要应贯彻以下原则：

1. 合规原则。合规是业务发展的生命线，公司管理层要支持合规工作，合规管理要体现出独立性。从事证券投资顾问业务的机构必须树立合规守法意识，应当遵守相关法律、行政法规和规章，加强合规管理，健全内部控制，防范利益冲突，切实维护客户合法权益。

2. 诚实信用原则。诚信是证券投资顾问业务生存和发展的基石，只有讲诚信、讲专业，才能赢得市场，得到投资者的尊重和认可。所有从事证券投资顾问业务的人员都应当遵循诚实信用原则，勤勉、审慎地为客户提供证券投资顾问服务。

3. 忠实客户利益原则。开展证券投资顾问业务，必须贯彻客户利益优先，忠实客户利益，不得为公司及其关联方的利益损害客户利益；不得为证券投资顾问人员及其利益相关者的利益损害客户利益；不得为特定客户利益损害其他客户利益。

4. 行政监管与自律监管相结合原则。中国证监会及其派出机构依法对证券公司、证券投资咨询机构从事证券投资顾问业务实行监督管理。中国证券业协会对证券公司、证券投资咨询机构从事证券投资顾问业务实行自律管理，并依据有关规定，制定相关执业规范和行为准则。

二、监管目标

纵观各国证券监管机构，在证券投资顾问业务监管中，无不将严格监管、促进发展、投资者教育作为三大目标，努力寻求适当的平衡，并因金融环境不断变化而作出适当的调整，显示了“恒常不变”与“顺应而变”的关系。

1. 严格监管。监管是资本市场有序运作的根本，所有市场主体必须遵从证券投资顾问业务法律法规和相关规则。目前，中国已形成以《证券、期货投资咨询管理暂行办法》、《证券投资顾问业务暂行规定》为核心的证券投资顾问业务法律监管体系。监管的重点可以分为准入监管、行为监管、责任追究三个部分。

（1）准入监管。要求证券投资顾问应当事先取得专业资格，并进行执业注册登记。根据规定，向客户提供证券投资顾问服务的人员，应当具有证券投资咨询执业资格，并在中国证券业协会注册登记为证券投资顾问。证券投资顾问不得同时注册为证券分析师。证券公司应当将公司总部、证券营业部中签订劳动合同、取得证券投资咨询执业资格且实际从事证券投资顾问业务的人员，申请注册登记为证券投资顾问；证券投资咨询机构应当将签订劳动合同、取得证券投资咨询执业资格且实际从事证券投资顾问业务的人员，申请注册登记为证券投资顾问。

（2）行为监管。要求证券投资顾问的各项业务活动必须遵守法律规定。监管的重点主要有：

一是证券投资顾问贯彻“认识你的客户”原则。向客户提供证券投资顾问服务，应当按照公司制定的程序和要求，了解客户的身份、财产与收入状况、证券投资经验、投资需求与风险偏好，评估客户的风险承受能力，并以书面或者电子文件形式予以记载、保存。值得注意的是测评程序要设计科学，并定期分析测评从整体上是否能起到“认识你的客户”的效果。在测评中，也要加强投资者教育，指导投资者真实填写测评资料，不能虚假、隐瞒相关信息。

二是证券投资顾问要了解所推介的投资建议。一般地讲，投资建议服务内容包括投资的品种选择、投资组合以及理财规划建议等。证券投资顾问机构要加强培训和业务支持力度，促使证券投资顾问人员专业化，对投资产品、投资组合等投资建议有深入的了解，将真实的情况告诉投资者，绝不能因为考核、竞争等压力而夸大投资建议的作用，误导投资者。应当鼓励机构对于复杂性产品、重大投资建议的推荐实行全过程录音，合规人员及时复查，以防范发生不当服务行为。

三是证券投资顾问提供合理的投资建议。要求证券投资顾问向客户提供投资建议，应当有合理依据，并提供适当的投资建议。投资建议的合理依据包括证券研究报告或者基于证券研究报告、理论模型以及分析方法形成的投资分析意见等，不能以内幕信息或“迷信玄学”等无科学的理论为依据提供咨询。提供适当的投资建议，要求证券投资顾问应当根据了解的客户情况，在评估客户风险承受能力和服务需求的基础上，向客户提供适当的投资建议服务，不能超过其风险承受能力。

(3) 责任追究。监管部门采取执法行动，是要说明任何违规行为皆不可接受，藉此鼓励所有市场人士克己尽责、遵守法规。对于违法者，可以给予责令改正、监管谈话、出具警示函、责令增加内部合规检查次数并提交合规检查报告、责令清理违规业务、责令暂停新增客户、责令处分有关人员等监管措施；情节严重的，给予行政处罚；涉嫌犯罪的，依法移送司法机关。

2. 促进发展。促进市场发展是任何一个监管者固有的职责。为了促进证券投资顾问业务的新发展，监管部门制定了很多新措施。

(1) 收费方式多元化。证券公司、证券投资咨询机构应当按照公平、合理、自愿的原则，与客户协商并书面约定收取证券投资顾问服务费用的安排，可以按照服务期限、客户资产规模收取服务费用，也可以采用差别佣金等其他方式收取服务费用，充分体现市场经济条件下的意思自治原则。

(2) 提升服务能力。证券投资顾问的专业化发展是必然趋势。因此，规定了提升证券投资顾问服务能力的一系列法定要求。证券公司、证券投资咨询机构应当为证券投资顾问服务提供必要的研究支持，如果证券公司、证券投资咨询机构的证券研究不足以支持证券投资顾问服务需要的，应当向其他具有证券投资咨询业务资格的证券公司或者证券投资咨询机构购买证券研究报告，以提升证券投资顾问服务能力。

证券公司、证券投资咨询机构应当加强人员培训，提升证券投资顾问的职业操守、合规意识和专业服务能力。

证券公司、证券投资咨询机构可以通过合作方式向客户提供证券投资顾问服务，以发挥各自的优势。

（3）鼓励通过媒体提供公益宣传和投资者教育服务。现代社会，公众媒体对证券市场起着非常重要的作用，是合法证券机构必须占领的阵地。因此，法律鼓励证券公司、证券投资咨询机构组织安排证券投资顾问人员，按照证券信息传播的有关规定，通过广播、电视、网络、报刊等公众媒体，客观、专业、审慎地对宏观经济、行业状况、证券市场变动情况发表评论意见，为公众投资者提供证券资讯服务，传播证券知识，揭示投资风险，引导理性投资，但不得过度包装和宣传。

3. 投资者教育。成熟的市场不仅需要监管者、中介机构的成熟和专业，更需要投资者的成熟。证券投资顾问业务的顺利发展也离不开投资者的认可和支持。投资者教育的重点：

（1）合规教育。认真宣讲证券投资顾问业务相关的法律法规，加深投资者对权利、义务和责任的了解，自觉树立知法守法的观念。

（2）知识教育。知识是投资者的最佳保障，要灌输“先求知再投资”的理念，不断举办教育活动，务求加深投资者对市场、产品及投资风险的了解。市场风险永远无法消除，任何投资均带有风险，这也是投资者知识教育的一个重要环节。

（3）维权教育。在证券投资顾问业务发展过程中，发生了纠纷、投诉，如何引导行为人通过合法手段解决纷争、正确地维权也是投资者教育的重要环节。要加强教育，使投资者认识到，不能采用不合法、甚至极端的手段来表达诉求，而应该通过合法的途径、合法的方式来维护自身的权益，必要时，也可以寻求专业法律人士的协助。

（本章作者：陈海洋、黄小宁、何力、卜乐）

本章作者简介

何力，1975年生，重庆理工大学经济学学士，先后供职于葛洲坝股份有限公司投资公司与国泰君安证券股份有限公司。十二年证券从业经历，现为国泰君安证券重庆分公司首席分析师，具备证券投资顾问从业资格以及期货从业资格。常年担任上海第一财经频道、重庆卫视、重庆有线电视台财经证券类节目特邀嘉宾。

卜乐，女，1984年生，籍贯重庆奉节，毕业于南开大学本科，英国格拉斯哥大学国际金融硕士（Times会计金融类排名第五），硕士论文研究基金经理的特性与其业绩的关系。曾于中国银行负责个人外汇业务，浙商证券财富中心担任投资顾问，理财规划师，特许金融分析师。

第四章
证券投资顾问业务流程

流程是办事的先后顺序、内容规则方法，通过对工作各环节过程的有效规划管理控制来确保目标的达成

——作者

本章目标

- ◆ 明确证券投资顾问工作步骤
- ◆ 掌握证券投资顾问各阶段工作方法
- ◆ 把握证券投资顾问各阶段工作重点

第一节 证券投资顾问业务流程概述

流程，英文为“process”。通常理解为：一系列有内在联系的活动或事件。在业务流程重组理论研究中，关于流程的诠释有许多说法。加文（D. A. Garvin）说得简洁，流程本质就是做事情的办法。哈默（Hammer）解释为，一个或多个输入转化为对顾客有用的输出的相关系列活动的集合，称流程。达文波特（Davenport）则解释为，“流程”是为达成某种具体的输出而组织进行的一系列逻辑相关的任务的集合。接收到某一输入信息，经处理程序后产生的输出效果针对特定接收者而言

更加有效。尤金（Eugene H. Melan）则认为，从实际的角度来看，流程就是一系列紧密联系的相互作用的活动，每一个环节都有明确内容的输入和输出，都是有明确定义的开始和结束。

在我们的工作生活中，不论干什么事情，都得有个先后顺序，也就是说“先完成什么、后完成什么、通过什么方法去完成”，只不过我们一般没有用“流程”这样的词语来表述罢了。

例如：人们会讨论或研究某些企业或者个人，在某些方面取得良好业绩的原因的时候，可能是过程先后顺序存在差异，也可能是做事的内容方法不同。这么来看流程不仅包括先后顺序，它确实还包括做事方法，做事的内容。我们还应该看到，人们做事情都需要有资源投入，通过利用资源的相关效用，包括信息、人员、时间、精力、资金、技术、设备等等，以便到达相应目标。因此我们对投入的相关资源也需要善加管理，否则目标也难于达成。

证券公司及证券投资顾问相关业务，当然也有相关的业务流程及操作规范和方法。

一般传统证券公司营业部经纪业务的主要业务流程如下（见图4－1）：

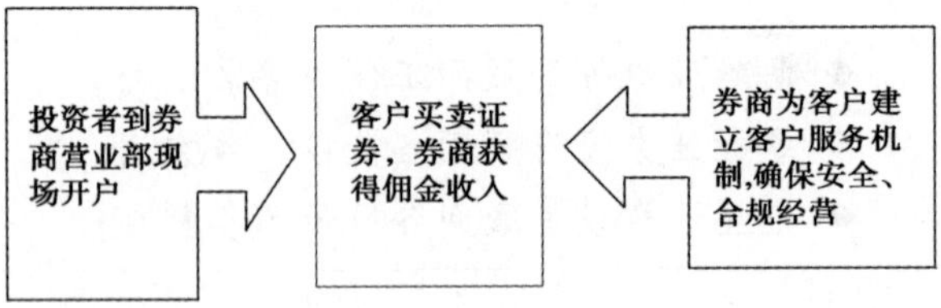

图4－1 业务流程图

而国内新近推出的证券投资顾问业务，在增加券商盈利方式的同时也增加了运作该业务的规范流程安排，如图4－2所示。

当然证券投资顾问业务改变了过去证券公司主要依靠单一经纪业务的经营模式。

1. 证券公司开展了一个新的专业技术服务的业务盈利模式，这对券商的投资研究服务能力也提出了更高的要求。

可以预见的是，国内证券投资顾问团队化服务、有针对性的个性化服务将成为未来证券公司新的市场竞争的方式。

2. 证券投资顾问业务最终还是人才的竞争，真正有证券投资顾问服务能力的从业人员将成为市场宝贵资源，未来将拥有广阔的发展空间。

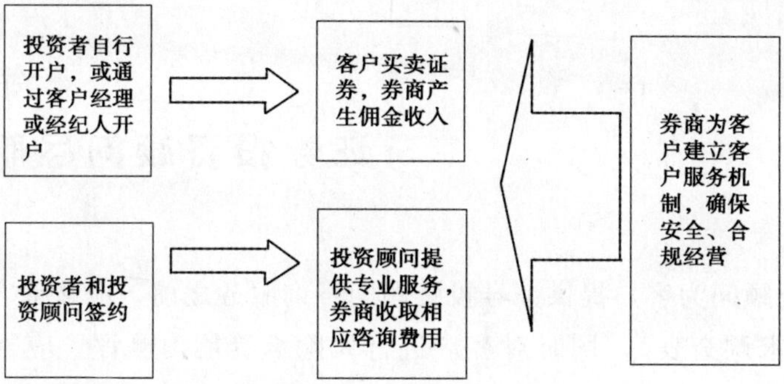

图4-2　规范流程安排图

当前最受业内关注的投资顾问业务运作模式是：（1）以证券投资顾问团队为主体的咨询服务模式；（2）整合各种资源为客户设计打造专业化咨询产品模式。

不论券商采取哪种经营模式，拓展投资顾问业务，作为证券投资顾问的根本任务是根据客户实际情况帮助客户实现其理财管理目标。所以全面了解客户基本情况成为服务的前提和关键，帮助客户能在充分控制风险的前提下，进行投资理财。

证券投资顾问人员实施证券顾问业务一般流程如下（见图4-3）：

阶段	签约	调研	财务状况分析	制定咨询方案	确定方案	方案实施
	1	2	3	4	5	6
客户	a) 签署投顾理财服务协议	a) 客户风险承受能力评估 b) 客户财产综合调研 c) 专户理财调研	a) 客户财务现状分析 b) 提交分析报告	a) 提出建议方案 b) 咨询方案讨论 c) 咨询方案选择	a) 完善咨询方案 b) 咨询方案审核 c) 确认咨询方案	a) 制定实施计划 b) 实施培训辅导 c) 实施质量风险控制
文档	服务协议书	风险评估表 调研报告书	财务分析报告	咨询方案书	咨询定案表	实施控制表

图4-3　投资咨询服务流程图

第二节 证券投资顾问尽职调查

证券投资顾问为客户提供证券投资顾问咨询服务之前，应该请客户先填写《客户服务需求调查表》，同时对客户进行风险承受能力测评，应当在了解客户的工作、家庭情况、未来财务安排、财产与收入状况、证券投资经验、投资需求与风险偏好等。在综合评估客户的风险承受能力的基础之上，结合客户实际需求为客户提供适当的、有针对性的理财投资建议。

一、证券投资顾问与投资者访谈

1. 了解客户进入证券市场的目的。比如：听人说赚钱、开户买股票也想试试；赚快钱，想一夜暴富；通过投资股市抵御通胀；投资上市企业长期持有分红……

2. 了解客户的资金来源、财务状况及家庭情况：

（1）了解客户目前财务状况以及未来资金安排情况。比如：自己的钱但过段时间有确定的实体项目投资、经营需要流动资金、小孩读书（留学）、买房；钱是借的过段时间要还，利用这段时间赚点钱……

（2）了解客户的家庭情况。比如：家里有几口人、老人情况怎样、小孩情况怎样、家里人健康情况如何、家庭财务安排是否已经妥当。

3. 了解客户的证券投资经验。比如：了解并分析客户属于没有投资经验，或者有一定投资经验，或者投资经验丰富。

4. 了解客户的风险偏好。比如：了解并分析客户属于哪一种风险偏好类型，一般可分为：①非常进取型；②温和进取型；③中庸稳健型；④温和保守型；⑤非常保守型。

5. 综合评估客户风险承受能力。分析了解客户属于哪一类投资者：①低度风险承受能力投资者；②中度风险承受能力投资者；③高度风险承受能力投资者。

6. 为客户制定符合其实际情况相对稳妥的投资理财建议书。

7. 帮助客户确定入市相对适合资金比例。

二、影响客户投资风险承受能力的因素

1. 人的年龄因素。从一般社会规律来看，客户的年龄越大，所能够承受的投资风险越低。相比较而言，年轻人的人生和事业才刚起航，未来将有很多机会，外在表现为敢于尝试、冒险，投资方面也偏好较高风险。而当人逐步到了退休年龄，心态自然就变得比较保守起来，外在表现为做人做事比较稳重，并且这个年龄也不允许冒险犯大的错误，大多理财风险偏好趋向于保守。

2. 投资资金性质期限因素。如果客户的一项资金可以长时间持续投资，无须考虑中途改变用途。那么我们认为这类资金可承担的风险能力较强。反而言之，一项资金的用途顺时可能发生改变，那么我们就要选择更安全、流动性更好的投资标的产品，而这项资金我们认为可以承担的风险能力就较弱。

金融市场风云变幻，短期波动难以准确预测，通过运用技术操作来控制盈亏也很难做到。但如果能把投资时间拉长的话，则通常可以跨越几个循环波动周期，即可选择景气周期高峰时卖出获利。

统计结果显示，报酬率的上下限差异伴随投资期限的延展而变得越来越小，标准差也是越来越小。数据表明，投资时间越长，平均报酬率越稳定。相同种类投资工具，可通过延长投资时间来降低风险，因而投资期限越长越可以选择短期以内风险较高的投资工具。

3. 盈利目标弹性因素。通俗的说就是，追求高收益，必然承担高风险；要求风险低，投资回报相对也就低。理财收益目标的弹性越大，可承受的风险也要求越高。如果理财目标要求时间短而且完全没有弹性，那么采取存款以达到保本保息是目的、是最好的选择。

4. 投资者风险偏好因素。不同类型的投资者，对资金损失幅度所体现出来的心里承受力是不相同的。这是由个人的性格、经历、胆识、意愿等诸多主观因素所决定的个人投资心态，也直接决定了人们对不同风险程度的投资标的和理财产品的选择。

家庭结构越复杂，所承担的相关社会责任也越重。比如：三代同堂的家庭若收入来源还比较单一的话，则不会有高风险投资偏好。当然也不应该从事高

风险的投资，否则一旦投资失败将会给家庭正常生活造成严重的负面影响。相反，对于家庭结构相对简单的人而言，其所负担社会责任相对较小，可适当从事高风险的投资。

5. 专业知识水平和学历因素。一般而言，具备专业知识技能和高学历相对高的投资者，对风险的认识更为清晰，管控风险的能力也更强，可以结合自身情况适当地从事高风险的投资。而对于那些专业投资知识相对缺乏的投资者而言，高风险投资失败的概率就要大很多。

6. 财富总量变动因素。资金宽裕是不是就意味着投资者愿意承担更高的投资风险呢？回答这个问题，我们先理解绝对风险承受能力和相对风险承受能力这两个概念的区别。绝对风险承受能力由投资者投入到风险资产的资金总额来衡量，而相对风险承受能力由投资者投入到风险资产占总体财富的比例来衡量。大致上说，绝对风险承受能力随财富的增加而增强，因为投资者可以用更多的资金来进行风险投资，但相对风险承受能力未必跟随财富的增加而增强。

三、客户风险偏好的分类及风险评估

1. 分类。

（1）非常进取型。非常进取型的客户一般是相对比较年轻、有专业知识技能、敢于冒险、社会负担较轻的人士，他们敢于投资股票、期权、期货、外汇、艺术品等高风险、高收益的产品与投资工具，他们追求更高的收益和资产的快速增值，操作风格表现得大胆，同样，他们对投资的损失也有较强的承受能力。

（2）温和进取型。温和进取型的投资者一般都是有一定知识水平、一定资产基础、风险承受能力较高的人士，他们愿意承受一定的风险，追求较高的投资收益，但是又不会像非常进取型的人士过度冒险投资那些具有高风险的投资工具。因此，他们往往选择开放式股票基金、大型蓝筹股票等适合长期持有，既可以有较高收益、风险也较低的产品。

（3）中庸稳健型。中庸稳健型投资者，大体上看，一般既不厌恶风险也不追求风险，对任何投资都比较理性，会仔细分析不同类别的市场、工具与理财产品，从中筛选风险适中、收益适中的理财标的，获得社会平均水平收益的同时也承受社会平均风险。这一类型的客户往往会选择房产、黄金、基金等投资工具。

(4) 温和保守型。温和保守型的客户大体上说，心态上逐步趋向保守，对风险的关注程度似乎更大于对收益的关注，更偏向于选择风险较低的理财产品或投资标的。喜好既保本又有较高收益机会的理财产品，从往年年龄结构上看，以临近退休的中老年人士为主体。

(5) 非常保守型。步入退休阶段的老年人群，低收入家庭，家庭成员较多、社会负担较重的大家庭以及性格保守的客户，通常来说，对于投资风险的承受能力很低，选择一项产品或投资工具首要考虑的是是否能够安全，其次才会考虑追求收益。因此，这类客户往往会选择国债、存款、货币与债券基金、投资连结保险、保本型理财产品等低风险低收益的产品。

2. 个人风险承受能力评估。

(1) 评估原因。风险承受能力是个人理财和选择投资方向的重要考虑因素，但在现实生活中，投资者却经常弄不清楚自己的风险承受能力或风险厌恶程度，往往需要证券投资顾问的专业帮助指导与辅助评估。

风险承受能力的评估不是为了将证券投资顾问自己的判断强加给客户，正常的方法应该是通过正确的方法引导投资者，让客户自己逐步清晰地认识到自己的风险承受水平。证券投资顾问扮演的角色是帮助客户认识自我，以便投资者作出客观的评估和明智的决策。

(2) 常见的评估方法。

①定性方法和定量方法。评估方法既可以采用定性的，也可以采用定量的。

定性评估方法主要是通过与投资者的深度面谈来分析把握客户的必要信息，但没有对所搜集到的信息进行量化。对这类信息的评估基于直觉和印象，信息收集方式是不固定的。

定量评估方法一般采取的是系统的收集信息，从而可将搜集到的信息转变为某种形式的数值，用以评估客户的风险承受能力。

②投资目标。证券投资顾问第一步必须先帮助投资者明确投资目标。假如投资者最关心的是本金安全性和流动性，则该名投资者很可能是风险厌恶者；假如该名投资者追求的目标是高收益，则很有可能是风险追逐者。

③投资品种偏好。评估客户风险承受能力最简洁的办法，是引导客户回答他自己所偏好的投资品种，或者引导客户将投资品种或理财产品从最不喜欢到最喜欢排序，或者引导其给每一种产品进行评分，不同的分值代表客户不同的

风险偏好程度。

调查结果的准确性，当然也和客户对相关投资品种或理财产品的熟悉程度有关。

④概率和收益的权衡。第一，确定/不确定性偏好法。向客户展示两项选择，其一是确定收益，其二是可能收益，让客户二选一，如：（A）1000 元的确定收益，（B）50% 的概率得 2000 元。风险厌恶者会选择（A），风险追求者倾向于选择（B）。第二，最低成功概率法。设计一个两项选择题，一个选项是无风险收益，另一个选项是有风险的，但潜在收益较高，同时列示 5 个成功概率，即 10%、30%、50%、70% 和 90%。问被调查者在多大的成功概率下认为两个选项是无区别的。所选的成功概率越高，说明其风险厌恶程度越高。第三，最低收益法。要求客户就可能的收益而不是收益概率作为选择。比如，一项投资有一半的可能损失 1/3 净资产，有一半的可能得到一笔收益。你愿意承担此项风险的最低要求收益是多少。要求的收益越高，说明其风险厌恶程度越高①。

四、投资收益与风险的测定

1. 持有期收益和持有期收益率。投资的时间区间为投资持有期，而这期间的收益是持有期收益（HPR）。

面值收益 = 红利 + 市值变化

百分比收益 = 面值收益/初始市值 = 红利收益 + 资本利得收益/初始市值

持有期收益率，是指投资者在持有投资的一段时间内所获得的收益率，它等于这段时间内所获得的收益额与初始投资之间的比率。

例如，张先生在 2011 年的某天以每股 25 元的价格购买了 100 股中国移动股票，过去一年中得到每股 0.20 元的红利，年底时股票价格为每股 30 元，求持有期收益及持有期收益率。

期初投资 25 × 100 = 2500（元）

年底股票价格为 30 × 100 = 3000（元）

现金红利 0.20 × 100 = 20（元）

则持有期收益为 20 +（3000 − 2500）= 520（元）

① 引用自《个人理财基础（5）》，生活理财网 http://www.livlc.com/article/bf/7583 $ 5.html。

持有期收益率为 520/2500 = 20.8%

2. 预期收益率。预期收益是指投资对象未来可能获得的各种收益率的平均值。任何投资活动都是面向未来的，而投资收益是不确定的、有风险的。为了对这种不确定性进行衡量，便于比较和决策，我们用期望收益或期望收益率来描述投资人对投资回报的预期。

投资的预期收益率计算如下：

$$E(R_i) = [P_1R_1 + P_2R_2 + \cdots + P_nR_n] \times 100\% = \sum P_iR_i \times 100\%$$

其中，R_i 为投资可能的投资收益率，P_i 为投资收益率可能发生的概率。

计算预期收益率（见表 4-1）：

表 4-1　　预期收益率

经济状况	概率	收益率（%）
经济运行良好	0.15	20
经济衰退	0.15	-20
正常运行	0.70	10

$$E(R_i) = [0.15 \times 0.20 + 0.15 \times (-0.20) + 0.70 \times 0.10] \times 100\% = 7\%$$

3. 风险的测定。就投资而言，风险是指资产收益率的不确定性，通常可以用标准差和方差进行衡量。

（1）方差。方差是一组数据偏离其均值的程度，其计算公式为：

$$方差 = \sum P_i[R_i - E(R_i)]^2$$

方差越大，这组数据就越离散，数据的波动也就越大；方差越小，这组数据就越聚合，数据的波动也就越小。

（2）标准差。方差的开平方为标准差 σ，即一组数据偏离其均值的平均距离。

（3）变异系数。变异系数（CV）描述的是获得单位的预期收益须承担的风险。变异系数越小，投资项目越优。

变异系数 CV = 标准差/预期收益率 $= \sigma_i / E(R_i)$

例如：项目 A 和项目 B 的收益和风险状况，可根据不同的收益率和标准差计算其变异系数，评价项目优劣。

项目 A 和项目 B 的收益和风险状况：

	项目 A	项目 B
收益率	0.05	0.07
标准差	0.07	0.12

$CV_A = 0.07/0.05 = 1.40$ $CV_B = 0.12/0.07 = 1.71$

显然，项目 A 较项目 B 更优。

4. 必要收益率。必要收益率是指投资某项投资所要求的最低的回报率，也称必要回报率。

投资者放弃当前消费而投资，应该得到相应补偿，即将来的货币总量的实际购买力要比当前投入的货币的实际购买力有所增加，在没有通货膨胀的情况下，这个增量就是投资的真实收益，即货币的纯时间价值。

投资者预期价格在投资期内会上涨，即存在通货膨胀，他必将要求得到对于通货膨胀所造成的损失的补偿。

投资者对投资的将来收益不能确定，他将要求对该不确定性进行补偿，即投资的风险补偿。

真实收益率、通货膨胀率和风险报酬三部分构成了投资者的必要收益率，它是进行一项投资可能接受的最低收益率。

5. 系统性风险和非系统性风险。系统性风险也称宏观风险，是指由于某种全局性的因素而对所有投资品收益都有产生作用的风险。具体包括市场风险、利率风险、汇率风险、购买力风险、政策风险等。

非系统性风险也称微观风险，是因个别特殊情况造成的风险，它与整个市场没有关联。具体包括财务风险、经营风险、信用风险、偶然事件风险等①。

① 引用自《个人理财基础（5）》，生活理财网，http://www.livlc.com/article/bf/7583 $ 5.html。

第三节 证券投资顾问业务具体流程

一、国内常用流程简介

（一）业务公示

在开展证券投资顾问服务时，应当告知客户下列基本信息：

（1）公司名称、地址、联系方式、投诉电话、证券投资咨询业务资格等；

（2）证券投资顾问的姓名及其证券投资咨询执业资格证书编号；

（3）证券投资顾问服务的内容和方式；

（4）投资决策由客户作出，投资风险由客户承担；

（5）证券投资顾问不得代客户作出投资决策。

公司通过中国证券业协会和公司网站、证券营业部场所公示前款所列信息，方便投资者查询、监督。

（二）尽职调查（内容如前所述，调查表如下）

附表一：编号：××/营业部编号/日期/序号

客户服务需求调查表（自然人客户）

尊敬的客户：

您好！

为了更加全面了解您在证券投资方面的经验、风险偏好以及投资需求，为给您提供更加适当的相关服务，帮助您进行合理的资产配置，防范市场投资风险，请您配合我们真实地填写下面内容。

以下均为单选题，请您在最适合的答案上打勾。

您的姓名：　　　　　资金账号：

您初次入市时间：________年

您的年龄？□25岁以下 □25～30岁之间 □31～40岁之间 □41～55岁之间 □55岁以上

您的工作类型？ （短/长期风险承受水平）

□一般公司职员 □公务员或者国企职工 □公司中层管理人员

□自由职业者 □无业、退休或者工作少于1年的新人

您目前的居住状况？

□没有房（或特殊说明） □按揭比例大于50%

□按揭比例小于50% □自有住房，无贷

您的家庭年收入？

□100万元以上 □50万～100万元 □20万～50万元

□10万～20万元 □5万～10万元 □5万元以下

您目前的投资金额占您家庭总资产的比重是：

□20%以下 □20%～40% □40%～70% □70%以上

您欲投资的证券品种包括：

□股票 □基金 □债券 □权证 □股指期货 □商品期货

您的股票投资风格

□超短线，平均持股1～2天 □短线，平均持股3～5天

□中线，平均持股5～60天 □长线，平均持股60天以上

□超长线，平均持股120天以上

您是否了解您欲投资品种所蕴含的投资风险？

□非常了解 □有一定了解 □一般了解 □不太了解 □一无所知

您投资的资金未来主要用于：

□资产增值 □子女教育 □购置房产 □养老

以下几种投资模式，您更偏好哪种？

□最高收益100% 最高亏损100% □最高收益30% 最高亏损10%

□最高收益20% 最高亏损5% □最高收益10% 最高亏损0

假设您预期投资期限为3～5年，在您投资60天以后，投资组合中的某类资产价格下跌了20%。在假设其他情况不变的情况下，您将选择？

□为避免更大的损失，把它抛掉 □什么也不做，继续观望

□再买入 □适度卖出部分资产

您所能承受的亏损比例？

□无所谓 □50%以上 □20%～50% □20%以下

您是否接受增值服务收费，如适当提高佣金费率或者支付格外专业人员辅导咨询费用？

□是　　□否

您期望我们提供下列哪些服务产品？

□宏观经济研究　□行业研究　□大势研判　□热点及个股推荐、跟踪　□基金产品研究及推荐　□专属证券投资顾问服务　□其他__________

附表二：编号：××/营业部编号/日期/序号

客户服务需求调查表（机构客户）

尊敬的客户：

您好！

为了更加全面了解您在证券投资方面的经验、风险偏好以及投资需求，为给您提供更加适当的相关服务，帮助您进行合理的资产配置，防范市场投资风险，请您配合我们真实地填写下面内容。

以下均为单选题，请您在最适合的答案上打勾。

机构名称：　代理人姓名：　资金账号：

机构初次入市时间：________**年**

注册资本：□100 万元以下　□100 万～500 万元　□500 万～1000 万元　□1000 万～5000 万元　□5000 万元～1 亿元　□1 亿元以上

总资产：□100 万元以下　□100 万～500 万元　□500 万～1000 万元　□1000 万～5000 万元　□5000 万元～1 亿元　□1 亿元以上

证券投资金额：□100 万元以下　□100 万～500 万元　□500 万～1000 万元　□1000 万～5000 万元　□5000 万元～1 亿元　□1 亿元以上

欲投资的证券品种包括：

□股票　□基金　□债券　□权证　□股指期货　□商品期货

股票投资风格：

□超短线，平均持股 1～2 天　□短线，平均持股 3～5 天

□中线，平均持股 5～60 天　□长线，平均持股 60 天以上

□超长线，平均持股 120 天以上

是否了解您欲投资品种所蕴含的投资风险？

□非常了解　□有一定了解　□一般了解　□不太了解　□一无所知

以下几种投资模式，您更偏好哪种？（投资目的，短/长期风险承受水平）

□最高收益 100% 最高亏损 100%　　□最高收益 30% 最高亏损 10%

□最高收益 20% 最高亏损 5%　　□最高收益 10% 最高亏损 0

假设预期投资期限为 3～5 年，在投资 60 天以后，投资组合中的某类资产价格下跌了 20%。在假设其他情况不变的情况下，您将选择？（短/长期风险承受水平）

□为避免更大的损失，把它抛掉　　□什么也不做，继续观望

□再买入　　□适度卖出部分资产

所能承受的亏损比例？

□无所谓　　□50% 以上　　□20%～50%　　□20% 以下

是否接受增值服务收费，如适当提高佣金费率？

□是　　□否

您期望我们提供下列哪些服务产品？

□宏观经济研究　□行业研究　□大势研判　□热点及个股推荐、跟踪

□基金产品研究及推荐　□专属证券投资顾问服务　□其他__________

（三）客户风险揭示书签署

开展证券投资顾问服务，应当向客户提供《风险揭示书》，经客户签字确认后方可与客户签署《证券投资顾问服务协议》。

证券投资顾问业务风险揭示书必备条款

为了使投资者充分了解证券投资顾问业务的风险，依据《证券投资顾问业务暂行规定》，开展证券投资顾问业务的证券公司、证券投资咨询机构应向投资者提供《证券投资顾问业务风险揭示书》，充分揭示接受证券投资顾问服务中存在的风险。《证券投资顾问业务风险揭示书》应以书面或者电子文件形式，由投资者签收确认，并由证券公司、证券投资咨询机构归入证券投资顾问业务档案保存。

《证券投资顾问业务风险揭示书》至少应包含下列内容：

一、提示投资者在接受证券投资顾问服务前，必须了解提供服务的证券公司、证券投资咨询机构是否具备证券投资咨询业务资格，证券公司、证券投资咨询机构提供服务的人员是否具备证券投资咨询执业资格并已经注册登记为证券投资顾问。

二、提示投资者在接受证券投资顾问服务前，必须了解证券投资顾问业务的含义，理解投资者接受证券投资顾问服务后需自主作出投资决策并独立承担投资风险。

三、提示投资者在接受证券投资顾问服务前，必须了解证券公司、证券投资咨询机构及其人员提供的证券投资顾问服务不能确保投资者获得盈利或本金不受损失。

四、提示投资者在接受证券投资顾问服务前，必须了解证券公司、证券投资咨询机构及其人员提供的投资建议具有针对性和时效性，不能在任何市场环境下长期有效。

五、提示投资者在接受证券投资顾问服务前，必须了解作为投资建议依据的证券研究报告和投资分析意见等，可能存在不准确、不全面或者被误读的风险，投资者可以向证券投资顾问了解证券研究报告的发布人和发布时间以及投资分析意见的来源，以便在进行投资决策时作出理性判断。

六、提示投资者在接受证券投资顾问服务前，必须了解所在的证券公司、证券投资咨询机构证券投资顾问服务的收费标准和方式，按照公平、合理、自愿的原则与证券公司、证券投资咨询机构协商并书面约定收取证券投资顾问服务费用的安排。证券投资顾问服务收费应向公司账户支付，不得向证券投资顾问人员或其他个人账户支付。

七、提示投资者在接受证券投资顾问服务前，必须了解证券公司、证券投资咨询机构及其人员可能存在道德风险，如投资者发现投资顾问存在违法违规行为或利益冲突情形，如泄露客户投资决策计划、传播虚假信息、进行关联交易等，投资者可以向证券公司、证券投资咨询机构投诉或向有关部门举报。

八、提示投资者在接受证券投资顾问服务前，必须了解证券公司、证券投资咨询机构存在因停业、解散、撤销、破产，或者被中国证监会撤销相关业务许可、责令停业整顿等原因导致不能履行职责的风险。

九、提示投资者在接受证券投资顾问服务前，必须了解证券公司、证券投资咨询机构的投资顾问人员存在因离职、离岗等原因导致更换投资顾问服务人员并影响服务连续性的风险。

十、提示投资者在接受证券投资顾问服务前，应向证券公司、证券投资咨询机构说明自身资产与收入状况、投资经验、投资需求和风险偏好等情况并接受评估，以便于证券公司、证券投资咨询机构根据投资者的风险承受能力和服务需求，向投资者提供适当的证券投资顾问服务。

十一、提示投资者在接受证券投资顾问服务前，应向证券公司、证券投资咨询机构提供有效的联系方式和服务获取方式，如有变动须及时向所在的证券公司、证券投资咨询机构进行说明，如因投资者自身原因或不可抗力因素导致投资者未能及时获取证券投资顾问服务，责任将由投资者自行承担。

十二、提示投资者在接受证券投资顾问服务时，应保管好自己的证券账户、资金账户和相应的密码，不要委托证券投资顾问人员管理自己的证券账户、资金账户，代理买卖证券，否则由此导致的风险将由投资者自行承担。

十三、证券公司、证券投资咨询机构以软件工具、终端设备等为载体，向客户提供投资建议或者类似功能服务的，应提示投资者在接受该软件工具、终端设备等前，必须仔细阅读相关说明书，了解其实际功能、信息来源、固有缺陷和使用风险，由于投资者自身原因导致该软件工具、终端设备等使用不当或受到病毒入侵、黑客攻击等不良影响的，由此导致的风险将由投资者自行承担。如表示该软件工具、终端设备具有选择证券投资品种或者提示买卖时机功能的，应提示投资者了解其方法和局限。

十四、风险揭示书还应以醒目文字载明以下内容：

本风险揭示书的揭示事项仅为列举性质，未能详尽列明投资者接受证券投资顾问服务所面临的全部风险和可能导致投资者投资损失的所有因素。

投资者在接受证券投资顾问服务前，应认真阅读并理解相关业务规则、证券投资顾问服务协议及本风险揭示书的全部内容。

接受证券投资顾问服务的投资者，自行承担投资风险，证券公司、证券投资咨询机构不以任何方式向投资者作出不受损失或者取得最低收益的承诺。

特别提示：投资者应签署本风险揭示书，表明投资者已经理解并愿意自行承担接受证券投资顾问服务的风险和损失。

（四）与客户签订证券投资顾问服务协议，并对协议实行编号管理

投资顾问协议应当包括下列内容：

（1）当事人的权利义务；

（2）证券投资顾问服务的内容和方式；

（3）证券投资顾问的职责和禁止行为；

（4）收费标准和支付方式；

（5）争议或者纠纷解决方式；

（6）终止或者解除协议的条件和方式。

按照“同类客户同等收费”、“同等服务同等收费”的原则，根据公平、合理、自愿的原则，与客户协商并书面约定收取证券投资顾问服务费用的安排。可以按照服务期限、客户资产规模收取服务费用，也可以采用差别佣金等其他方式收取服务费用。

自签订协议之日起5个工作日内，客户可以书面通知方式提出解除协议，公司或营业部收到客户解除协议书面通知时，证券投资顾问服务协议即解除。

证券投资顾问服务费用以公司账户收取。禁止以个人名义向客户收取证券投资顾问服务费用。

附表三：编号：××/营业部编号/日期/序号

证券投资顾问服务协议

甲方（客户）：__________________资金账号：__________________

证件号码：________________________联系电话：____________

乙方：____________________公司____________________营业部

地址：________________________

特别风险提示

1. 投资有风险，入市须谨慎。投资者在入市前应对证券市场风险、投资品种特性、交易规则有必要的了解，树立理性投资的观念，慎重考虑自身所能承受之风险，谨慎投资。

2. 乙方及乙方证券投资顾问向甲方提供的投资建议服务，并不代表获利之保证，甲方有权选择是否按照投资建议操作，甲方须对自身投资行为负责，自行承担投资风险和结果。

3. 甲方须妥善保管账户交易密码和资金密码并自行进行证券买卖操作，不得全权委托证券公司员工对甲方的证券账户进行买卖操作，否则由此产生的风险责任均由甲方承担。

甲、乙双方在公平、合理、自愿的基础上，就甲方委托乙方的证券投资顾问_______________，执业证书编号：_______________，办公电话：_______________为其提供涉及证券及证券相关产品的投资建议服务事宜进行充分协商，达成协议如下：

一、权利与义务

（一）甲方权利与义务

1. 甲方承诺具备合法的证券投资主体资格，不存在任何法律、行政法规、中国证监会和沪深证券交易所颁布的规范性文件及交易规则禁止或限制投资证券市场的情形；

2. 甲方有义务保证证券投资资金的合法性，以及证券账户和资金账户的合规要求；

3. 甲方承诺在签署本服务协议前已对证券交易规则、证券交易知识、证券投资品种有一定的了解，并完全知悉证券投资过程中所蕴含的风险；

4. 甲方承诺在签署本服务协议前对自身风险承受能力有充分的认识，在证券投资过程会自行控制投资风险；

5. 为使乙方能够向甲方提供适当性服务，甲方有义务配合乙方进行身份、财产与收入状况、证券投资经验、投资需求和风险偏好等信息资料及进行风险承受能力调查，甲方承诺所提供资料信息真实、完整、有效；

6. 甲方有义务对乙方所提供的投资建议及策略保密，甲方不得向第三方传播乙方所提供的各种投资参考资料；

7. 甲方有义务配合乙方开展的客户回访和满意度调查工作，并承诺在调查中陈述事项的真实、有效、完整；

8. 甲方须妥善保管账户交易密码和资金密码并自行进行证券买卖操作，对自己的投资行为负责并承担相应的投资风险和损失，不得全权委托证券公司员工对甲方的证券账户进行买卖操作，否则由此产生的风险责任均由甲方承担；

9. 甲方有权利自由选择和更换证券投资顾问；

10. 甲方有权提前解除证券投资顾问服务协议。甲乙双方签署《证券投资顾问服务综合申请表》后次日，原证券投资顾问服务协议失效。

（二）乙方权利与义务

1. 根据中国证券监督管理委员会相关规定，乙方及证券投资顾问有权了解甲方的身份、财产与收入状况、证券投资经验、投资需求与风险偏好，评估甲方的风险承受能力，对不适合承担股票投资风险的甲方，乙方有权拒绝或者终止为其提供证券投资顾问服务；

2. 乙方及证券投资顾问有权利给甲方以外的其他投资者提供投资咨询服务；

3. 乙方及证券投资顾问有义务为甲方揭示证券投资风险；

4. 乙方及证券投资顾问为甲方提供的证券投资顾问服务及其他投资咨询服务不能保证为甲方带来确定性收益，不能作出任何保本承诺；

5. 乙方及证券投资顾问有义务根据甲方提供的投资需求、风险偏好和风险承受能力，为甲方提供适当的投资建议服务，但不得代甲方作出投资决策；

6. 乙方及证券投资顾问有义务对甲方提供的个人信息及账户资产交易信息保密；

7. 乙方郑重提醒甲方自行作出投资决策，切勿向他人包括乙方工作人员泄露账户密码或委托乙方工作人员全权交易；

8. 乙方证券投资顾问应当遵循诚实信用原则，勤勉、审慎地为甲方提供证券投资顾问服务，应当忠实甲方利益，不得为公司及其关联方的利益损害甲方利益，不得为自身及利益相关者的利益损害甲方利益，不得为特定甲方利益损害其他甲方利益；

9. 乙方证券投资顾问向甲方提供投资建议，应当说明投资建议的合理依据和资讯来源，依据所在公司的证券研究报告、合法取得的证券研究报告作出投资建议的，须提示证券研究报告的发布人、发布日期等信息；

10. 本协议中乙方安排的证券投资顾问如与乙方解除劳动关系，乙方应为甲方另行安排证券投资顾问；

11. 证券投资顾问序列人员不得从事《证券法》、《证券公司监督管理条例》、《证券业从业人员执业行为准则》等法律、法规规定的从业人员禁止性行为。

以上内容明确甲乙双方权利、义务，并不能揭示与证券投资顾问服务有关的所有风险。

二、服务内容和方式

1. 乙方为甲方配备的证券投资顾问必须在中国证券业协会通过证券投资顾问注册登记；

2. 乙方证券投资顾问依托乙方的整体投资策略，结合自身的专业知识，根据客户的风险偏好和市场变化，为其提供投资建议服务。投资建议服务内容包括投资的品种选择、投资组合以及理财规划建议等；

3. 甲方选择以下服务方式：

□EMS 邮寄方式　□电子邮件方式　□电话通知方式　□手机短信方式

甲方指定邮寄地址及邮政编码：________________________________

甲方指定 E - mail 邮箱：____________

甲方指定电话：__________甲方指定手机号码：____________

三、服务收费标准、支付方式与协议生效

甲方承诺在乙方的账户资产总值（保证金余额 + 托管市值）不少于______万元人民币，服务费缴纳方式为下列____种。

A. 乙方对甲方开设的证券账户收取 A 股基金交易手续费____（不包括乙方代证券交易所和登记结算公司收取的交易经手费、过户费以及印花税）。协议自甲乙双方签署之日（T 日）起次个交易日（即 T+1 日）生效。

B. 甲方向乙方按____（周期）支付服务费人民币______元。协议自甲方服务费到达乙方公司账户后次个交易日生效。

C. ____

协议解除后，甲方手续费标准甲乙双方另行协商确定。

四、协议失效及其他

1. 本协议失效情形：

（1）甲方亲临乙方书面签署《证券投资顾问服务综合申请表》解除服务协议；

（2）甲方撤销沪市指定交易且办理深市转托管或在乙方无深市股票托管；

（3）如为甲方提供服务的证券投资顾问与乙方双方解除劳动合同，甲方不愿意接受乙方另行安排的证券投资顾问，经甲乙双方协商一致，本协议予以终止；

（4）甲方资产规模不符合本协议要求或未能足额支付服务费的，在乙方工作人员提示后仍未达到要求，自乙方通知甲方的 5 个工作日后，乙方有权终止本协议；

（5）其他按照法律、法规相关规定需解除本协议的。

2. 甲、乙双方必须遵守本协议之约定。如在履行本协议的过程中出现纠纷或争议，以及本协议未尽事宜，应协商解决。若协商不成，向乙方所在地法院提起诉讼。

3. 本协议壹式叁份，每份具有同等法律效力。

甲方（签字）： 乙方：__________公司__________营业部

五、服务协议解除

服务协议解除的情形包括：

1. 自签订协议之日起5个工作日内，客户可以书面通知方式提出解除协议，公司或营业部收到客户解除协议书面通知时，证券投资顾问服务协议即解除。

2. 协议到期如未续约则协议自动解除。

3. 采取差别佣金收费服务方式的，服务协议有效期内，客户提出解约的，在客户本人临柜亲自填写《证券投资顾问服务综合申请表》，该证券投资顾问服务协议予以解除，解约后账户佣金费率营业部与客户协商确定。（参考）

4. 采取按照服务期限、客户资产规模收取服务费用方式的，服务费用按月收取为宜。客户在签订服务协议之日起5个工作日内提出解约的，客户本人临柜填写《证券投资顾问服务综合申请表》。（参考）

5. 客户资产规模不符合协议要求或未能足额支付服务费的，经证券公司工作人员提示后仍未达到要求，证券公司有权终止服务协议。

（五）投资者重要提示及投资理财原则建议

重要提示：

尊敬的投资者，当您投资证券市场的时候，可能获得较高的投资收益，但同时也存在着较大的投资风险。市场行情不可能只涨不跌，高投资收益的同时必然伴随着高投资风险，您应当在开户前对自身的风险承受能力和心理承受能力作出客观判断，对于自己投资证券市场的资金数额和资金来源作出谨慎决定。

股票是有价证券的一种形式，它是股份有限公司公开发行的、用以证明投资者的股东身份和权益并据以获得股息和红利的凭证。股票一经发行，持有者即为发行股票的公司的股东，有权参与公司的决策、分享公司的利益；同时也要分担公司的责任和经营风险。

投资者在进行投资决策前，应了解影响股票价格及其波动的因素，我们倡导闲钱投资，当您准备用自己的养老钱、看病钱、子女教育资金甚至是自住房屋抵押贷款或其他借款投资股市之前您一定要知道“股市有风险，入市须谨慎”、“投资股市，买者自负”。

附表四：编号：××/营业部编码/日期/序号

证券投资顾问服务申请表

<table>
<tr><td>客户姓名</td><td></td><td>资金账号</td><td colspan="3"></td></tr>
<tr><td>身份证号</td><td colspan="5"></td></tr>
<tr><td>手机号码</td><td></td><td>电子邮箱</td><td colspan="3"></td></tr>
<tr><td>投资顾问姓名</td><td></td><td>执业证书编号</td><td colspan="3"></td></tr>
<tr><td>服务期间</td><td></td><td>方式</td><td></td><td>收费</td><td></td></tr>
<tr><td colspan="6">撤销：本人确认撤销________，执业证书编号：__________为本人的证券投资顾问，终止其与本人的证券投资顾问服务。
解约原因：□服务态度 □服务效果 □服务风格 □服务成本
其他（请注明）
客户签字：
日期： 年 月 日</td></tr>
<tr><td colspan="6">解约：同时，本人申请解除《证券投资顾问服务协议》。
客户签字：
日期： 年 月 日</td></tr>
<tr><td colspan="6">转签：同时，本人确认由________，执业证书编号：__________为本人的证券投资顾问，为本人提供后续证券投资顾问服务。
客户签字：
日期： 年 月 日</td></tr>
</table>

基金分为股票基金、混合基金、债券基金、货币市场基金等不同类型，投资者投资不同类型的基金将获得不同的收益预期，也将承担不同程度的风险。一般来说，基金的收益预期越高，投资者承担的风险也越大。

投资者在进行投资决策前，应了解股票、基金的风险收益特征，并根据自身的投资目的、投资期限、投资经验、资产状况等情况判断基金产品风险水平是否和自身的风险承受能力相适应。

个人投资者分类及投资理财建议如下：

1. 风险承受能力高——积极投资型。

理财建议：这种类型的投资者可以将绝大部分的资金投资于股票类资产或股票型基金，并且主动涉足一些创新领域。但为了保证投资的收益，需要保证资金的闲置时间，做到长期投资。同时，建议配置一定比例的低风险投资品种，以保证资产的流动性，并降低整体风险水平。

2. 风险承受能力中——稳健投资型。

理财建议：对于稳健型投资者，其投资组合可以均衡配置于股票类资产和债券类资产（或股票型基金和债券型基金）以及混合型基金，为了应付紧急的资金使用，还需要配置一定比例的货币市场基金。不建议配置权证、融资融券、股指期货等风险较高的证券衍生品种。

3. 风险承受能力低——保守投资型。

理财建议：建议其投资组合主要配置于风险较小的品种，如货币市场基金或债券类资产。同时，可以用小部分的资金配置于混合型基金和股票型基金，以在风险可控的情况下，增加投资收益。不建议配置权证、融资融券、股指期货等风险较高的证券衍生品种。

基金投资者，以下基金投资组合供参考：

1. 积极投资型：根据您的投资类型，我们给您的投资组合建议如下：

股票型基金（45%左右）+混合型基金（35%左右）+债券型基金（13%左右）+货币市场基金（7%左右）

2. 稳健投资型：根据您的投资类型，我们给您的投资组合建议如下：

股票型基金（25%左右）+混合型基金（25%左右）+债券型基金（40%左右）+货币市场基金（10%左右）

3. 保守投资型：根据您的投资类型，我们给您的投资组合建议如下：

股票型基金（5%左右）+混合型基金（15%左右）+债券型基金（75%左右）+货币市场基金（5%左右）

机构投资者投资理财建议：

1. 风险承受能力高——积极投资型。

理财建议：这种类型的投资者可以将绝大部分的资金投资于股票类资产或股票型基金，并且主动涉足一些创新领域。但为了保证投资的收益，需要保证资金的闲置时间，做到长期投资。同时，建议配置一定比例的低风险投资品种，以保证资产的流动性，并降低整体风险水平。

2. 风险承受能力中——稳健投资型。

理财建议：对于稳健型投资者，其投资组合可以均衡配置于股票类资产和债券类资产（或股票型基金和债券型基金）以及混合型基金，为了应付紧急的资金使用，还需要配置一定比例的货币市场基金。不建议配置权证、融资融券、股指期货等风险较高的证券衍生品种。

3. 风险承受能力低——保守投资型。

理财建议：建议其投资组合主要配置于风险较小的品种，如货币市场基金或债券类资产。同时，可以用小部分的资金配置于混合型基金和股票型基金，以在风险可控的情况下，增加投资收益。不建议配置权证、融资融券、股指期货等风险较高的证券衍生品种。

基金投资者，以下基金投资组合可以参考：

1. 积极投资型。

根据贵公司的投资类型，我们给贵公司的投资组合建议如下：

股票型基金（45%左右）+混合型基金（35%左右）+债券型基金（15%左右）+货币市场基金（5%左右）

2. 稳健投资型。

根据贵公司的投资类型，我们给贵公司的投资组合建议如下：

股票型基金（28%左右）+混合型基金（22%左右）+债券型基金（39%左右）+货币市场基金（11%左右）

3. 保守投资型。

根据贵公司的投资类型，我们给贵公司的投资组合建议如下：

股票型基金（5%左右）+混合型基金（15%左右）+债券型基金（75%左右）+货币市场基金（5%左右）

证券投资顾问注意事项：

1. 证券投资顾问应当根据了解的客户情况，在评估客户风险承受能力和服务需求的基础上，向客户提供适当的投资建议服务。

2. 首次建议书建议使用统一范本以书面的形式向客户提供，后续账户跟踪投资建议通过短信平台、邮件平台、带有录音功能的电话、书面等所在公司核准、客户认可的形式提供，严禁证券投资顾问使用未经公司核准的形式为客户提供投资建议服务。

3. 证券投资顾问向客户提供投资建议，应当说明投资建议的合理依据和资讯来源。依据公司的证券研究报告、合法取得的证券研究报告作出投资建议的，应当提示证券研究报告的发布人、发布日期等信息。

4. 所有证券投资顾问服务记录必须留痕，保存期限不少于五年。

5. 服务过程中证券投资顾问必须严格遵守《证券法》、《证券业从业人员执业行为准则》及公司相关制度，严禁发生代客理财、承诺或暗示投资收益、对客户损失作出赔偿承诺以及其他损害客户利益的行为。

6. 服务过程中，证券投资顾问还应加强与客户的沟通，及时、真实地了解客户需求、财产与收入状况等变化，以便为客户提供适当性的证券投资顾问服务，增强客户满意度。

7. 证券投资顾问向客户提供投资建议，应当提示潜在的投资风险。证券投资顾问也可以向客户说明与其投资建议不一致的观点，作为辅助客户评估投资风险的参考。

以软件工具、终端设备等为载体，向客户提供投资建议或者类似功能服务的，应当符合下列要求：客观说明软件工具、终端设备的功能，不得对其功能进行虚假、不实、误导性宣传；揭示软件工具、终端设备的固有缺陷和使用风险，不得隐瞒或者有重大遗漏；说明软件工具、终端设备所使用的数据信息来源：表示软件工具、终端设备具有选择证券投资品种或者提示买卖时机功能的，应当说明其方法和局限。

二、国外投资顾问特有流程简介

证券投资顾问全权委托投资协议需要说明的地方（部分参考中国台湾地区成熟的委托协议相关内容撰写）。

关于全权委托投资的申请与签约：客户与证券公司签订全权委托投资业务时需要注意：

1. 受托人发现委托人有以下情况之一者，应当拒绝签订全权委托投资协议。

（1）委托人为未成年人，或法律规定的无民事行为能力的其他人员。

（2）受破产宣告未经复权者。

（3）法人或其他机构未能提出其法人或该机构的授权证明。

（4）证券公司规定的其他人员或者机构。

2. 证券公司与客户签订全权委托投资协议之前，应当给予客户一定期限，一般 7 日以上一月以内供委托人阅读全部条款内容，并就委托人应填写内容与证券投资顾问人员充分讨论，并了解委托人相关的情况比如资力、投资经验、投资需求等内容，此外还要了解国家有关投资法令限制，并将相关的投资法令限制提醒委托人。证券公司还应该向委托人说明全权委托相关事项，并向委托人交付全权委托投资说明书。

投资管理人员应当在充分了解委托人的身份、资力、投资经验、投资目的和需求、风险承受能力、相关投资法令限制等基础上与委托人签订委托协议。

3. 受托人将全权委托投资协议交付委托人时，应当请委托人在投资说明书上签字或者盖章以示接受，并将签收的投资说明书回收并保存。

全权委托投资说明书应当在显著的位置附带投资风险警示，其具体内容如下：

（1）全权委托投资并非无风险，股票和其他投资标的一样，都是具有风险的，任何证券公司都不会承诺任何盈利保证。而且在投资过程中有产生亏损的可能，但我们会尽量将亏损降低到最低程度。

（2）本说明书如有虚假或者故意隐藏的内容由本协议背书的负责人和证券公司负责。

投资经理人的指定应当在全权委托投资协议签订之前由协议签订双方共同商议决定。当投资经理人辞职或者因故不能胜任投资任务时，证券公司应立即通知委托人并与委托人商定解决办法。

受托人与委托人签订全权委托投资协议时不能接受共同委托，每一个委托人都应当与受托人单独签署协议。而且委托人在与受托人签订全权委托投资协议时不得与同一券商签订两个和两个以上的全权委托投资协议。

委托人与受托人在协议存续期间，当委托人提出要终止委托的，应了结有关权利与义务相关事项，委托人应付清委托费用、税款、欠款，并且承担相关损害赔偿金和违约金。

受托人在与委托人商议报酬的支付时，采取固定数额、按资本比例、按盈利比例收取等方式支付。

协议正式生效以后，委托人应当在生效后的7天内将约定的委托投资资产一次性交由受托方指定的专门保管机构保管，协议续存期间当委托人有增加委托投资资金要求时，也应及时交予保管机构集中保管。

受托人与委托人及保管机构共同签订三方协议书后应通知保管机构依据委任契约代理委托人开立资金买卖账户，同时受托人也应办理委托人的相关开户手续。

受托人在全权委托投资协议续存期间，应定期和即时与委托人联系，以便受托方随时掌握委托人的相关情况，比如财务状况的变化、风险承受程度的改变、委托人相关的重大变故等。并且交流频率应不少于每年两次，每一次访谈应记录在册供以后投资决策参考之用。

受托人在与委托人签订全权委托投资协议以后，应将委托协议建档并保存，保存期限应为从协议失效之日起最少保存5年。

全权委托协议的投资决策和账户：

全权委托投资应当依次遵循投资分析、投资决策、执行决策以及投资事后回顾等几个步骤进行。除了设立总负责人之外还应设立每个环节的分负责人制度，保证每个环节按时按质地稳步进行。对于以上步骤中的第一个步骤——投资分析来说，其投资分析应包括两个部分，其一是借鉴独立机构的投资分析报告，根据第三方投资分析报告分析大盘走势、行业状况、个股情况等。其二是委托方团队自己对大势和个股分析，根据这两项的综合分析和相关咨询的结合得出适合针对客户的针对性投资方案，并对这些投资方案进行评估得出针对某一客户的最佳投资方案。研究团队在确定投资方案后交予执行团队具体执行的时候，应当出具书面投资决定书而不是仅仅以口头方式通知，保留书面通知供以后检讨之用，此外出具书面投资决定还可以有效避免消息的误传导致损失的发生。其中，投资决定书中应当注明买卖证券的品种、价格、数量、时间以及补充说明等等。

表格应注意分类档案管理：

(1)《客户服务需求调查表》；

(2)《客户风险承受能力调查表》；

(3)《风险揭示书》；

(4)《证券投资顾问服务协议》；

(5)《证券投资顾问服务综合申请表》（客户书面解除证券投资顾问服务的或转签的）。

第四节 媒体合作

公司与媒体合作，需要按照规定向公司和媒体所在地证监局报备。证券投资顾问可以按照证券信息传播的有关规定，通过广播、电视、网络、报刊等公众媒体，客观、专业、审慎地对宏观经济、行业状况、证券市场变动情况发表评论意见，为公众投资者提供证券资讯服务，传播证券知识，揭示投资风险，引导理性投资。证券投资顾问不得通过广播、电视、网络、报刊等公众媒体，作出买入、卖出或者持有具体证券的投资建议。

1. 证券投资顾问在进行业务推广和客户招揽中，禁止对服务能力和过往业绩进行虚假、不实、误导性的营销宣传，禁止以任何方式承诺或者保证投资收益。

2. 通过广播、电视、网络、报刊等公众媒体对证券投资顾问业务进行广告宣传，应当遵守《广告法》和证券信息传播的有关规定，广告宣传内容不得存在虚假、不实、误导性信息以及其他违法违规情形。应当提前5个工作日将广告宣传方案和时间安排向公司住所地证监局、媒体所在地证监局报备。

3. 通过举办讲座、报告会、分析会等形式，进行证券投资顾问业务推广和客户招揽的，应当提前5个工作日向举办地证监局报备[①]。

参与证券节目报备表

机构名称（盖章）：　　　　　　　　　编号：

参与节目人员姓名		所在部门	
身份证号码		执业证书号码	
广播电视台名称		节目名称	
节目性质（注1）		影像留存方式	
参与节目时间（注2）			

① 引用华泰证券等相关券商部分资料。

续表

参与节目发表观点	根据新发布的《发布证券研究报告暂行规定》和《证券投资顾问业务暂行规定》，证券分析师涉及具体证券分析的必须说明所依据的研究报告的发布日期，证券投资顾问不得通过广播、电视、网络、报刊等公众媒体，作出任何买入、卖出或者持有的具体证券的投资建议。
内部审批意见及相关负责人签字	
合规参与证券节目承诺 本人承诺：严格遵守《证券法》、《证券、期货投资咨询管理暂行办法》等法律法规要求，合规参与证券节目，不对具体证券或证券相关产品的价格涨跌或者市场走势作出确定性判断。 参与人签名：	
备注	

填表人：　　　　　　联系方式：　　　　　　报备日期：

注 1：节目性质指公益或者付费。

注 2：定期连续参与的应该说明持续时间及时段①。

（本章作者：文明）

本章作者简介

文明，具备丰富的证券行业工作及投资咨询专业服务经验；拥有实际企业经营管理经历，累计参与深度调研过上百家企业；担任上海证券报、中国证券网等多家媒体特邀分析师，经常获得重庆商报荐股冠军。

① 引用华泰证券等相关券商部分资料。

第二篇

方 法 篇

任何一门学科，最核心的知识是它的方法和工具，投资管理更不例外。活学活用证券投资顾问的核心方法与工具，是投资顾问实践走向成功的基本出发点。

第五章
证券投资顾问项目规划

证券投资与任何项目一样，都需要规划，
“凡事预则立，不预则废。”
——作者

本章目标

- 证券投资顾问项目规划
- 证券投资顾问项目建议书写作
- 演示和说明
- 谈判签约

第一节　证券投资顾问项目规划的意义和实施步骤

一、证券投资顾问项目规划的意义

相比国外几十年甚至上百年的证券投资顾问业务的发展，中国证券投资顾问行业起步晚、时间短，为了缩小和国外成熟市场的差距，完善和规范中国证券投资顾问事业的发展，对于国内刚刚起步的证券投资顾问项目提出了更高的要求，证券投资顾问业务与任何项目一样，都需要规划。一个好的规划等于成功的一半，投资顾问市场竞争激烈，好的规划是争夺客户的利器。

证券投资顾问项目规划的必要性是有目共睹的。早在古代，古人便知晓规划的重要性，《礼记·中庸》中说："凡事预则立，不预则废。"拟定一个具体而详细的投资顾问规划对于日后的证券投资顾问服务的开展有着重要的作用。对于证券投资顾问人员来说，规划可以明确证券投资顾问的具体工作和步骤，减少因为缺乏规划而带来的诸多不确定性，有利于证券投资顾问团队的协作行动，使得整个证券投资顾问团队的运行更加平稳和有效。

1. 制定证券投资顾问项目规划可以消除各种不确定性及其变化带来的不良影响。当今世界处于飞速发展的信息大爆炸时代，科学技术、法律制度、经济社会、思想观念无不处在不停的发展和变化之中，制定证券投资顾问项目规划可以减少各种不确定因素带来的干扰，阻止在没有规划的情况下面对各种突发问题可能出现的混乱状况，使得团队成员更加专注于自己的工作而不是应对外界的干扰。同时也可以降低各种可能的风险带来的危害，确保项目的顺利实施。

2. 制定证券投资顾问项目规划可以使得整个证券投资团队的运行更加有效率。规划确定了团队的目标和行动方案、行动步骤，可以使得团队的行为规范有序，减少因盲目和不协调带来的问题。规划还有利于团队提高工作效率，在短时间内完成尽可能多尽可能好的任务，减少各个部分、环节之间的等待和摩擦，有利于更加有效地协同作战。

3. 制定证券投资顾问项目规划可以引起团队成员对目标的关注。确定目标是项目规划的内容之一，而项目规划的实施又是围绕目标来进行的。一个有效的目标的设立可以极大地激励团队成员，激发团队成员向着目标而积极努力。当团队成员有明确的目标，并且把自己的行为不断与目标加以对照，清楚地知道目前与目标的距离就会增强执行力，自觉克服困难，努力向目标前进。

二、证券投资顾问项目规划的主要步骤

1. 详细了解客户的相关资料，并登记归档。了解你的客户是做好投资顾问规划的基础和前提，对客户的调查和分析详见第四章。

对于个人和企业的信息以及经过实地核查过的情况都应当有一个专门的档案予以记载，以供以后参考之用。

2. 根据上述客户信息对客户进行分类，并针对不同的客户群体制定相应的投资规划。

3. 关键的一步是，证券投资顾问研发团队通过研究形成有价值的证券投资规划书。

有价值的投资规划书是有实力和水平的投资顾问团队共同努力的结果。

整个研发团队应当分为基本面研究、技术面研究、资讯收集整合、市场监测统计以及一个负责协调和汇总的总体控制岗位。

基本面研究岗位职责：（1）对大势、板块、个股进行估值研究，从基本面提出投资依据；（2）通过反复筛选建立股票池；（3）结合基本面以及热点信息及投资报告发掘潜力股。

技术面分析岗位职责：（1）通过技术选股，发掘潜力个股；（2）对股票池中个股进行跟踪研究、分析并提出针对性意见；（3）通过技术研究得出目标个股买卖点；（4）通过软件辅助选股。

资讯收集和整理岗位职责：（1）收集各类信息并汇总；（2）动态信息收集并辅助交易决策；（3）捕捉并研究隐藏信息，提交投资依据。

市场监测统计岗位职责：（1）追踪板块、行业、个股热点；（2）监控资金流向；（3）追踪庄家运作，辅助动态股票池选股。

有了这些岗位以后还需要一个重要的岗位来协调、整合各个岗位的运作，这个岗位就是总体控制岗位，其主要职责就是：（1）协调各部工作；（2）制定投资策略；（3）审核投资标的；（4）总体仓位控制。

证券投资顾问研发团队通过结合各种资讯和证券研究部门发布的专业的证券投资分析报告，进行基本面分析和技术分析，为客户设计不同的投资规划。

4. 就证券投资规划书与客户进行沟通并得到认同。

第二节 证券投资顾问项目建议书

客户在选择机构或证券投资顾问时，往往需要考虑机构的人员构成、人员素质和以往的业绩等。但是，仅从报纸、杂志、网络或其他客户提供的信息，很难全面了解机构的实力和投资顾问的能力。只有机构或投资顾问提供的投资项目建议书能全面介绍其所具有的各方面优势，提供给客户通过外部渠道无法获得的信息。

证券投资顾问在通过基本分析和技术分析，对市场行情的未来发展趋势有了较为清晰的判断并发现合适的投资机会以后，应该将有关看法和意见记录下来，形成一份书面的投资项目建议书，供客户在进行投资决策时参考。

投资项目建议书主要内容见图5－1：

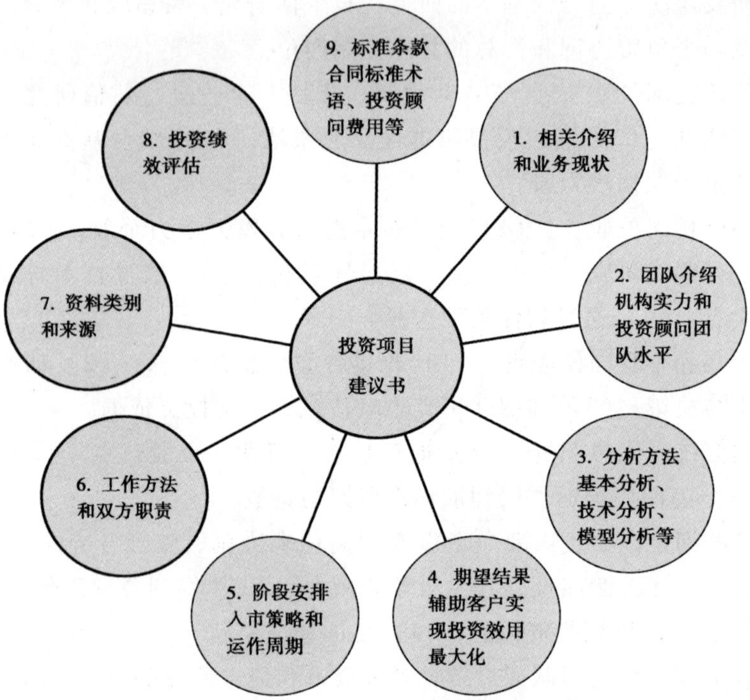

图5－1　投资项目建议书图示

1. 相关介绍和业务现状。对于广大的潜在投资者来说，介绍证券投资顾问业务的现实情况和相关问题是至关重要的，因为，通过证券投资顾问业务的相关介绍可以更多地了解和熟悉这项业务，吸引更多的潜在客户，为那些希望依托专业机构和人员帮自己管理账户的潜在客户打开一扇大门。

2. 团队介绍——机构实力和投资顾问团队水平。为客户展现一个强大、可靠、专业、分工明确、职责明晰的团队将使客户对证券投资顾问业务的信心倍增，也可以增进客户对证券投资顾问的信任和减少彼此间的距离，为日后的合作打下良好的基础。

3. 分析方法——基本分析、技术分析、模型分析等。为进一步增强证券投资顾问业务对客户的吸引力，证券投顾还应向客户展示部分专业的分析方法和专业的模型等，使客户真正了解到投资的专业化，更进一步增加证券投资顾问业务对客户的吸引力。

4. 期望结果——辅助客户实现投资效用最大化。客户投资的目的是获得收益，每个客户的期望都是收益的最大化和损失的最小化，为客户展示根据相关的研究分析得出的可能收益将和潜在风险有助于客户更好地做出自己的投资决策。

5. 阶段安排——入市策略和运作周期。入市策略是投资者战胜市场和应对风险的利器。让客户知晓运作周期，有利于资金调度和提高资金利用效率。

6. 工作方法和双方职责。明确工作方法和双方职责会使客户更加了解证券投资顾问业务和明确双方的权利和义务，规范和约束双方的行为，使得双方更好地按法律法规行事，减少双方在业务中的纠纷。

7. 资料类别和来源。大量途径正规、合法、有价值、高效的资料也是机构实力的体现，这不仅意味着机构根据这些丰富的有价值的资源进行分析将得出更加贴近实际、更加准确的分析和判断，也将意味着客户也会因这些丰富的有价值的资料而受益匪浅，因此这个看似微小的部分却有着不可忽视的作用。

8. 投资绩效评估。评估投资绩效，吸引客户投资的同时引导客户更好地做出自己的投资决策。

9. 标准条款——合同标准术语、投资顾问费用等。标准条款和合同标准术语可以援引第四章中的详述，用专业化的语言介绍合同的细则。还应说明证券投资顾问费用的资费标准和缴费方式以及相关条款。

投资项目建议书在由证券投资顾问制定并提交客户获得认同以后，既要严格执行建议书中的有关买卖计划，按设定的价格和数量完成交易，遵守操作纪律，又要根据市场情况的变化及时灵活地进行调整，三心二意和一成不变在证券投资中都是不可取的。

第三节　演示和说明

演示是投资顾问充分向客户展示其实力和水平的绝好机会。在投资顾问的项目规划制定以后就可以展示给客户并就项目规划的详细事宜与客户进行沟通。详尽的项目规划加上证券投资顾问的讲解与沟通可以让客户更好地了解整个项目，更好地辅助其做出投资决策。

一、演示准备

在参加演示前。机构或投资顾问应该提前了解以下几个事项：

√ 客户对演示说明的期望是什么？

√ 是不是需要进行的演示说明；

√ 正式演示说明和讨论所允许的时间；

√ 参加演示说明的对象，他们各自的兴趣何在？

√ 有无其他投资顾问机构或投资顾问参加演示说明会？

√ 演示说明会的目的是什么？

二、演示说明

在演示说明阶段，要注意以下事项：

√ 认真准备演示说明会；

√ 排练演示说明过程，注意时间控制；

√ 以客户为中心，抓住要点；

√ 不要照本宣科，抓住关键点，因势诱导，形象生动；

√ 确保所有的视觉辅助工具保持比较好的效果；

√ 确保参加人员角色到位；

√ 保持灵活性；

√ 鼓励讨论；

√ 尽量不要使与会者感动困倦。

三、注意要点

证券投资顾问就证券投资项目规划与客户交流中也经常会出现一些问题，如何处理这些问题对于整个证券投资顾问业务的成功具有重要意义。

对于客户对证券投资项目规划中不明白的内容，证券投资顾问应就相关问题予以认真、详细解答。客户毕竟不都是专业的投资人员，对于证券行业的法律和规定以及专业的投资知识常常会有欠缺，因此当他们碰到项目规划中有疑问的内容时证券投资顾问应当就相关问题予以清晰解答。比如当客户问及投资项目规划中的股票选择问题时，证券投资顾问首先应解释选股的方法如基本面分析法、技术分析法等，然后就本公司在股票分析上的专长和主要方法予以阐述，以详细的专业讲解和公司优势的展示帮助客户打消疑虑。

对于客户就项目规划中的内容提出不合理的要求时，证券投资顾问应引用相关法律法规予以拒绝并告知原委。比如客户在审阅规划时就投资建议提出异议，希望由证券投资顾问具体负责股票的买卖操作，并承诺盈利后予以分成，对于此类要求证券投资顾问应当依据《证券投资顾问业务暂行规定》第十二条的第四小条规定：投资决策由客户作出，投资风险由客户承担，以及第五小条规定：证券投资顾问不得代客户作出投资决策予以阐述并委婉拒绝。又比如，当客户就证券投资项目规划中提出的要求可能损害其他客户或关联方利益时，应依据《证券投资顾问业务暂行规定》第五条予以阐述并委婉拒绝。

证券投资顾问项目规划也是一个互动的过程，证券投资顾问也可以就其关心的问题询问客户，比如客户的资本情况、客户资本的使用期限、资本抽回的可能性、客户的投资意向、收益预期等。更多地了解客户将有利于证券投资顾问整个项目规划的实施，也将使得整个项目的实施更加可行和高效。

对于客户提出的积极有效的建议证券投资顾问应当给予正面回应并记录下来供日后参考。

第四节 证券投资顾问项目客户接洽、签约

证券投资顾问项目对广大中小投资者来说提供了一个更具操作性的平台，因为相对于证券经纪业务，证券投资顾问为客户提供专业的咨询服务，为客户带来极具价值的投资建议，同时也为客户带来了潜在的不菲的收益。相对于非专业投资者来说证券投资顾问使得客户对市场和个股的判断更加敏锐、对风险的控制更加严格、对收益的获得更加出色、投资眼光更具战略性。

中小投资者需要证券投资顾问的专业性投资建议，二者相结合将催生更加

广阔的投资前景、极大地激发投资者的投资热情、为投资者创造更多的投资机会、同时规避投资风险。

一、初步接洽

对于潜在的客户证券投资顾问都应当尽量抓住，初步接洽可以通过电话、面谈、邮件、传真、及时通讯等方式进行，主要目的是通过生动的初步讲解激起潜在客户合作的愿望进而吸引潜在客户签约。在初步接洽中证券投资顾问在介绍业务的同时也要理解客户的需求，在介绍业务时要尽量让客户认同投资顾问的价值。值得注意的是在初步接洽时一定要注意拜访时间的选择、拜访的方式和语言得体，还要始终注意仪态大方、举止端正、始终保持微笑和热情，在介绍投资顾问业务时要尽量简洁，要突出重点和吸引客户的地方，现场接洽结束时应主动与客户握手，还应留下通信方式以便进一步联系。整个过程应当在融洽、愉快的气氛下进行，为客户留下一个美好的印象。

二、深度面谈和谈判

在与客户进行初步面谈以后，就可以就投资顾问项目的具体问题与客户进行深入的沟通、就协议的内容与客户进行谈判。此次面谈应由资深的投资顾问与客户进行，沟通的主要内容就是详细地介绍机构情况、合作的具体事宜、协议的具体内容以及成功案例等。在深度面谈前，投资顾问应当进行充分的准备以保证面谈的成功，首先，面谈应当尽量在一个优雅、安静的环境中进行，应远离吵杂与干扰，让客户感觉舒适和放松。其次，投资顾问应当对此次业务内容充分熟知，并准备相关材料以便给客户展示，让客户对于合作内容有一个具体的认识，为增加面谈成功率，期间投资顾问应当为客户展示成功的案例。再次，与客户的深度面谈中也要始终保持仪态、举止的得体，积极主动地回应客户的问题并打消客户的疑虑，用真诚博得客户的信任，用专业的业务知识赢得客户欣赏，为面谈的成功以及以后协议的签订打下坚实的基础。

三、签约

在上一步骤中与客户达成一致以后就要和用户签订相关协议，证券投资顾问协议在签订前应给时间让客户消化。对于客户有疑问的地方投资顾问应当给予耐心的讲解，与客户签约是投资顾问的最终目的，因此，越到最后关头越是不能急躁，在与客户签约过程中要始终保持热忱，保持从初步接洽到深度面谈和谈判到最后签约自始至终的仪态、举止、谈吐的得体和雅致。

（本章作者：黄小宁、杨勇）

本章作者简介

杨勇，毕业于对外经济贸易大学，西南政法大学国民经济学研究生，曾任职于中国银行、招商证券等，对宏观经济分析有独到见解。

第六章 证券投资顾问客户服务技巧

客户服务没有止境，只有开始，不但没有终点，反而像接力赛一样，需要随时在起跑线上待命，蓄势待发①。

——作者

本章目标

- ◆ 什么是投资顾问客户服务？
- ◆ 投资顾问客户服务包括哪些内容？
- ◆ 投资顾问怎样做好客户服务？

现代社会生活质量越来越高了，随着物质生活和精神生活的丰富，人们开始追逐精神享受和服务。上面已经给大家讲了很多关于投资顾问的理论和方法，本章重点谈的就是投资顾问在进行客户服务时的服务技巧。那么很多人就会问到，到底什么是客户服务？客户服务包括哪些内容？怎样做好客户服务呢？对于投资顾问来说客户服务又是什么样子的呢？下面就将一一为大家解决这些问题。

① 凯瑟琳·迪佛利：《黄金服务 15 秒》，天津社会科学院出版社 2003 年版，第 1 页。

第一节 客户服务含义及必要性

首先，让我来分享一个笔者看过的小故事。

当苏珊还是个小女孩的时候，一天，她指着天空对妈妈欢快地叫着："妈咪，那有一只鸟!"

妈妈微笑着说，"孩子，那是一架飞机!"

"飞机?"苏珊记住了这个有趣的名字。

终于有一天，爸爸告诉苏珊澳大利亚的姑妈要接她去那里玩，她要乘飞机去。

"嘿!"苏珊高兴地跳了起来，她就要像鸟儿一样在那么高的天空上飞翔了。到了机场，航空公司的工作人员蹲下来，在苏珊的衣服上别上了一个写着"无人陪伴小乘客"的胸牌，带着她走进了盼望已久的"大鸟儿"，坐在座椅上，笑容可鞠的乘务员为苏珊扣好了安全带，就这样，苏珊有了第一次乘飞机的愉快的经历。

几年后，苏珊是四年级的小学生了，一天老师告诉大家，我们要乘飞机去伦敦做一次假日旅行。大家都高兴地跳起来。苏珊随着一群欢快笑闹的学生队伍又一次来到了机场。这一次，她知道了坐飞机的滋味。她很有信心地告诉其他的小朋友坐飞机是怎么一回事。这时，机场上突然响起了广播声：欢迎×××小学的假日旅游搭乘××航班!"大家惊喜地听着这特殊的广播，有一种不同凡响的"优越感"。

又是几年，苏珊毕业了。已经是一家公司的职员，这次乘机时，她坐的是公务舱。公务舱确实比经济舱舒适宽敞多了，不仅坐椅有了更大斜度的空向，还有可口的餐食，以及周到的舱内服务。这样的"公务旅行"使苏珊感到很满意。

苏珊在公司做得不错，她已经提升到了公司主管的位置上。并且，她还和自己的"亲爱的"订了婚，她决定要做一次完美的蜜月旅行。这次，苏珊订的是头等舱。迎接头等舱顾客的是红地毯以及特别的候机室。当苏珊挽着她的未婚夫走过红地毯来到检票口时，航空公司的工作人员热情地问候他们，然后熟练地敲打着计算机查找他们的座位，这时，问题发生了。工作人员抬起头，非常抱歉地告诉他们，很对不起，这次航班因为机械故障，将晚起飞一段时间，苏珊很不满意了。她说：“为什么不早些通知我们呢，这样就不必匆匆赶过来登机了。”工作人员一边耐心地道歉，一边轻声建议苏珊和她的未婚夫先到休息室等候一会儿。苏珊不满地走了。等到广播里响起××航班头等舱旅客×××登机时，苏珊和她的未婚夫再次走向飞机，而这次，那个“倒霉”的检票员又一次尴尬地告诉苏珊，真对不起，这个航班因为换了飞机，“您们的座位……是分靠走道的两个座位。”“我们是在做蜜月旅行啊!”苏珊显然是非常非常地失望了。这时，她侧了一下头，那边日本航空公司的乘务员正亲自将一位头等舱的旅客“护送”到登机口。“下次我也要乘日本航班了。”苏珊这样对自己说……

这个故事相信很多人也读过，但是当你读这个故事的时候你想到了什么，你又从中领悟到什么道理了呢？在这里给大家提出几个思考题：

在不同的阶段苏珊享受到了哪些服务呢？

对航空公司来说，他们的服务有没有变化呢，如果没有那么变化的是什么呢？

如果要满足客户的需要，要怎么样来做呢？

这个故事不仅仅告诉大家客户服务是什么，而且告诉了大家为什么要进行客户服务。

在百科名片里面是这样定义客户服务的，客户服务（customer service），是指一种以客户为导向的价值观，它整合及管理在预先设定的最优成本——服务组合中的客户界面的所有要素。广义而言，任何能提高客户满意度的内容都属于客户服务的范围之内（客户满意度是指：客户体会到的他所实际“感知”的待遇和“期望”的待遇之间的差距）。

来看看上面的小故事，苏珊小的时候，第一次乘飞机去澳大利亚姑妈家玩，在飞机场航空公司的工作人员看见苏珊的衣服上别着“无人陪伴小乘客”的胸牌，便带着她走进了苏珊盼望已久的“大鸟儿”，坐在座椅上，笑容可鞠的乘务员还为苏珊扣好了安全带，就这样，使得苏珊有了第一次乘飞机的愉快的经历。那么航空公司的工作人员的行为满足了苏珊的需求，这就是一种以客户为导向的价值观，根据百科名片里面的解释，这就是客户服务，是航空公司的工作人员为苏珊提供的服务。

然后苏珊读四年级的时候和同学们乘飞机去伦敦做假日旅行，机场上突然响起的广播声："欢迎×××小学的假日旅游搭乘××航班!"使得同学们心中悠然升起一股不同凡响的"优越感"。这也是航空公司提供的服务，这个服务使得顾客的心理得到了安慰，得到了满足，也是一种以客户为导向的价值观。

苏珊毕业了，乘坐公务舱，针对不同的客户群体航空公司提供了不同的消费服务，公务舱确实比经济舱舒适宽敞，坐椅有了更大斜度的空间，还有可口的餐食，以及周到的舱内服务。这样的"公务旅行"使苏珊感到很满意。不同的客户群体，不同的享受服务。

简单来说客户服务就是以满足客户的需求为中心的一系列活动。客户服务在商业实践中一般分为三类，也就是售前服务、售中服务和售后服务。售前服务一般是指企业在销售产品之前为顾客提供的一系列活动，如市场调查、产品设计、提供使用说明书、提供咨询服务等。售中服务则是指在产品交易过程中销售者向购买者提供的服务，如接待服务、商品包装服务等。售后服务是指凡与所销售产品有连带关系，并且有益于购买者的服务，主要包括送货、安装、产品退换、维修、保养、使用技术培训等方面的服务。

那么根据证券行业的性质，在客户成为你自己的客户之前你对他所做的调查属于售前服务，紧接着客户在你的带领之下来到现场办理开户手续，这属于售中服务，那么客户完成开户成为你的客户之后，你应该为客户提供的服务应属于售后服务，在本章节中重点谈的也就是售后服务这一块。证券公司将股民发展为自己的客户，相当于产品销售结束。那么就应该给客户提供有益于客户的服务。

1997年9月29日，一位世界知名宗教人士对上万民众演讲，当他被问到有关生命的意义时，他面带微笑地简短答复：

"生命有两大意义：一是快乐，二是有用。"

在《圣经》中有一句是引述耶稣的话："想要成为伟大的人，要懂得服务。"

不管是雇主还是员工，身在民营机构还是公家机关；

不管是直接面对顾客，还是默默从事幕后工作；

不管你喜欢还是不喜欢，都有顾客要应付!

付你薪水的其实不是雇主，而是顾客①。

---

① 凯瑟琳·迪佛利：《黄金服务15秒》，天津社会科学院出版社2003年版，第53页。

上面这段话是我在一本书上看到的，我觉得非常有道理，生命两大意义之一便是有用。而有用的定义为有助于别人，能够满足别人的需要，也就是能够提供服务。不管你是谁，你必须要面对顾客，因为你的薪水是顾客发的。

虽然这是针对于所有的销售行业，但是我觉得尤其适用于证券行业。由于证券行业的特殊性质，证券投资顾问的所有收入均来自于你自己的客户向交易所缴纳的佣金和咨询服务费。不管前期你做了多大的铺垫，做了多大的准备工作，到头来你收入的多少取决于你的客户。但是要怎么样才能让客户为你创造更多的收入呢，如果你想涉入这个行业，这个问题你必须要清楚。

假如你仅仅通过前期的工作将客户发展成为了你自己的客户，然后并没有给他提供所谓的服务，也就是任其发展，在证券市场中，要不了多久这个客户就会流失。

第二节 投资顾问客户服务技巧

一、如何进行客户服务？

客户服务看起来简单，实则大有学问，经过对一些大型的业绩良好的咨询公司调查研究，以及自己在长期的客户服务过程中的实践，笔者有一些心得体会，希望有助于大家在证券行业做好客户服务。

1. 建立完整的客户档案体系。知己知彼，方能百战不殆，建立完整的证券客户档案是做好证券客户服务管理工作的重要前期工作。通过对客户资料的整理以及对客户资讯进行完整的收集，其中包括姓名、移动电话、直拨电话号码，公司地址、传真、E－MAIL、家庭住址，个人偏好，个人习性等。并按不同的区域、客户风险意识、资产量对客户实施 ABC 分类重点管理。

（1）将 20% 的质地良好的客户划分为 A 类，实施重点跟踪和管理，每周必须保证电话联络 1 次以上，尽量每两个月实地拜访一次，对其发送资讯和咨询产品，如专业报刊、公司月刊、研究报告等，随时提供给客户良好的建议和合作切入点。

（2）50%的客户划分为B类，至少每周保证电话联络1次，尽量每三个月拜访一次。

（3）余下的30%客户划分为C类，每两周必须保证电话联络1次以上，每四个月安排一次拜访。通过划分类别的重点管理方式，有助于客户资源充分利用，有助于工作成本的减少。让自己的效率发挥到更能体现价值的地方去。客户分类不是一成不变的，每月根据客户的联络状况和反馈意见，要对客户的类别进行重新分类，对不同的客户服务效果进行不同的管理方式。制定并完善《客户档案表》、《客户联络一览表》、《客户拜访表》等系列规范化工作表单，使每一张表单都具有可追溯性，《客户档案表》是记录客户的详细资讯、资料和历次联络的内容；《客户联络一览表》是将所有的客户名称登记，并实施区域分类，每次联络时在对应的日期栏中打上标志，在备注栏中简要地记录联络内容，有利于对客户联络状况进行全盘的把握，防止挂一漏万；《客户拜访表》是对客户具体进行拜访时使用，包括对客户需求的分析，环境的评价，服务切入点的确定等。通过三种表单的综合运用，将客户的管理履历详细地记录下来。对收集的客户文本资料进行归纳整理，分类存放，编号管理。将以上的资讯和表单记录全部输入电脑之中，实现数字化的档案管理模式，如需调用或查找，通过搜索功能就能快速、简便、准确地查询到资料。另外有一点必须强调，客户的资料必须严格保密，切忌粗心大意将客户资料泄露。

近几年，在上市公司股权分置改革和证券公司综合治理完成后，证券行业进入常规监管阶段，监管重点逐步转移到对证券公司日常业务的规范化管理和加强客户管理上来。2007年以来，相继开展的对证券账户的清理与规范、对经纪业务营销活动的规范化管理、对客户分类和交易行为管理以及投资者适当性管理等，都体现出这一新变化。加强客户管理工作，做好客户分类工作和客户交易行为管理，使得所有的服务规范化、程序化、表格化，那么你的服务工作将会井井有条，而且轻松愉快，获得事半功倍的效果。

2. 制订统一的电话话术和电话拜访制度。专业、简洁、亲切的电话话术是给客户留下良好印象的第一要素，一个规范的客户服务部门必须制订标准的电话话术，要求必须言简意赅，逻辑清晰，内容重点详略得当，力求在与客户联络的过程中达到“专业、互动”的良好效果。

根据不同类别的客户，对电话拜访、问候的频次都作明确的规定，并对每次的电话拜访重点都作出系统的安排，其中包括节日问候，虽然看起来这是一件很小的事情，但是会让客户强烈地感觉到有人在关心他，你把他放在心上。

每一次问候前，都写出提纲，千万不能随意应付，要记得一件小事可能坏了大事，也可能会成就一件大事，所以千万不能掉以轻心。

3. 一定要注意突出重点追踪和看板管理方式。随着客户的增多，联系的频次越勤，对客户的需求和信息更加要有重点和清晰的把握；如何做到不会有遗漏，客户服务可利用两块白板，一块用来记录一个星期的重点工作事项(其中内容包括当天工作重点，明天工作重点，本周工作重点三项栏目)；一块用来记录整体的工作重点（跨周度、月度的工作安排和事项）；看板管理的运用，可以使客户部门的工作变得有条不紊，简单明了工作的协调性、柔性组合从而使调整更加轻松自如！

4. 规范化的客户拜访流程。在做营销的过程当中，任何一个营销人员秉承“拜访成功即成单60%”的理念，充分意识到客户拜访的重要性。当客户成单了之后很多人就忽视了继续拜访的重要性。平时通过电话沟通，但是有很多都是不到位的，如果能够隔一段时间对重点客户进行上门拜访，不仅仅可以加深客户的感情，而且在交流的过程当中还能够发现问题，解决问题，这样才能在接下来的服务过程中做得更好，试问如果能做到这一点，这个客户还容易流失吗？现在市场竞争如此之大，在不断发展新客户的同时也要保证老客户的继续不流失。

5. 强化编写方案、单独提案的能力。从经验来看，客户的需求往往是希望得到立马解决的！如何在最快的时间，以最低的成本、最佳的解决方案来满足客户的需求，这是做客户服务中必须思考的问题。可以这么讲，做客户服务的时候“听、说、读、写”能力必须并驾齐驱，缺一不可！其中编写方案的能力最能体现证券投资顾问的综合水平，既要编制最简单同时又是最佳的操作方案（考虑到操作成本和实际的操作能力），又要敏锐地捕捉到客户真正的需求（满足客户的要求），同时还要兼顾将各种艰深的理论通俗化表达出来（良好的文字表达）！所以，证券投资顾问的素质要求非常高，如果是公司内部自己培养，那也将是一个痛苦的过程。所以，一个资深的投资顾问需要有多行业、正规大型企业、多岗位的工作背景和专职投资顾问的工作经历！为了实现以上之需求，证券投资顾问要不断地提升自己的能力，要有系统地进行编写方案的强化训练，熟练地掌握脑图、鱼骨图、结构图、流程分析等技术工具；积累大量的经典案例，形成投资顾问服务案例库。

6. 丰富发掘客户的方式和实效性，完善客户感情维护手段。电话联络是对客户进行重复宣传和刺激的有效手段，但频繁使用会导致客户的反感！适当地联络客户来访，或对客户单位进行拜访，或编写初步的整改方案，给客户提供最新的行业、政策信息，都是缩短与客户之间距离的良好方式。

节假日的问候、贺年片的邮寄、春节礼品的馈赠、团队拜访等方式的综合运用，都能使客户感情关系得以稳定和持续！

7. 投资报告会的召开。股民除了在平时接受你提供的咨询之外，如果能定期到现场来参加一次比较全面的投资策略报告会是协助做好客户服务的重要环节。投资报告会上你不仅可以讲股票分析方法，可以讲投资者在市场里面应该有的心理素质，对目前市场的看法，你也可以让投资者之间互相交流学习，可以让做得好的投资者来给大家分享经验，其乐融融！

8. 完善培训体系，协助客服部人员建立学习生涯规划。客户服务人员综合素质尤为重要，参加标准话术、专业技术、经典案例库、动力管理（营销）理念、客户需求挖掘、客户关系管理、形象设计等系列活动的培训，且根据不同的自身素质、潜力和工作特点，编制个性化的学习生涯，将能促使自己能力快速提升和团队协作能力得以综合塑造！

9. 逐步形成有公司特色的服务项目库，保持客户二次开发的潜力。为客户提供一揽子解决方案，进行系统的整合，是一些机构有竞争力的体现！但随着客户个性化要求的日益增强，为客户提供有针对性的解决方案和服务项目，将会对扩大客户源，丰富完善服务操作项目有极大的好处。做公司客户服务应随时与重要联络人、客户的高层负责人进行密切联络，并了解客户对公司投资顾问的评价，在长期的密切联络中，保持良好的客情关系，促成客户二次开发的需求。

10. 发布证券研究报告。证券研究报告包含证券投资价值分析和投资评级，证券业内将发布研究报告活动俗称为“研究咨询”。

证券研究报告的发布流程通常包括5个主要环节：（1）选题。即选择和覆盖研究对象，部分证券公司的研究部门建立了研究人员选择研究对象的内部审批程序。（2）撰写。包括数据资料收集、研究分析和报告写作。（3）质量控制。研究报告撰写完成后，研究部门的质量审核人员对分析前提、分析逻辑、使用工具和方法等进行审核，控制报告质量。（4）合规审查。由公司的合规管理人员或者研究部门的合规员负责，审查证券研究报告是否符合法律法规规范，是否涉及非公开信息、利益冲突情形等。（5）发布。一般通过研究报告发送系统同时向公司确定的发布对象发送，系统自动留痕。实践中，有部分证券公司的研究部门指定岗位负责发送，也有公司的研究部门授权机构客户服务部门向机构客户发送。

11. 客户日志。老客户的重要程度大家都知道，任何从事营销工作的人都深知，老客户的维护成本远低于新客户开发成本，且维护好已有客户，让已有客户上量是比开发新客户要容易得多。谁都不愿去干丢了西瓜捡芝麻的事。所以，我们一定要想尽办法维护好现有客户。客户日志不失为一个非常好的方法。

什么是客户日志？

通过简单的电子表格将客户与你及相关往来的每一个事件完整记录，包括事件发生的时间、事件归类、事件描述、事件的解决描述、事件总结，即客户在公司的完整历史档案。通过日志可完整地了解客户，并能透过分析客户，做到预知预判，达到全面把握客户动态，避免不良情况发生及引导销量提升。

建立客户日志的意义：

（1）客户规范管理。客户日志涵盖客户档案、客户往来情况，并且能根据分类进行检索。所有科目清晰明了使客户管理规范化。

（2）客服人员规范操作。客户日志建立后要求客服人员规范操作，根据日志及客户级别知道自己什么时候该干什么事情，根据不同的客户制定不同的服务内容，而不是盲目地眉毛胡子一把抓，毫无目的地执行服务。

同样便于公司管理者的监管，检查客户日志是重要的监管手段，可检查客服人员是否在规定时间内给予客户反馈，事件是否处理得当，客户的状态是否把握准确。

（3）预知预判先行，研究客户需求。客户日志除了涵盖客户各种基本数据外，还记载客户的投诉及每次通话中的重要内容，有利于定期开展动态分析。可以清晰看到客户保证金增减、盈亏状况、投资偏好等，综合各种因素可以判断客户的异常，可以看到客户所能够挖掘的潜力。

有了客观的事实做基础，加以科学分析、及时行动可预防不良行为发生，还可积极支持客户加大投入力度，引导客户进行更加科学的投资。

客户的需求往往是多方面的、不确定的，需要去分析和引导。客户的需求是指通过双方的长期沟通，对客户性格、偏好、习性逐步发掘，将客户心里模糊的认识以精确的方式描述并展示出来的过程①。

研究客户需求：

① 花木荣：《如何做好咨询公司的客户开发》，http://www.doc88.com/p-14465438331.html。

◆ 首先要圈定明确的客户群，只有明确了客户群才能让我们很好去研究；

◆ 学会用客户的语言来描绘服务；

◆ 学会理解客户的多重身份；

◆ 了解客户的价值观；

◆ 理解客户需求背后的深层次心理需求；

◆ 像客户一样体验，像客户一样感知他们的生活世界。像客户一样看，像客户一样用，像客户一样想。去体验客户的生活世界，而不是客观世界。只有这样，才能像有经验的销售人员那样，能见到什么人说什么话。

有一个软件行业的朋友给我讲到他从业 10 年以来，经常遇到项目组成员抱怨，客户需求不断变化，有些时候你顺应客户需求修改了软件，结果过几天客户改变了意见，又要让你重新修改软件，这个时候如果我们提出异议，结果客户又会说，我现在思路发生变化了。怎样应对客户这种不断变化的客户需求呢？在遇到这种情况的时候，一般有两种方式来解决客户的需求：一个就是最简单地修改软件来适应客户的需求，另外一个就是挖掘客户需求变化的真正原因，并去引导客户需求。但是，到底使用前者还是使用后者？作为一家给客户提供咨询服务的人员，我们本质上是给客户解决问题的，也就是说面对客户问题的时候，用什么手段这个时候只是变成了一种工具。

比如，我朋友给我讲过一个案例，以前他在实施一个企业财务功能的时候，财务部的职员提出一个功能，他们需要对销售合同财务审核后，要给他们提供取消审核的功能，原因是录销售合同的人可能会把数据录错了，他们审核后，原来录销售合同的人就无法修改销售合同了。这个时候，他们的项目小组一个技术人员觉得这个需求很合理，因为每个人都可能犯错误嘛，再说做一个取消审核功能是很简单的事情，于是随手就把这个功能加上了，并且还很自豪加上了这个取消审核的功能。过了几天，这个功能被客户财务经理知道了，于是对我们提出了严厉抗议，因为当时加上这个财务审核的功能，就是让财务能够对销售合同进行审核，起到严格的管控作用，而加上这个取消审核功能，就会使录单子的人员和财务审核人员心里就会存有一份侥幸，一旦录错数据，那么很简单取消审核，把流程退回就行了。这样就起不到原先财务经理设想的那种管控功能了。于是，财务经理坚决让我们去掉了取消审核这个功能。同时财务经理提出了另外的需求，那就是对于真正录错的单据，不能用原来那张销售合同改数据，而是用另外的销售合同变更单去修改这种销售合同。在这种情况下，既解决了录入单据错误后的修改问题，又能让财务经理对原来的销售合同正常管控。而且财务经理月底只需要统计每个人录的销售合同变更单的数量，就可以知道每个人具体工作的好坏。

这个例子，我们可以看到，接到一个客户的需求的时候，我们不能是简单被动接受，而是要深入分析客户需求背后的道理，只有抓住这种背后的道理，软件的修改才有价值。比如说销售合同财务管控的背后的本质就是财务在整个业务环节中起到管控作用，这个时候，我们去做个软件功能取消审核就成为没抓住客户本质需求就去改程序了，这个时候只能是出力不讨好，最后还要把程序改回去。到最后通过做一张销售合同变更单，既可以保持原来财务管控的严肃性，又可以让录销售合同认真地录入错误的时候，可以弥补。但是这种弥补就不是简单取消审核在原先单据上修改那么简单，就可以让录单子人员录入单据的时候就尽量完美。

作为投资顾问和服务实施一体化，我们的宗旨是给客户提供最优化的解决方案。我们对待客户提出的需求都会从客户需求的本质去解决问题，不会仅仅从表象去满足客户需求。实际上我们解决客户问题的过程中，包含了我们的智慧和管理经验，在证券行业中遇到客户的问题，也不是客户说什么我们做什么，我们是和客户一起寻求解决方案。所以，我们应该像软件公司一样，是通过他们的管理智慧，融入到他们给客户提供的软件系统中，并且陪着客户一起把最佳解决方案找到，这样就最终解决了客户需求。

二、市场风险及客户的合理预期

每一个行业面临着不同的客户需要，就必须要以满足客户需求为中心。那么在证券行业，其实客户的需求很简单很明了，就是赚钱，但必须遵循“先求生存，再求赚钱”的原则。股市风险无处不在，股市风险是指买入股票后在预定的时间内不能以高于买入价将股票卖出，发生账面损失或以低于买入价卖出股票，造成实际损失。

股票市场，赚钱的机会很多，但是，有很多股民错误地理解证券投资顾问就应该帮我们赚钱。试想如果是百发百中，他们自己也不用上班了。投资顾问是帮你实现投资效用最大化，所以你一定要记住在给客户提供服务的同时，一定要进行投资者教育。

要教育投资者正确认识证券市场的风险：

1. 投资风险。证券市场是商品经济高度发展的产物，是市场经济中的一种高级组织形态———虚拟经济的表现。之所以称证券市场是高风险市场，是因为证券价格具有很大的波动性、不确定性，这是由证券的本质及证券市场运作的复杂性所决定的。

（1）证券的本质决定了证券价格的不确定性。从本质上说，证券是一种价值符号，其价格是市场对资本未来预期收益的货币折现，受到政局、利率、汇率、通货膨胀、行业背景、公司经营、投资大众心理等多种因素影响，难以准确估计，这一本质属性，决定了以它为交易对象的证券市场从一开始就具有高风险性。

（2）证券市场运作的复杂性导致了证券价格的波动性。各国证券市场历史表明，股票价格围绕其内在价值上下波动的过程，实际也是市场供给与需求之间由不平衡到平衡、由平衡到不平衡的循环往复过程，市场参与者利益不同，内部运作机制各不相同，不同的时间段带来不同的价格平衡。

（3）投机行为加剧了证券市场的不稳定性。在证券市场的运作过程中，投资与投机很难做出明确的界定，并且虚拟经济的不确定也允许投资与投机之间的转化。资本总是追逐利润的，投机资金的进退加剧了市场价格波动。当投机行为超过正常界限，变成过度投机，则市场风险突现。

（4）证券市场风险控制难度较大。证券市场涉及面广、敏感度高，任何重大政治、经济事件都可能触发危机，对市场中的所有风险因素难以全面把握、控制。

当然高风险与高收益是相对应的，股票市场里面一天可以有10%的收益，而存银行一年才仅仅3.25%，你当然要承担相应的风险了，所以在从事客户服务工作的同时，一定要教育投资者的风险意识，因为很多投资者来到这个市场一心只想着赚钱，却没有考虑过风险。

2. 证券市场风险的种类。任何产品都是有风险的，客户服务过程中当向投资者介绍投入资金，买入股票、基金、债券等金融产品，一般的出发点是期待获得高过同期储蓄利息的投资收益回报，然而无论是成熟股市还是新兴市场，价格波动总是客观存在的，出现高位买进股票而股价下跌市值受损的局面，收益率未必能如最初所愿。低买高卖是理想的投资操作，然而在经济形势变化、趋势转向、公司基本面变化之际，投资者信心受挫而出现高买低卖的现象也是屡见不鲜。从风险与收益的关系来看，证券投资风险可分为市场风险（又称系统性风险）和非市场风险（又称非系统风险）两种。

3. 树立正确的投资观念 。自从证券市场存在的那一天起，风险就不可避免地存在着，就像每一个证券类媒体所反复强调的那样，“市场有风险，入市需谨慎!”而对于投资者来说，一定要教育他们充分地认识到这个市场的本质，从自身的理念上去回避助长风险积累的情况发生。

新股民在进入证券市场之时，以下8个问题，可以测试一下他的风险承受能力水平，辅助你在之后的客户服务工作，选择“是”、“否”还是“不确定”，分别可计2分、0分和1分：

①投资的本钱是否是一笔闲置的资金，它对你维持目前生活水平来说有多大影响？（　　）

②你是否不依赖或很少依靠目前投资的收入，不把它作为日常开支的重要来源？（　）

③你是否有较为充足的其他收入来源，万一投资失败，完全可以弥补失败造成的损失？（　）

④你是否还年轻，距离退休的时间很长？（　　）

⑤你是否有较强的投机愿望，认为值得为较高的收益去冒较大的风险？（　）

⑥你对坏消息、对不利情况是否不会过度紧张，心境比较坦然豁达？（　）

⑦你在投资方面是否具备相当的知识和操作的经验，并且能及时地掌握各种股市信息？（　　）

⑧你对目前股票市场的发展是否比较乐观，认为股市行情预期将会上升？（　）

得分在12~16分，显示他的风险承受能力很强，涉足股海对他也许只是轻松泛舟；当然，他也可能在不经意间遭遇风浪覆舟，他的投资品种可以偏重于收益风险相对较高的股票，可以参与一些短线题材个股的运作。

得分在8~12分，显示他有一定风险承受能力，但在心态、投资知识方面还需要进一步加强，如果许多不确定在你经历一些风浪之后得到明确的认识，重新再来做做题目，看他是不是适合在股海里冲浪。同时，他的投资对象可以偏重于相对稳健的中长线投资品种，多从基本面选股，中线持有少做短线投机差价也许比较适合你的性格。

得分在0~8分，显示他不太适合高风险的投资，建议先从风险比较小投资品种做起，证券投资基金可能是你初涉证券市场的良师益友。如果直接涉足股海，投资品种选择上可以尽量找一些分红回报较好、股息率较高的长线股。

心急吃不了热豆腐。

几乎天天股市上面都有涨停的股票，但是能买到的有多少呢。大家刚开始的时候都是抱着跑赢银行存款利息的希望进的股市。可是到头来有几个是坚守自己的初始意愿。天天想涨停，结果天天都不涨。本来给自己定的目标是一年赚30%，但是一旦客户自己买进去1个星期不涨，不找你吵架找你闹的有几个？这个就是因为在你给客户提供服务的时候没有做好教育。一年12个月你赚30%，那么为什么要求每天都要涨。

有些人天天在想抓到大黑马，天天梦想涨停板，日复一日年复一年，亏损累累，我们是不是换个角度思考，想想我们每次要求低一点，不要那么贪心呢？

先来做一个数学题吧。

每天做股票只赚1%，一年下来能赚多少？

复利计算公式：

$F = P \times (1 + i)^N$

F：复利终值，P：本金，i：利率，N：利率获取时间的整数倍。

一年250天交易计算，答案是本金翻了12倍。

如果长此以往，地球的钱不够你赚。

有没有这样的方法呢？

很可惜，答案是否定的。

上面一个公式是说明一个重要性，就是不要一味追求涨停、黑马，立足小利，聚少成多也是大家投资应该追求的方向。

讲这个就是说你们在给客户提供服务的同时，要让他认识股市里面的风险，不要盲目贪心。一句话概括，要降低客户的预期，每天只赚一点点。

“永远不要无目的地满足客户的所谓需求与服务。”

三、不断更新自己的服务

还记得之前我给大家讲到的那个小故事吗？

之前讲述了苏珊小的时候几次坐飞机的愉快经历。接下来苏珊工作了，在公司做得不错，她已经提升到了公司主管的位置上。并且，她还和自己的“亲爱的”订了婚，她决定要做一次完美的蜜月旅行。这次，苏珊订的是头等舱。迎接头等舱顾客的是红地毯以及特别的候机室。当苏珊挽着她的未婚夫走过红地毯来到检票口时，航空公司的工作人员热情地问候他们，然后熟练地敲打着计算机查找他们的座位，这时，问题发生了，工作人员抬起头，非常抱歉地告诉他们，很对不起，这次航班因为机械故障，将晚起飞一段时间，苏珊很不满意了。她说，为什么不早些通知我们呢，这样就不必匆匆赶过来登机了。工作人员一边耐心地道歉，一边轻声建议苏珊和她的未婚夫先到休息室等候一会。苏珊不满地走了。等到广播里响起××航班头等舱旅客×××登机前时，苏珊和她的未婚夫再次走进飞机，而这次，那个“倒霉”的检票员又一次尴尬地告诉苏珊，真对不起，这个航班因为换了飞机，“您们的座位……是分靠走道的两个座位。”“我们是在做蜜月旅行啊！”苏珊显然是非常非常地失望了。这时，她侧了一下头，那边日本航空公司的乘务员正亲自将一位头等舱的旅客“护送”到登机口。“下次我也要乘日本航班了”。苏珊这样对自己说……

大家有没有想过，这里面变的是什么？机场其实并没有改变，它仍然在提供之前提供的服务。但是人家的服务在改善，在改进，如果你还在止步不前的话，客户照样会流失。

怎么样才能使得自己更好地给客户服务，怎么样才能不断提高自己的服务能力呢？这里给大家建议——换位思考。

为了说明这个问题，也和大家先分享一个小故事，名字叫“做一天顾客”。

琼斯医生是一位加拿大儿科牙医。他的诊所是标准的儿科牙医诊所——进口处工整地写着：“琼斯儿科牙医诊所”，候诊室有供家长阅读的杂志，也有给孩子候诊时玩的简单玩具。当然，看牙的设备也是标准的——可以升降的椅子、白色与闪着金属光泽的器械等等。

一天，琼斯医生信步踱到附近社区的儿童游乐场，他看到阳光下嬉闹奔跑的孩子，分享着他们的快乐。突然，他对自己说，咳，如果我用一个孩子的眼光去看我的诊室，那会是什么样呢？于是，他把自己完全变成了一个孩子，走向自己的诊所。

首先映入他的眼帘的是那一行工整而复杂的“琼斯儿科牙医诊所”。噢，不不，这行字既难懂，又无趣。他继续往里走，候诊所的一角是一个专供家长阅读的杂志架，旁边是几件简单的小玩具。坐在这儿，他觉得四周毫无生趣，医院的感觉开始让他觉得不安起来。再往里，他伸手去推那扇通往诊疗室的门。啊呀，怎么巨大的铜制把手旁边有一行黑黑的小手印，那显然是孩子们因为尝试去够门把手留下的小手印。铜制的门把手确实不是一双小手可以轻易打开的……

坐到升降椅上，他立刻想到了牙医那张大口罩盖住了的半张脸，在白色和闪着金属光泽的器械中，他有了赶快逃跑的念头……

在做了“一天的顾客”后，琼斯决定改造他的诊室。一个月后，新诊室露面了。首先那块写着工整标识的标识牌上，活泼地写着“琼斯的嘴巴”，旁边那张笑着的大嘴巴里是整齐雪白的牙齿。昔日蓝白相间的候诊室俨然变成了孩子的乐园，有着绚丽多彩的墙壁，各种有趣的玩具，阳光的欢愉在这里依然。家长的杂志被放到一个角落。嘿，那个沉重的铜制门把手呢，已经换成了可以轻巧按下即开的把手。那么诊室呢？他没有办法去特定适合儿童高度的牙椅，但是，在那张标准的大椅子旁边，有一处凹下去的地方，琼斯正好可以坐在那为孩子们医牙……

从此，“琼斯的嘴巴”成了深受孩子们欢迎的远近闻名的牙医诊所。而相同的诊所也开始在不同的社区中出现了。

给大家提几个思考问题：

当琼斯站在孩子的位置上时，他看到了哪些问题？

这些问题给琼斯的诊所带来了什么变化？

这个故事带给你（们）什么启发？

不管琼斯之前的服务有多么好，如果他不把自己当做顾客一天的话，他也不知道要怎么样才能够对客户服务得更好。那么再看看之前的小故事，苏珊所搭坐的飞机如果能够站在客户的角度来想想，然后找办法解决，那么苏珊也不会产生那样的想法。

很简单，生活中处处都需要换位思考。在我们这个钱遍地飞的证券行业更是如此。客户都是抱着赚钱的心态来的，多站在客户的角度来看待问题，那么就包括了你要对你面前的客户有一个充分了解。另一个就是要经常教育客户，要学会换位思考，多想想我们自己的难处，多体谅体谅他们，大家才能一起在这个高风险的市场中占有一席之地。

不仅仅要换位思考，还应该走出去，多体验别人是怎么样来服务的。这个也是提升自己服务能力的一个重要的方法。

第三节 如何应对客户的投诉

在做客户服务的过程中，碰到客户投诉也是再正常不过的事情了。正所谓人无完人，那么做事情也是一样，一个人不可能做一辈子的事情不犯错误。那么在客户服务当中，不管你的错还是客户的问题，遇到客户投诉一定要认真对待。

一、投诉的分类及解决

投诉分两种：一种是善意投诉，也就是确实因为产品、服务等方面的实际原因而引起的顾客投诉；另一种是恶意投诉，也就是出于破坏声誉、无理取闹、客户自身原因等所谓“投诉”。

对于善意的投诉可采取下列步骤来处理：

第一步：热情周到接待。凡顾客出现投诉情况，多数态度不友善，有些甚至骂骂咧咧怒气冲天，不管顾客态度多么不好，作为服务人员都应该热情周到，以礼相待，待如贵宾，如请到办公室、让到贵宾座、倒茶、敬烟等，如此一则体现了客服人员处理投诉的态度，二则体现了“顾客是上帝”的原则，三则可以舒缓顾客的愤怒情绪，减少双方的对立态度。

第二步：倾听顾客的投诉。作为客户服务人员首先是要以谦卑的态度认真倾听，并详实记录《顾客投诉登记表》。对顾客要和颜悦色，无论顾客说的对与错、多或少，甚至言辞激烈难听，都不要责难、诘问，顾客言谈间更不要插话，要让顾客把想说的一口气说出，顾客把想说的说出了，顾客内心的火气也就消了一半，这样就便于下一步解决具体问题。倾听时，注意千万不能跟顾客争吵，也不能打断顾客的口述，更要尊重顾客。

第三步：道歉。听完顾客的倾诉，要真诚地向顾客道歉，比如说：对您带来的不便，我代表公司向您表示歉意，或者大热天让您从大老远跑来实在不好意思，等等。道歉要恰当合适，不是无原则的道歉，要在保持企业尊严的基础上道歉，道歉的目的一则为了承担责任，二则为了消弭顾客的“火气”。

第四步：分析顾客投诉的问题症结。根据顾客的口述分析顾客投诉属于哪一方面，比如是软件问题、服务问题、咨询问题等，更要从顾客口述中分析顾客投诉的要求，同时分析顾客的要求是否合理，以及具体问题属于哪个部门，解决投诉前是否有必要跟归口部门沟通或者向有关上层请示。

第五步：解决问题。根据顾客的投诉内容和投诉分析，依据本公司相关制度，制定解决方案，把解决方案告知顾客，如顾客同意，则把处理意见登记在《顾客投诉登记表》上并让顾客签名确认。如果顾客不同意，看争议在哪里？

同顾客协商解决，不卑不亢，以“息事宁人，保护名誉”为最高原则，尽量满足顾客要求。如果自己确实无法解决顾客投诉，则立即引荐给上层领导解决，以期圆满解决顾客投诉。当然顾客要求确实“太离谱”的话，则走法律途径，通过法律来解决顾客投诉。顾客投诉如当时无法立即解决，需要说明原因和明确解决时间，到时主动约见顾客。对于一些盲目投诉（本来不应该投诉）的顾客要详细解释，或操作示范，或专家答疑，或领导接待，动之以情晓之以理，使其口服心服，同时展示自己的良好形象。

对于恶意的投诉，就应该坚决地对客户讲清楚，或者直接交给专门负责人处理。对待顾客投诉切忌躲、拖、哄、吓，“躲”躲不住，“拖”拖不掉，“哄”哄不好，“吓”吓不跑，只有认真负责、及时处理，才能让顾客满意，真正解决顾客投诉问题。

顾客投诉从一定意义上说并不是坏事，有投诉就说明有差距或不足，以此为方向，公司个人才可以改进产品、提高技术、加强管理、完善服务，提高公司竞争力和效益，因此客服人员应以谦卑、负责、宽容、求进的态度，欢迎顾客的一切善意投诉！

沟通心经：

你经常会碰到客户投诉，一旦处理不当便会引致不满和纠纷。

从另一个角度来看，客户投诉是最好的产品情报，客服人员不仅没有理由逃避，而且应该怀抱感激之情欣然前往处理。

对于客户的抱怨，客服人员稍有不慎即会失去客户。因此，客户抱怨的问题客服人员不要害怕，用服务的技巧妥善处理就是了。

处理客户投诉，不仅要找出症结所在，而且必须努力恢复客户的信赖。

遇到客户投诉时，决不要推卸责任，因为推卸责任永远不是解决问题的方法。

二、客户回访与投诉处理流程

1. 证券投资顾问的客户回访与投诉处理由公司客户服务中心（以下简称“客服中心”）负责管理，由客服中心和营业部共同实施，客服中心制定客户回访与投诉处理流程，并将回访与处理结果记录留痕。

2. 根据客户回访的结果与投诉处理结果，调整证券投资顾问的薪酬、级别和风险金发放。

证券投资顾问（FC）客户回访记录表

编号：××××－××－×××××××－×××××××××

<table>
<tr><td>客户姓名</td><td></td><td>资金账号</td><td></td><td>营业部</td><td></td><td>回访日期</td><td></td></tr>
<tr><td>回访项目</td><td colspan="3">□新挂接客户□存量挂接客户
□异常挂接客户</td><td>回访形式</td><td colspan="3">□当面谈话□电话□书面信函
□电子邮件□其他</td></tr>
<tr><td>回访内容</td><td colspan="7">必访内容
□1. 了解客户的个性化需求；□2. 服务满意度调查；□3. 征询服务诉求。
一、新挂接客户
□1. 核实客户与证券投资顾问的挂接关系真实性；
□2. 告知客户费率收取标准；
□3. 核实证券投资顾问执业过程中是否依托总部和营业部的基本观点，为客户提供投资建议和相关理财服务；是否向客户传达总部对市场的观点；是否根据客户的风险偏好和市场变化，提供选时、选股、资产配置等投资建议；是否在政策法规的允许下，开展投资理财讲座，开展投资者教育工作；是否协助经纪人营销，展示公司投资咨询服务专业特色等应该从事的活动；
□4. 核实证券投资顾问执业过程中是否从事下列禁止活动：以虚假信息、市场传言或者内幕信息为依据向投资人或者客户提供投资分析、预测或建议；发生严重违背公司基调，擅自发表不负责任的言论，造成不良后果；为牟取佣金诱使客户进行不必要的证券交易；是否向投资者提供证券价格上涨或下跌的肯定性意见；建议投资者重仓买入缺乏流动性的个股；存在与发行公司、上市公司或相关人员之间有获取不当利益约定；私自与客户签订各种协议和合同（含口头协议）；在销售产品时，不向客户明示费率标准，隐瞒产品价格，或介绍产品效果时夸大其词；是否以任何形式出卖或透露客户资料与信息；是否存在代理投资人从事证券、期货买卖；是否向投资人承诺证券、期货投资收益；是否与投资人约定分享投资收益或者分担投资损失；是否为自己买卖股票及具有股票性质、功能的证券；是否利用咨询服务与他人合谋操纵市场或者进行内幕交易等禁止行为；
□5. 其他回访事项。
二、存量挂接客户
三、异常挂接客户
□1. 向客户说明异常情况；□2. 询问客户撤销指定、大额资金转出原因；□3. 其他回访事项。
四、其他□1.　　　□2.</td></tr>
</table>

续表

<table>
<tr><td colspan="2">回访结果及备注：

客户签名或盖章：　　　　　　回访人签名：</td></tr>
<tr><td>回访复核形式</td><td>□当面谈话　□电话　□书面信函　□电子邮件　□其他</td></tr>
<tr><td>回访复核内容</td><td>□1. 核实客户与证券投资顾问的挂接关系真实性；
□2. 核实回访事件的真实性；　　□3. 客户满意度调查；
□4. 回访时效性；　　□5. 其他回访事项。</td></tr>
<tr><td colspan="2">回访复核结果及备注：

复核人签名：</td></tr>
</table>

填表说明：1. 此表按时间顺序装订成册归档；2. 当面回访客户签名或盖章（机构客户加盖公章）才能有效；电话回访需记录回访电话号码和录音文件名才能有效；书面信函回访需邮局回执和信封为附件才能有效；电子邮件回访需邮件内容作附件才能有效；编号规则：前四位为年份，如 2009；中二位为回访项目编号，01 为新挂接客户、02 为存量挂接客户、03 为异常挂接客户，04 为其他，其他项目由营业部自行编号；再六位为自然流水号，以回访时间顺序编号；后八位为客户的资金账号。

客户投诉与纠纷处理记录表

<table>
<tr><td>营业部</td><td></td><td>证券投资顾问</td><td></td><td>受理方式</td><td>□现场□客服热线□书面信函
□电子邮件 □批转□其他</td></tr>
<tr><td>投诉人</td><td></td><td>资金账号</td><td>客户必填</td><td>联系方式</td><td>电话投诉必填联系电话；mail 投诉必填邮箱；书面信函必填通讯地址邮编</td></tr>
<tr><td rowspan="2">信访投诉内容</td><td colspan="5">投诉内容描述：</td></tr>
<tr><td colspan="5">受理人：　　　客户签字：　　　　（现场受理请客户签字）　　　受理日期：</td></tr>
</table>

续表

<table>
<tr><td rowspan="3">处理过程及结果</td><td rowspan="2">受理部门处理意见或结果</td><td>投诉类型</td><td>□服务态度 □服务规范 □违规违纪 □其他</td></tr>
<tr><td colspan="2">处理意见或结果：

经办人：　　　　所在部门负责人：
年　月　日</td></tr>
<tr><td>涉及部门处理结果</td><td colspan="2">处理结果：

经办人：　　　　所在部门负责人：
年　月　日</td></tr>
<tr><td>客户反馈</td><td colspan="3">年　月　日　　　　经办人：</td></tr>
</table>

填表说明：1. 此表按时间顺序装订成册归档；2. 现场受理需客户签名；电话受理请记录来电号码、来电时间；电子邮件受理的请记录电邮地址、邮件内容做附件；书面信函受理请记录通讯地址、邮编，来函内容、信封做附件；上级部门批转的请将来函的文件及上报材料。

（本章作者：刘丹丹）

本章作者简介

刘丹丹，女，四川广汉人，曾做某券商客户服务部主管，现为财通证券重庆邹容路证券营业部客户顾问，西南政法大学国民经济学硕士研究生，重庆新财经频道《西南股市晨会》特邀主持人，擅长与客户沟通交流，在客户服务方面有独到的见解。

第七章
数据资料

> 投资顾问的精髓在数据资料的充分掌握上。
>
> ——作者

本章目标

- ◆ 了解投资顾问分析数据的类型
- ◆ 熟悉分析数据获取的途径
- ◆ 掌握数据分析的方法

任何投资顾问活动都应是以事实为依据，不能凭主观臆断或凭经验判断作出分析预测。投资顾问还应明确所要调查的数据类型，以及如何收集这些数据。

第一节 数据类型

数据也称资料，是实验、测量、观察、调查等的结果，它是关于事件的一组离散的客观的描述，是构成信息和知识的原始材料。从数据的性质来看，可以将其分为定位数据、定量数据、定性数据和定时数据。在投资决策过程中，我们最常接触到的一般是后三者，其中最具分析价值的通常是定量和定时数据。在对数据进行初步甄别时，我们通常使用定量数据，一般可以用计算机程序或计算机甄别系统来进行，然后再在其中进行深入的分析，随着对行业和公司分析的深入，常常需要一些定性信息，例如行业发展前景、公司管理层的能力或产品的品质都是非常重要的定性数据。

收集目标数据，从中筛选出所需的数据，将其加工成有用的信息，为投资决策提供指导，是投资顾问的工作职责的一个重要的组成部分。

信息在证券投资中起着十分重要的作用，是进行证券投资顾问活动的基础。来自不同渠道的信息最终都将通过各种方式对证券的价格发生作用，导致证券价格的上升或下降，从而影响证券的收益率。因此，信息的多寡、信息质量的高低将直接影响证券投资理财的效果，影响分析报告的最终结论。

从信息发布主体和来源渠道来看，证券市场上各种数据的来源主要有以下十个方面：

（一）投资者

个人客户（个人财务状况）/企业和事业法人（企业财务状况）投资者风险承受能力，财务计划，可用资源，为你量身打造资产增值的方式。

在证券投资顾问业务中，证券投资顾问通常根据各个客户的特定风险承受能力、财务计划和可用资源等财务现状为投资者提供个性化的证券投资策略。因而，在与客户沟通过程中获取这部分信息是对于投资目标的实现是非常重要的。证券投资顾问在此基础上为客户寻找与客户当前财务状况和风险承受能力相匹配的证券，在客户特定的风险承受范围之内实现其收益的最大化。

（二）政府部门

政府部门是国家宏观经济政策的制定者，是信息数据发布的主体，是一国证券市场上有关信息数据的主要来源。针对中国的实际情况，从总体上看，所发布的数据可能会对证券市场产生影响的政府部门主要包括国务院、中国证券监督管理委员会（以下简称“证监会”）、财政部、中国人民银行、国家发展和改革委员会（以下简称“发改委”）、商务部、国家统计局以及国务院国有资产监督管理委员会（以下简称“国资委”）。

1. 国务院宏观管理部门。国务院是国家进行宏观管理的最高机构。经过改革开放以来6次机构改革，国务院现有所属部、委、行、署27个，直属特设机构1个，直属机构16个，办事机构4个，直属事业单位17个，部委管理的国家局22个。

国务院根据宪法和法律规定的各项行政措施、制定的各项行政法规、发布的各项决定和命令，以及颁布的重大方针政策，会对证券市场产生全局性的影响。

2. 中国证券监督管理委员会。中国证券监督管理委员会是直接监督管理中国证券市场的国务院直属事业单位。主要负责制定证券市场的方针政策、发展规划，起草证券市场的有关法律法规，制定证券市场的有关规章，依法对证券市场上的违法违规行为进行调查、处罚，对证券经营机构及证券市场进行监管等事宜。

中国证监会制定、颁发的有关发行上市、市场交易、信息披露、上市公司治理、证券经营机构业务管理等的各类部门规章、规范性文件，以及会同其他部、委、局发布的有关金融创新（如股票质押贷款）、证券市场收费行为（如证券交易佣金）的政策通知，乃至中国证监会针对个案做出的处罚决定或相关负责人发表的讲话等，往往对证券市场产生直接或间接的引导作用。

3. 财政部。财政部是国家主管财政收支、财税政策、国有资本金基础工作的宏观调控部门。该部主要负责拟定和执行财政和税收的发展战略、方针政策以及发展规划，参与制定各项宏观经济政策，拟定财政、国有资本金基础管理，财务、会计管理的法律法规草案，制定和执行财政、财务、会计管理的规章制度等事宜。

根据2003年3月10日十届全国人大一次会议通过的《国务院机构改革方案》，财政部原有国有资产管理的部分职能，转移至新设的国务院直属特设机构——国有资产监督管理委员会。

4. 中国人民银行。中国人民银行作为中国的中央银行，是在国务院领导下制定和实施货币政策的宏观调控部门。其主要职责包括：依法制定和执行货币政策，发行人民币并管理人民币流通，持有、管理、经营国家外汇储备、黄金储备，经理国库，维护支付、清算系统的正常运行，负责金融业的统计、调查、分析和预测，依法从事有关的金融业务活动，从事有关的国际金融活动，管理国家外汇管理局，承办国务院交办的其他事项。

根据2003年3月10日十届全国人大一次会议通过的《国务院机构改革方案》，中国人民银行原有的对银行、资产管理公司、信托投资公司及其他存款类金融机构的监管职能，如拟定有关银行业监管的政策法规、负责市场准入和运行监督、依法查处违法违规行为等职责，转移至新设的中国银行业监督管理委员会（以下简称“银监会”）。

5. 国家发展和改革委员会。国家发展和改革委员会是根据2003年3月10日十届全国人大一次会议通过的《国务院机构改革方案》，由原国家发展计划委员会（以下简称“原国家计委”）的行业规划、产业政策、经济运行条件、技术改造投资管理、多种所有制企业的宏观指导、促进中小企业发展以及重要工业品、原材料进出口计划等职能，也划归国家发改委。此外，原国务院经济体制改革办公室（以下简称“原国务院体改办”）的职能并入国家发改委。

作为综合研究拟定经济和社会发展政策、进行总量平衡、指导中国经济体制改革的宏观调控部门，国家发改委的主要职能包括：拟定并组织实施国民经济和社会发展战略、长期规划、年度计划、产业政策和价格政策，检测和调整国民经济运行，搞好经济总量平衡，优化重大经济结构，安排国家重大建设项目，指导和推进经济体制改革。国家发改委受国务院委托向全国人大作国民经济和社会发展计划的报告。

6. 商务部。商务部是根据2003年3月10日十届全国人大一次会议通过的《国务院机构改革方案》，整合原国家经贸委的内贸管理、对外经济协调和中央工业品、原材料进出口计划组织实施等职能，原国家计委的农产品进出口计划组织实施等职能，以及原对外贸易经济部的职能等，而新组建的国务院所属部委之一。

作为主管国内外贸易和国际经济合作的部门，商务部的主要职责包括：研究拟定规范市场运行和流通秩序的政策法规，促进市场体系的建立和完善，深化流通体制改革，监测分析市场运行和商品供求状况，开展国际经济合作，负责协调反倾销、反补贴的有关事宜和负责产业损害调查等。

作为四大宏观调控部门，国家发改委、中国人民银行、财政部及商务部发布的有关信息，对分析具有“宏观经济晴雨表”功能的证券市场而言具有重要的意义。

7. 国家统计局。国家统计局是主管统计和国民经济核算工作的国务院直属机构。国家统计局设立11个职能司（室），包括：办公厅、政策法规司、统计设计管理司、国民经济综合统计司、国民经济核算司、工业交通统计司、固定资产投资统计司、贸易外经统计司、人口和社会科技司、人事司、财务基建司。其主要职责是主管全国统计和国民经济核算工作，拟定统计工作法规、统计改革和统计现代化建设规划以及国家统计调查计划，组织领导和监督检查各地区、各部门的统计和国民经济核算工作，监督检查统计法律法规的实施。

国家统计局定期对外发布的国民经济和社会发展中的有关统计数据，是证券投资分析中判断宏观经济运行状况、行业先进水平或平均水平等的重要数据信息来源。

8. 国务院国有资产监督管理委员会。国务院国有资产监督管理委员会（以下简称“国资委”）是根据2003年3月10日全国人大一次会议通过的《国务院机构改革方案》新增设的公务员直属特设机构。其主要职责包括：根据国务院授权，依照《中华人民共和国公司法》（以下简称《公司法》）等法律和行政法规履行出资人职责，指导推进国有企业改革和重组；对所监管企业国有资产的保值增值进行监督，加强国有资产的管理工作；推进国有企业的现代企业制度建设，完善公司治理机构；推动国有经济结构和布局的战略性调整。

国务院国资委制定的一系列关于国有资产监督管理的法规、政策，会直接或间接地影响到诸如国有股权、重组等证券市场敏感问题，也是证券分析的重要信息来源之一。

（三）证券交易所

中国沪、深证券交易所是不以营利为目的的会员制事业法人，主要负责提供证券交易的场所和设施，制定证券交易所的业务规则，接受上市申请，安排证券上市，组织、监督证券交易，对会员、上市公司进行监管等事宜。其中，证券交易所向社会公布的证券行情、按日制作的证券行情表以及就市场内成交情况编制的日报表、周报表、月报表与年报表等成为技术分析中的首要信息来源。

（四）证券登记结算公司

证券登记结算公司是专职从事上市证券登记、存管的中央登记结算机构，是不以营利为目的的企业法人。公司依法对在相应证券交易所上市的证券进行集中存管。证券登记结算公司履行下列职能：证券账户、结算账户的设立和管理，证券的存管和过户，证券持有人名册登记及权益登记，证券和资金的清算交收及相关管理，受发行人的委托派发证券权益，依法提供与证券登记结算业务有关的查询、信息、咨询和培训服务。

（五）上市公司

上市公司作为经营主体，其经营状况的好坏直接影响到投资者对其价值的判断，从而影响其股价水平的高低。一般来说，上市公司通过定期报告（如年度报告和中期报告）和临时公告等形式向投资者披露其经营状况的有关信息，如公司盈利水平、公司股利政策、增资减资和资产重组等重大事宜。作为信息发布主体，它所公布的有关信息是投资者对其证券进行价值判断的最重要来源。

（六）中介机构

证券中介机构是指为证券市场参与者如发行人、投资者等提供各种服务的专职机构。按提供服务的内容不同，证券中介机构可以分为证券经营机构、证券投资咨询机构以及可从事证券相关业务的会计师事务所、资产评估事务所、律师事务所、信用评级机构等。这些机构利用其人才、信息、技术等方面的优势，为不同市场参与者提供相应的专业化服务，有助于投资者分析证券的投资价值，引导其投资方向。其中，由中介机构专业人员在资料收集、整理、分析的基础上撰写的，通常以有偿形式向使用者提供的研究报告，也是信息的一种重要形式。

（七）媒体

首先，媒体是信息发布的主体之一。由于影响证券市场的信息内容繁多，信息量极为庞大，因此，媒体便通过专门的人员对各种信息进行收集、整理、归类和汇总，并按有关规定予以公开披露，从而节省信息使用者的时间，大大提高了工作效率。其中，媒体专业人员通过实地采访与调研所形成的新闻报道或报告，是以媒体为发布主体的重要信息形式。

其次，媒体同时也是信息发布的主要渠道。只要符合国家的有关规定，各信息发布主体都可以通过各种书籍、报纸、杂志、其他公开出版物以及电视、广播、互联网等媒体披露有关信息。这些信息包括国家的法律法规、政府部门发布的政策信息、上市公司的年度报告和中期报告等。作为信息发布的主渠道，媒体是连接信息需求者和信息供给者的桥梁。

（八）相关高校和科研所网站

如人大经济论坛、北京大学、中央财经大学、中国科学院、中国社会科学院、中国农业科学院等。相关高校和科研所网站。

（九）国际机构或企业研究机构

如世界银行、世界贸易组织、联合国粮食及农业组织、USDA、国际能源署、罗兰贝格、国外券商、贝恩等是极其重要的数据和信息来源地。

（十）其他来源

除上述信息来源以外，投资者还可通过实地调研、专家访谈、市场调查等渠道获得有关的信息，也可通过家庭成员、朋友、邻居等获得有关信息，甚至包括内幕信息。对某些投资者来说，上述渠道有时可能是获取信息的非常重要的渠道。

但必须指出的是，根据有关证券投资顾问业务行为的规定，证券投资顾问从事面向公众的证券投资咨询业务时所引用的信息仅限于完整详实的、公开披露的信息资料，并且不得以虚假信息、内幕信息或者市场传言为依据向客户或投资者提供分析、预测或建议。所以，证券投资顾问应当非常谨慎地处理所获得的非公开信息。

第二节 调查方法

调查就是通过一种手段或方式来了解或者熟悉所想知道的事情或者东西。调查主体对特定对象进行深入考察了解的基础上，经过准确的归纳整理、科学的分析研究，进而揭示事物的本质，得出符合实际的结论，由此形成调查报告。调研方法常用的有二手资料收集法和访问法。

一、二手资料收集法

第二手资料：是指在某处已经存在并已经为某种目的编辑起来的资料。二手资料按其来源可以分为内部资料和外部资料。

（一）内部资料

主要是以会计统计为基础的内部报告系统和其他档案资料。上市公司为了别的目的或别的调研项目所保存的档案资料，也是重要的二手资料。此外，公司内部的生产部门、技术部门、营销部门、材料供应部门、人力资源部门和总经理办公室等都储存有大量的内部信息资料。

（二）外部资料来源

1. 图书馆类；
2. 有关统计资料；
3. 行业组织；
4. 新闻媒体；
5. 各级政府部门及其统计机构；
6. 信息经营单位，包括：

（1）国家机关所属事业单位设立的独立核算的信息经营机构。

（2）大公司的信息部，它们在负责对本公司信息服务之外，也承揽部分对外服务业务。

（3）民营信息经营单位。

（三）获取第二手资料的程序和方法

获取第二手证券信息的程序，首先应寻找内部资料。当内部资料枯竭时，再去寻找有用的外部信息。外部信息收集系统，应从五个方面着手：

1. 消费者调查。应注意从消费者的角度收集、了解消费者的欲望需求，不要将消费者的意愿、表述“翻译”成制造商的想法，要客观。如工业品需注意：客户要求我们产品在其整体产品中的功能要求，可能的话要实际操作如何使用我们的产品。

2. 产业市场调查。尽可能收集本行业的发展、现状、趋势，行业生存条件等方面内容，密切注意新技术在本行业的运用，同时也要关注与本行业相关行业动向，如房地产业对建材行业的影响。

3. 竞争调查。对竞争者的调查，要注意对其市场行为规律的分析，特别是主要经营者的变动及其他动向。在这里要提醒的是，竞争不仅来自于同行业间最类似的产品，还来自例如供应商、客户、替代品、新加入的竞争者等多方面的威胁。由于各企业所处的行业不同，要有所区别。有些行业新技术不断涌现，产品更新换代快，因而替代品威胁成为主要的竞争压力，就应列为竞争调查的重点。

4. 营销渠道的调查。市场网络成员的地区、数量、规模、性质、营销能力、信用等级，代替竞争者产品情况、合作情况、主要经营者的情况等做专案记录，并需做动态的调查，定期（如半年）更新一次。

5. 宏观环境调查。要注意经济环境的变化，特别是主要产业的发展变化对本行业的影响，有些行业反应较快，如石油价格的变化等等。中国经济仍处于转型期，各项法规政策及政府主管部门职能都在转变之中，要注意收集，并注意产业发展趋势的要求与政府行为的力度，如环保的要求对很多行业企业（如小化工企业）成了生死线。

二、访问法

（一）访问调查法的定义

访问调查法是由访问者向被访问者提出问题，通过被访问者的口头回答或填写调查表等形式来收集市场信息资料的一种方法。访问法是最常用的市场调查方法，访问调查法的特点主要表现在以下方面：

1. 市场访问法的实施过程是调查者与被调查者相互作用相互影响的过程。

2. 访问者的人际交往能力在访谈过程中有重要作用。

访问法是收集第一手资料最主要的方法，它既可以独立使用，也可以与观察法结合应用。访问调查法是一种特殊的人际关系，是现代公共关系。本书部分介绍一些访问调查法的有关知识。

（二）访问调查法的基本类型

1. 根据对访问内容是否有统一设计，访问法可以区分为标准化访问和非标准化访问。

2. 按访问者与被访问者的交流方式不同，访问法可分为直接访问与间接访问。

3. 根据访问对象的特点不同，访问法可分一般性访问和特殊性访问。

4. 根据访问调查一次访问人数的多少，访问法可分为个别访问和集体访问。

（三）几种常用的访问方法

常用的访问方法有面谈访问、电话调查、邮寄调查、留置调查、互联网调查、现场调查等。

1. 面谈访问。这是调查者与被调查者面对面交谈的一种方法，是最直接的访问调查方法。面谈调查可以采用个人访问或召开座谈会的方式，二者的被调查者都应具有一定的代表性。

面谈访问的过程是面谈双方互相作用、互相影响的过程，不仅访问者通过访问作用于被访问者，而且被访问者的回答也作用于访问者。访问者的人际交往能力是访问成功的关键，只有被访问者有了对访问者的基本信任，消除了紧张与疑虑，才能愉快、顺利地回答问题。因此，面谈访问有相当的难度，要求访问者能熟练掌握访谈技巧。面谈访问的过程，是访问者逐渐接近被访问者的过程。只有接近了被访问者，取得了访问的基本条件，访问活动才能顺利进行。

谈话是通向理解的坦途，人们渴望沟通理解，但实际生活中有很多矛盾，会影响这种沟通。应该正视和克服这些矛盾，积极地交谈，通过谈话通向理解。一次成功的谈话，可以促使访问调查的成功。

访问者以友好的态度关心被访问者，帮助其解决所面临的难题，以求顺利地接近对方。面谈调查可直接了解消费者的态度，真实性较高；可对调查提纲进行及时修改和补充，具有较大的灵活性；还可互相启发并向被调查者解释某些问题。但面谈调查也有缺点，如被调查者的主观偏见常常影响资料的准确性；成本费用较高；如果调查的范围较广，信息反馈不及时等等。

2. 电话调查。这是利用电话收集市场信息资料的一种方法，这种调查方式的成本低，能迅速获得资料，且不受地区大小的限制。但它只适用于安装了电话的被询问者。如果电话能询问的对象较少，所调查的资料无法代表全部母体。电话调查的通话时间一般不能太长，使调查的内容难以深入，访问的成功率比较低。因此这种方式适用于对热点问题、突发性问题、特定问题和特殊群体的调查，也适用于对比较固定的客户企业的调查。

3. 邮寄调查。这是将设计好的调查问卷以信函形式寄给被调查者，由被调查者填写意见后寄回的一种访问方法。这种调查方法的成本低，调查范围广，被调查者可以自由、充分地回答问题，使答复较为真实可靠。但这种方式也有缺点，如回收率较低，影响调查效果；如果调查问卷不为被调查者正确理解，会出现答非所问的现象；有些答卷者可能迟迟不寄回答案，收集信息的时间较长；有些答卷者也可能不是所要调查的对象，等等。

4. 留置调查。留置调查是指将调查问卷当面交给被调查者，说明填写的要求并留下问卷，请被调查者自行填写，由调查人员定期收回的一种调查方法。这是介于个人访问法和邮寄调查法之间的一种调查方法，可以消除面谈法和邮寄调查法的一些不足。

留置调查的优点：

（1）调查问卷回收率高。由于当面送问卷，说明填写要求和方法、澄清疑问，因此，可以减少误差，而且能控制回收时间，提高回收率。

（2）答案正确率高。被调查者有充分的时间来考虑问题，并不受调查人员的影响，能做出比较准确的回答。

5. 因特网调查。近年来，利用计算机网络进行调查的情况逐渐增多，而且很有发展前景。网上调查兼有电话访问和信函访问的优点，但要求被调查者有计算机并经常上网。

6. 现场调查。现场调查的最大好处就是研究者能够在行为现场观察并且思考，具有其他研究方法所不及的弹性。例如，问卷调查研究者必须在默写方面专注于问卷，从而限制了将要搜集到的资料。即使在接下来的研究过程中发现了某些重要问题的缺失也无法进行补偿。现场调查特别适合于那些不宜简单定量的信息的收集。它通过尽可能完全直接的观察与思考，对研究课题进行深入和周全的探索。它还特别适用于对进行中的重大事件的研究，这种方法胜过在事后的重新构建和探讨。它往往可以揭露一些并非显而易见的事实。现场调查前，研究者需要事先搜索和准备相关的资料，接着需要和研究对象建立联系并且保持友善的关系。在现场调查中，把一切过程完整而真实地记录下来是很重要的，即使这些笔记也许只有一小部分被用到了最终的报告之中。

在现场调查前，根据财务分析和基本面分析发现的问题线索，投资顾问人员准备详细的现场调查提纲，这是现场调查的关键环节。现场调查提纲的详细程度和质量对于现场调查结果的准确性有重要的影响。准备现场调查提纲时，我们需要确定被调查的单位和对象、准备现场调查的内容、准备现场调查询问提纲。现场调查询问提纲是现场调查的核心。

一般来说，现场调查的对象包括上市公司本部、主要业务部门和管理部门、主要子公司和关联企业、主要客户、主要供货商、主要债权人，以及主要竞争对手。确定了准备进行现场调查的单位和对象后，准备对被调查单位或对象进行现场调查的内容。

在进行现场调查前，根据财务分析和基本分析发现的问题或疑点，准备了详细的现场调查询问提纲。现场调查询问提纲准备得越详细，通过现场调查，我们越可能发现上市公司存在的问题或风险，作出的投资决策越准确。对上市公司进行现场调查，询问提纲的主要内容包括：（1）企业主营业务产品的生产和销售情况以及市场情况；（2）企业产品的市场范围和市场份额；（3）企业的主要竞争对手是谁？重要的竞争方式是什么？是价格？产品质量？售后服务？（4）企业产品或服务的最终使用客户是谁？客户对企业产品的需求是季节性的吗？（5）企业本年度主营业务收入和净利润的预测；（6）企业明年的经营计划；（7）企业是否有兼并收购其他企业的计划；（8）企业原材料储备情况和应收账款回收情况；（9）企业的开工率。对上市公司的客户、供货商和其他债权人进行现场调查，询问提纲的主要内容包括：（1）与上市公司建立业务关系的时间；（2）对上市公司的印象；（3）上市公司是否曾经拖欠债务或不履行偿还债务的承诺。按照现场调查程序和现场调查提纲，投资顾问到被调查单位或部门进行现场调查，并且记录现场调查情况。

现场调查时，投资顾问应该亲自到上市公司的生产车间或厂区调查公司的生产情况、设备利用情况、原材料和成品存货情况以及企业管理情况，向公司管理人员询问尽可能详细和广泛的问题，全面细致地观察上市公司各方面情况。这些有助于投资顾问更全面地发现上市公司的弱点或问题，找出投资上市公司股票的风险。在现场调查过程中，调查人员必须详细记录现场调查情况，尤其是在现场调查过程中新发现的问题。调查人员与上市公司管理人员面谈是现场调查的核心环节。上市公司参加面谈的人员可以是董事长、总经理、部门经理或一般管理人员，参加面谈的上市公司管理人员应该具备资格或被授权代表公司回答调查人员的问题。按照事先准备的现场调查询问提纲，调查人员向参加面谈的上市公司管理人员询问有关问题，并且详细记录双方的谈话。在与上市公司管理人员面谈时，调查人员必须判断上市公司管理人员是否诚实、是否有解决问题的能力、是否有发现问题的能力。

现场调查结束后，根据现场调查记录，调查人员写现场调查报告。现场调查报告的结论可以作为判断财务数据真实程度的依据以及投资的依据。现场调查报告不是现场调查记录的罗列。现场调查报告应该在确凿证据的基础上，明确说明上市公司的主要问题和风险程度。根据现场调查报告，确认上市公司会计报表的真实程度，决定是否投资？如果决定对上市公司投资，那么，投资者必须提出对上市公司问题的整改意见和风险的防范措施。任何一家企业都存在问题区域，这些问题区域就是投资者将要承受的风险。在决定投资前，我们必须确认上市公司的风险投资者可以承受，并且上市公司可能接受投资者的建议，改善问题区域和控制风险。

（四）访问技术

1. 访问过程控制。访问过程中接近被访问者的方法包括：自然接近、正面接近、求同接近、友好接近。访问过程中提问的种类包括实质性问题、功能性问题。所以，访问过程中，访问者必须运用各种技巧对访问者加以控制：

（1）采用提问控制访问过程。

（2）采用引导和追询方法控制访问过程。

（3）注意非语言因素对访问过程的影响。

2. 关于问题的表述。

（1）每个问题的内容要单一，避免多重含义。问题不能有争议性或多重解释。如“彩虹牌电视机是否是最好的电视机?”，让人很难做出回答。

（2）问题的表述语言要简短、通俗、准确，以免造成对方的混乱。长句式提问，很难得到满意的回答。

（3）直接提问与间接提问相结合。如“你认为我公司的电视机广告有效吗?”这样的直接提问，很可能得到的是虚假的答案。

（4）问题的表达要具体，回答问题不需要太多的专业知识。如“你认为未来5年电视机在科技方面会取得哪些进步?”这样的提问，一般让人难以回答。

（5）表述问题要客观，不要带倾向性或诱导性。

（6）对于敏感性问题，不要直接提问，不要涉及别人的隐私。

第三节 数据分析

数据分析是指用适当的统计方法对收集来的大量第一手资料和第二手资料进行分析，以求最大化地开发数据资料的功能，发挥数据的作用，是为了提取有用信息和形成结论而对数据加以详细研究和概括总结的过程。数据也称观测值，是实验、测量、观察、调查等的结果，常以数量的形式给出。

本书将从传统的三大分析来分别介绍如何对所得数据进行分析。

一、基本面分析

（一）基本分析落脚到财务分析

对影响证券外在因素（数据）的分析叫基本面分析，基本面是指一切影响供需的事件，基本面分析则是指对这些基本事件进行归纳总结，最终来确定标的物的内在价值。当标的物的价格高于标的物的价值时，被称为价值高估，在交易中则需减持，反之如果价格低于价值则被称为价值低估，在交易中则需买入。基本分析落脚到股票投资中，最根本的就是公司基本面分析即公司财务分析，这是一门必修课，如果单单是对数据的解读，那三大报表就可以充分说明问题，但事实上远远并没有这么简单。上市公司多多少少都会在财务报表上耍花招，有些甚至直接在财务报表上作假，这些都需要我们自己去发现并修正过来，有些是属于正常的盈余管理这不算违规，有些是故意虚报瞒报，直接作假。比如有些公司为了追求主营业务收入，会把产品或服务价格压低，这种毛利率会变得非常低，净利率有时还会出现负数，这种情况也有可能造成应收账款急剧增加。也有些公司为了报表好看而把固定资产折旧减少，为了未来净利润增长率而把部分利润当成递延收入处理。有些明明主营业务是亏损的，但加上营业外收入可以有很可观的净利润，这一切的财务手法要通过经验的累积和知识的学习来慢慢知道怎么修正它，最有力的还是公司年报，很多财务报表反应不出来的问题会在年报中有充分说明，特别要注意不太引人注意的附注，有时重大问题只会在角落被蜻蜓点水地提到一下，我们要找的就是这些信息。

（二）基本面分析步骤

一般的基本面分析会从宏观经济面开始，然后再到公司所在行业分析，最后才是公司的分析，我认为宏观经济面的分析不用太深入，有个大概的了解就可以了，太深入了反而会把你带向错误的深渊，经济学是现代一门非常庞大的学科，但你看到过古今中外谁可以准确预测经济未来的？都是公说公有理、婆说婆有理地在争鸣，但在大的方面意见一般都是比较统一的，也不会有太大的错误，但在这些分析里面要排除带政治任务的分析意见。行业分析一般指的是对行业景气度的分析，但我更倾向于分析行业的属性。总体上基本认同三百六十行行行出状元是对的，但从投资的角度看，我们有必要带上有色的眼光看待不同的行业。

（三）基本面分析没有定式

基本面分析并没有定式，可以说是很主观的，不同的方法分析的侧重面也不同，就是因为这样很多的不同，会造成对同一只股票完全不同的分析结果，但这并非就一定是坏事，要不每个人都会买好的股票和抛售坏的股票，股票市场报价将会长期合理，这样我们哪来的机会赚大钱。比如中石油这只股票，尽管巴菲特抛弃它，声称他老人家不喜欢周期性行业，但我认为中石油的护城河是超级宽的，敌军基本没有任何进攻的机会，它在中国是绝对垄断，除了行政力量外它可以随意控制产品价格，加油站行业虽然对民间开放，但可以说没人可能发展成可以跟中石油竞争的公司，就算单一小区域兴起那么点风浪，对巨无霸中石油也是不痛不痒，何况他们还是中石油的下家，当国内成品油与国际原油价格倒挂的时候，由于中石化的炼油能力强从而承担了更多的‘政治任务’，而中石油背后可供开发的石油资源更为可观，并且中石油有强大的自由现金流足以应付任何的突发状况。无论从行业和公司竞争力来说中石油都是很好的可供投资资产，不过从财务数据上看这几年的表现不尽如人意，这影响了给它高的分数。

（四）从价值投资看基本分析的重要性

关于价值投资，格雷厄姆是这样说的：投资是建立在事实和数字的分析基础上的，而投机则是建立在突发的念头和臆想之上的，每一个合格的投资者都首先要区分它们。股票是企业的一部分，它的价值始终应该和整个企业的价值相呼应。价值投资很大程度上依靠基本面分析，而传统的价值投资是完全依靠基本面分析。

传统价值投资的出手一般就像闺女出嫁，是抱着“以身相许”的态度进行的，主张买入后就永远持有，所以她嫁的这个“男人”的基本面就成了唯一，不存在可以投机的讨论空间。传统的价值投资可以说是在充分的基本面分析之后在合适的价格不管其他任何因素时买入股票，之后就以股票分红和资产增值为目的，并没有什么卖出的概念，它的目标就是在安全的情况下以合理的价格买入资产。按现在的投资理论，听起这样的投资方法来会觉得这样很死板，但它确实是现代价值投资理论的最初雏形，我觉得它已经不适应这个资本市场的发展而且有了更好的投资实践理论，但对传统价值投资的了解是很有意思的，就像对投机的了解对投资有意义一样。

然而在现代的价值投资理论中，基本面分析一样是最重要的，虽然不是投资的唯一，但作用还是举足轻重丝毫不敢怠慢，而且可以这么说：任何提倡基本面在投资中过时的言论，无论在什么时候都是伪投资理论，是借投资之名干投机之实的托辞。

价值投资与基本分析的关系是如此地水乳交融，可以说没有基本分析就无所谓价值投资，它是构成价值投资的基石，或者说价值投资绝大多数的工作就是在做基本分析，有些人在做投资的时候总是觉得很无聊，找不到事情可做，为了给自己找点事做，每天都在不停地买卖，他总是受不了买入就别动这样的做法，其实并非无事可做，只是他没有找到该做的事，如果有精力的话可以多多学习，开卷有益总是没错的，再慢慢地学习基本面分析，真正进入状态之后，他会感叹时间的不够，对公司的研究是很费时间的一件事。换句话说，想做价值投资并非就很悠闲，只是时间不花在股票上而花在调研公司上，基本面投资与传统价值投资的讨论就是想强调做价值投资的过程就做基本面分析，做基本面分析就是价值投资的工作。

让我们看一下世界“股神”——巴菲特在价值投资方面是如何进行投资的。以下是巴菲特价值投资法则：

1. 寻找自己真正了解的企业。巴菲特并不从市场理论、宏观经济理论或者局部趋势等方面思考问题。相反，他的投资行为是与一家企业如何运营密切相关的，因此他集中精力尽可能了解企业的深层次因素。这些因素主要有：业务简明易懂，经营历史始终如一，长期前景令人满意。他之所以能够对自己从事的投资有较高程度的了解，在于他把自己的投资限制在自己理解的范围内。“一定要在自己能力允许的范围内投资。能力有多强并不重要，关键在于正确了解和评价自己的能力。”超乎寻常的投资成就，往往只是通过普通的事情来获得的。关键是如何把这些普通的事情处理得异乎寻常地出色。

2. 该企业具有长期令人满意的发展前景，巴菲特拒绝向下面公司进行投资：

（1）正在解决某些难题。

（2）由于以前计划不成功而改变经营方向。巴菲特认为，剧烈的变革与丰厚的投资回报通常是不相容的。绝大多数的投资者不同意这一观点。他们争相购买重组公司股票。而巴菲特认为，由于不可解释的原因，这些投资者对这类公司寄予厚望，却忽视了这类公司的现状和问题。他认为，以合理的价格购买优秀公司的股票比以便宜的价格购买有问题的公司股票更能增加收益。巴菲特把经济划分为有特许经营权的小团体和普通企业组成的大团体。

特许经营被定义为：（1）有市场需求甚至是强烈的需求；（2）没有比较接近的替代产品；（3）没有政府的管制。由于上述特征，公司有很大的定价的灵活性，它可以给投资者带来超乎寻常的回报。特许经营的另一个明显的特征是由于拥有大量的商誉，可以有效地抵御通货膨胀的侵蚀。而普通商品企业通常是低回报的企业，价格上的竞争严重削弱了经营利润。

3. 由既诚实又有能力的人来管理。当然，特许经营也会导致价值降低，原因是成功会导致新的进入者和替代产品的产生。这时管理者的价值就会凸显出来。最重要的管理行为是公司的资金分配，在很大程度上它可以反映一个公司管理者的理性程度。如果公司盈余的再投资收益率超过公司的股权资本成本，那么应该把盈余的全部资金进行再投资。如果再投资收益率低于资本成本，那么把盈余资金用于再投资就是不理性的。如果一家公司产生了净现金流量，而继续在本公司业务上投资只能获得平均水平甚至更低的收益率，那么公司的管理者有下面三种选择：（1）再投资于公司现有业务上；（2）购买成长型企业；（3）分配给股东。

巴菲特一直敬重那些全面真实披露公司财务状况的管理者，特别敬重那些不利用公允价值会计准则来隐瞒、包装企业业绩的管理者。巴菲特强调，不管是否遵照公允价值会计准则，需要披露的信息应该回答具有财务知识的读者三个问题：（1）公司大约价值是多少？（2）公司将来偿还债务的可能性有多大？

(3) 管理人员的工作状态如何？是否完成了他们的任务。巴菲特认为，大多数公司的年度报告是虚假的，只是程度不一。大多数管理者在报告业绩时乐观有余，而坦诚不足。

4. 财务数据的要求。巴菲特并不关心某一年的经营业绩，而是看重4~5年的平均数字。他强调下面的准则：

(1) 集中于资本收益率，而不是每股收益。由于大多数公司都用上一年度盈利的一部分来增加权益资本，因此没有理由对每股收益感兴趣。如果一家公司在每股收益增长10%的同时，也将权益资本增加了10%，那就没有任何意义。最重要的指标是已投入的权益资本的收益状况，而不是每股收益，但要作些调整。首先，有价证券应该用投资成本而不用市场价格来估价。也就是分母是股东的投入成本，而不是用市场价格计算的股东权益。其次，排除所有资本性的收入和损失以及其他增减利润的特殊项目，集中考虑经营利润。公司应该在没有负债或者极少负债的情况下，用权益资本获得收益。提高财务杠杆会提高权益资本收益率，但高负债的公司在经济增长放慢或出现经济衰退时，是极其脆弱的。

(2) 计算股东收益。股东收益是巴菲特自己创立的指标。是公司利润+折旧+摊销-资本性支出-其他需要增加的运营资本。尽管不能为价值分析提供精确值，但他引用凯恩斯的话来说："宁可接受模糊的真理，也不要精确的错误。"股东权益对于分析公司抵御通货膨胀的能力是有用的。

(3) 寻找经营利润高的公司股票。该指标主要是反映公司获利的能力，而削减成本是提高获利水平的一个非常重要的方面。巴菲特自己的Berkshire Hathaway公司的费用开支仅为经营利润的1%，而同样获利能力的公司的该比率为10%左右。

(4) 对每1元的留存收益，确认公司已经产生出至少1元的市场价值，巴菲特的快速测试中，有一个重要的指标，即公司股票市值增量应该至少不低于留存收益的数额。

5. 要在有吸引力的价位上买入该公司股票。巴菲特认为理性的投资有两个要点：确定公司的内在价值，并且能够以比较大的折扣买到这家公司的股票。

(1) 确定公司内在价值。评价公司股票的价值的三种方法：清算价值法、继续经营法、市场法。用继续经营法来确定公司的价值，要知道公司的现金流和折现率。而这两个变量非常难以确定。巴菲特认为，如果他不能确信公司到底会产生多大的现金流，他就不会去估价这家公司。他认为微软公司他难以估算现金流，因此他不买微软公司的股票。巴菲特用长期国债的收益率作为折现率。因为他不购买有较高债务水平的公司股票，这明显地减少了与之关联的财务风险。而他又集中考虑利润稳定并且可以预计的公司，这样经营风险即使不能完全排除，也是非常低的。

（2）在有吸引力的价位上买入。1988 年 6 月，可口可乐公司股票的价格为 10 美元。这之后的 10 个月内，巴菲特购买了 8340 万股，总共花了 10.23 亿美元。平均每股价格 10.96 美元。到 1989 年底，可口可乐公司股票占贝克夏·哈斯维公司普通股投资组合中的 35%。实际上，自从戈伊苏埃塔任可口可乐公司总裁后，公司股价就已经上升了。但巴菲特认为他无法以有利的价格买入。而这次，大多数人都不看好可口可乐公司时，巴菲特却慧眼识金。1988 年和 1989 年，巴菲特购买可口可乐公司股票时，该公司的市场价值平均为 151 亿美元。但据巴菲特的估计，公司的内在价值至少应该是 207 亿美元，有可能达到 324 亿美元，也有可能达到 483 亿美元。因此，巴菲特认为安全收益差额至少为 27%，多则 70%。而其他内在价值分析者们认为，可口可乐公司股票的市盈率、股价与账面价值比率、股价与现金流的比率相对较高，因此他们认为，可口可乐公司股票处于高估状态。

巴菲特充分满足了格雷汉姆的安全空间法则。格雷汉姆的安全投资法则使巴菲特在两个方面获益。首先，避免价格下跌的风险；其次，带来获取额外回报的可能。

研究企业本事的投资方式是理性的、明智的。巴菲特说："市场就像上帝，只帮助那些努力的人；但与上帝不同，市场不会宽恕那些不清楚自己在干什么的人。"

二、技术分析

对市场数据的分析就是技术分析，它是以市场行为研究对象，以判断市场趋势并跟随趋势的周期性变化来进行股票及一切金融衍生物交易决策的方法的总和。技术分析认为市场行为包容消化一切，这句话的含义是：所有的基础事件——经济事件、社会事件、战争、自然灾害等等作用于市场的因素都会反映到价格变化中来。所以，技术分析认为只要关注价格趋势的变化及成交量的变化就可以找到盈利的线索。技术分析的目的不是为了跟庄。技术分析的目的是为了寻找买入、卖出信号，并通过资金管理而达成在风险市场中长期稳定获利。

本书第三篇将会对技术分析的具体应用做详细讲解。

三、数量模型分析

数量模型分析可能包含以下三个步骤：

1. 探索阶段。当数据刚取得时，可能杂乱无章，看不出规律，通过作图、造表、用各种形式的方程拟合，计算某些特征量等手段探索规律性的可能形式，即往什么方向和用何种方式去寻找和揭示隐含在数据中的规律性。探索阶段夸大灵活探求线索和证据，发现数据中隐含的有价值的信息，在探索阶段，主要的方法就是探索性数据分析（exploratory data analysis，以下简称 EDA）。EDA 的特点有三个：

（1）在分析思路上让数据说话，不夸大对数据的整理。传统统计方法通常是先假定一个模型，例如，数据服从某个分布（特别常见的是正态分布），然后使用适合此模型的方法进行拟合、分析及猜测。但实际上，多数数据（尤其是实验数据）并不能保证满足假定的理论分布。因此，传统方法的统计结果经常并不令人满足，使用上受到很大的局限。EDA 则可以从原始数据出发，深入探索数据的内在规律，而不是从某种假定出发，套用理论结论，拘泥于模型的假设。

（2）EDA 分析方法灵活，而不是拘泥于传统的统计方法。传统的统计方法以概率论为基础，使用有严格理论依据的假设检验、置信区间等处理工具。EDA 处理数据的方式则灵活多样，分析方法的选择完全从数据出发，灵活对待，灵活处理，什么方法可以达到探索和发现的目的就使用什么方法。EDA 更看重的是方法的稳健性、耐抗性，而不刻意追求概率意义上的精确性。

（3）EDA 分析工具简单直观，更易于普及。传统的统计方法都比较抽象和深奥，一般人难于把握，EDA 则更夸大直观及数据可视化，更夸大方法的多样性及灵活性，使分析者能一目了然地看出数据中隐含的有价值的信息，显示出其遵循的普遍规律及与众不同的突出特点，促进发现规律，得到启迪，满足分析者的多方面要求，这也是 EDA 对于数据分析的主要贡献。

探索性数据分析夸大灵活地探求线索和证据，重在发现数据中可能隐含着的有价值的信息，比如数据的分布模式、变化趋势，可能的交互影响，异常变化等等，而传统的统计方法则侧重于评估已经发现的证据，通常要求分析人员具备一定的统计学基础。根据不同的业务目的和数据资源选用不同的技术，或者综合使用这两类技术，将会使我们更快地获得更多的发现。对于大都不具备统计学功底但数据分析任务却越来越多的企业职员来说，重视、学习并用好探索性数据分析往往能事半功倍。

2. 模型选定。在探索性分析的基础上提出一类或几类可能的模型，然后通过进一步的分析从中挑选一定的模型。

3. 验证阶段。通常使用数理统计方法对所定模型或估计的可靠程度和精确程度作出推断。而验证阶段则着重评估这些证据，相对精确地研究一些具体情况。在验证阶段，常用的主要方法是传统的统计学方法。

（1）调查研究法：调查研究法是一项非常古老的研究技术，也是科学研究中一个常用的方法，在描述性、解释性和探索性的研究中都可以运用调查研究的方法。它一般通过抽样调查、实地调研、深度访谈等形式，通过对调查对象的问卷调查、访查、访谈获得资讯，并对此进行研究。调查研究是收集第一手资料用以描述一个难以直接观察的群体的最佳方法。当然，也可以利用他人的二手资料分析的方法，这样可以节约费用。这种方法的优点是可以获得最新的资料和信息，并且研究者可以主动提出问题并获得解释，适合对一些相对复杂的问题进行研究时采用。缺点是这种方法的成功与否取决于研究者和访问者的技巧和经验。在向相关部门的官员咨询行业政策、向特定企业了解特定事件、与专家学者探讨重大话题的时候，特别适用这种方法。

（2）归纳与演绎法：归纳法是从个别出发以达到一般性，从一系列特定的观察中发现一种模式，这种模式在一定程度上代表所有给定事件的秩序。但是值得注意的是，这种模式的发现并不能解释为什么这个模式会存在。演绎法是从一般到个别，从逻辑或者理论上预期的模式到观察检验预期的模式是否确实存在。演绎法是先推论后观察，归纳法则是从观察开始。在演绎法中，研究的角度就是用经验去检验每一个推论，看看哪一个是现实（研究）中言之有理，从而获得理论的验证。而在归纳法中，研究的角度则是通过经验和观察试图得到某种模式或理论。由此可见，逻辑完整性和经验实证性两者都不可或缺。一方面只有逻辑并不够；另一方面，只有经验观察和资料搜集也不能提供理论或解释。

（3）比较研究法：在进行数据分析的时候，比较研究法是一种较为常用的分析方法。比较研究又可以分为横向比较和纵向比较两种方法。横向比较一般是取某一时点的状态或某一固定时段（比如 1 年）的指标，在这个横截面上对研究对象及其比较对象进行比较研究。比如将行业的增长情况与国民经济的增长进行比较，从中发现行业增长速度快于还是慢于国民经济的增长；将公司的增长情况与行业的增长进行比较，从中发现公司成长速度高于还是低于行业平均水平；或者将不同国家地区的同一行业进行比较，研究行业的发展潜力和发展方向等等。纵向比较注意是利用行业的历史数据，如销售收入、利润、企业规模等，分析过去的增长情况，并据此预测行业的未来发展趋势。利用比较研究法可以直观和方便地观察行业的发展状态和比较优势。

随着研究的深入，证券投资顾问将不再依靠简单的比较和直观的分析来寻找答案。数理统计和计量经济学的理论和方法将会越来越多地被应用到行业和公司分析中来。这里介绍最常用的相关分析、线性回归和时间数列。相关分析主要用于探索两个数量指标之间的依存关系，比如行业产品的销售总量和销售价格之间的关系。线性回归是对两个具有相关关系的数量指标进行线性拟合获得最佳直线回归方程，从而在相关分析的基础上进行指标预测。时间数列则比较常见，比如行业的年度或者月度指标按时间顺序排列形成的数列即是一个时间数列，根据数列的特征，就可以用多种方法来预测未来一期或若干期的指标。

（一）相关分析

1. 相关关系。当一个或几个相互联系的变量取一定的数值时，与之相对应的另一变量的值虽然不确定，但它仍按某种规律在一定的范围内变化。变量间的这种相互关系，称为具有不确定性的相关关系。

相关关系的种类：

➢按相关程度分类：（1）完全相关：一种现象的数量变化完全由另一种现象的数量变化所确定。在这种情况下，相关关系便称为函数关系，因此也可以说函数关系是相关关系的一个特例。（2）不完全相关：两个现象之间的关系介于完全相关和不相关之间。（3）不相关：两个现象彼此互不影响，其数量变化各自独立。

➢按相关的方向分类：（1）正相关：两个现象的变化方向相同。（2）负相关：两个现象的变化方向相反。

➢按相关的形式分类：（1）线性相关：两种相关现象之间的关系大致呈现

为线性关系。(2) 非线性相关：两种相关现象之间的关系并不表现为直线关系，而是近似于某种曲线方程的关系。

2. 相关系数及显著性检验。相关系数是变量之间相关程度的指标。

相关系数的显著性检验也包括两种情况：一种情况是样本相关系数 r 与总体相关系数 ρ 的比较；另一种情况是通过比较两个样本 r 的差异（$r_1 - r_2$）推论各自的总体 ρ_1 和 ρ_2 是否有差异。

（二）一元线性回归

1. 回归模型。只有存在相关关系的指标变量才能进行回归分析，且相关程度越高，回归测定的结果越可靠。因此，相关系数也是判定回归效果的一个重要依据。

一元线性回归模型是用于分析一个自变量 X 与一个因变量 Y 之间线性关系的数学方程，其一般形式为：

$\hat{y} = a + bX$

X 是自变量；$\hat{y}$ 是因变量 Y 的估计值，也称理论值，是根据回归模型和给定的自变量 X 值计算得到的结果。a 和 b 通称为回归模型的参数。a 是回归直线的截距；b 是回归直线的斜率，也称回归系数。

由于对应于 X 某一数值的 Y 有多个实际值，通过 X 与 Y 的各对数值也就有可能有多条直线。其中最具代表性的无疑应该是实际值同这条直线平均离差最小的直线，即 $\sum (Y_j - \hat{y})^2$ 为最小。可以用最小二乘法求解待定系数 a 和 b，可得：

$$a = \frac{\sum Y}{n} - b\frac{\sum X}{n},\ b = \frac{n\sum XY - \sum X \times \sum Y}{n\sum X^2 - (\sum X)^2}$$

2. 判定系数。判定系数 r_2 表明指标变量之间的依存程度。r_2 越大，表明依存度越大。计算公式：$r_2 = \dfrac{a\sum Y + b\sum XY - n\sum Y^2}{\sum Y^2 - n\bar{Y}^2}$

3. 显著性检验。一元线性回归模型的显著性检验包括回归系数 b 的显著性检验和模型整体的 F 检验。

B 的检验统计量为：$Z = \dfrac{b - \beta}{\sigma b}$ $(\beta = 0)$

Z 变量服从均值为 0、方差为 1 的标准正态分布。

F 检验的检验统计量：

$$F=\frac{\sum(\hat{Y}-\bar{Y})^2/n}{\sum(Y_j-\bar{Y})^2/(n-2)}$$

也可以用判定系数计算 F 统计量：

$$F=\frac{r^2(n-2)}{1-r^2}$$

在一元线性回归分析中，b 的 t 检验和模型整体的 F 检验二者取其一即可。但是在多元回归分析中，它们是不等价的。T 检验只是检验回归模型中各个系数（参数）的显著性，而 F 检验则是检验整个回归关系的显著性。

4. 应用。一元线性回归方程可以应用于：

描述两指标变量之间的数量依存关系。

利用回归方程进行预测，把预报因子（即自变量 X）代入回归方程可对预报量（即因变量 $\hat{Y}$）进行估计。

利用回归方程进行统计控制，通过控制 X 的范围来实现指标 Y 统计控制的目标。

（三）时间数列

1. 数列形态分类。时间数列又称时间序列，是指社会经济指标的数值按照时间顺序排列而形成的一种数列。按照指标数量的性质和数列形态不同，时间数列可分为随机性时间序列和非随机性时间数列。其中，非随机性时间又分为平稳性时间数列、趋势性时间序列和季节性时间序列 3 种。

随机性时间数列是指由随机变量组成的时间数列。平稳性时间数列是指由确定性变量构成的时间数列，其特点是影响数列各期数值的因素是确定的，且各期的数值总是保持在一定的水平上下波动。趋势性时间数列是指各期数值逐期增加或逐期减少，呈现一定的发展变化趋势的时间数列。季节性时间数列是指按月统计的各期数值，随一年内季节变化而周期性波动的时间数列。

2. 自相关系数与数列的识别。对时间数列的识别通常可以凭理论知识和经验以及直观的统计图来判断。此外，更为精确的是用时间数列的自相关系数来判断。所谓自相关，是指时间数列前后各期数值之间的相关关系，对这种相关关系程度的测定便是自相关系数。

设 y_1、y_2、…、y_t、…、y_n 是一个时间数列，共有 n 个观测值。把前后相邻两期的观测值一一成对，便有 $(n-1)$ 对数据，即 (y_1, y_2)、(y_2, y_3)、…、(y_{n-1}, y_n)。它们的相关系数用 r_1 表示为：

$$r_1=\frac{\sum_{t=1}^{n-1}(y_t-\bar{y}_t)(y_{t+1}-\bar{y}_{t+1})}{\sqrt{\sum_{t=1}^{n-1}(y_t-\bar{y})^2\times\sum_{t=1}^{n-1}(y_{t+1}-\bar{y}_{t+1})^2}}$$

式中：$\bar{y}=\frac{1}{n-1}\sum_{t=1}^{n-1}y_t$；$\bar{y}_{t+1}=\frac{1}{n-1}\sum_{t=1}^{n-1}y_{t+1}$；

r_1——时间延迟为 1 的自相关系数。

当然，还可以把时间数列中每隔一期的数据一一成对，组成（$n-2$）对数据，即（y_1，y_3）、（y_2、y_4）、…、（y_{n-2}，y_n）。它们的相关系数用 r_2 表示为：

$$r_2=\frac{\sum_{t=1}^{n-2}(y_t-\bar{y}_t)(y_{t+2}-\bar{y}_{t+2})}{\sqrt{\sum_{t=1}^{n-1}(y_t-\bar{y}_t)^2\times\sum_{t=1}^{n-2}(y_{t+2}-\bar{y}_{t+2})^2}}$$

式中 r_2——时间延迟为 2 的自相关系数。

如果时间数列的观察值很多（n 很大），可以认为 $\bar{y}_t$、$\bar{y}_{t+1}$、$\bar{y}_{t+2}$……都近似地等于 $\bar{y}$，且 $\bar{y}=\frac{1}{n}\sum_{t=1}^{n}y_t$。这样 r_1 和 r_2 的公式都可以简化为：

$$r_1=\frac{\sum_{t=1}^{n-1}(y_t-\bar{y})(y_{t+1}-\bar{y})}{\sum_{t=1}^{n}(y_t-\bar{y})^2}$$

$$r_2=\frac{\sum_{t=1}^{n-2}(y_t-\bar{y})(y_{t+2}-\bar{y})}{\sum_{t=1}^{n}(y_t-\bar{y})^2}$$

同理，时间延迟为 k 的自相关系数 r_k 为：

$$r_k=\frac{\sum_{t=1}^{n-k}(y_t-\bar{y})(y_{t+k}-\bar{y})}{\sum_{t=1}^{n}(y_t-\bar{y})^2}$$

自相关系数取值为 $-1\sim1$，即 $|r_k|\leqslant1$。

根据时间数列自相关系数，对时间数列的性质和特征判别的准则是：

（1）如果所有的自相关系数都近似地等于零，表明该时间数列属于随机性时间数列。

（2）如果 r_1 比较大，r_2、r_3 渐次减小，从 r_4 开始趋近于零，表明该时间数列是平稳性时间序列。

（3）如果 r_1 最大，r_2、r_3 等多个自相关系数逐渐递减但不为零，表明该时间数列存在着某种趋势。

（4）如果一个数列的自相关系数出现周期性变化，每间隔若干个便有一个高峰，表明该时间数列是季节性时间数列。

3. 时间数列的预测方法。时间数列分析的一个重要任务是根据现象发展变化的规律进行外推预测。最常见的时间数列预测方法有趋势外推法、移动平均法与指数平滑法等。

（1）趋势外推法。趋势外推法的预测过程一般分为四个步骤：选择趋势模型，求解模型参数，对模型进行检验，计算估计标准误。趋势模型包括直线方程$\hat{Y}_t = a + bt$、二次曲线方程$\hat{Y}_t = a + bt + ct^2$、指数曲线方程$\hat{Y}_t = ab^t$、修正指数曲线方程$\hat{Y}_t = k + ab^t$、龚伯兹曲线方程$\hat{Y}_t = ka^{b^t}$等。

以简单的直线方程为例，当某一时间数列具有直线上升或者直线下降趋势时，可以用直线回归拟合，即$\hat{Y}_t = a + bt$。根据这个趋势方程，可以对时间数列进行外推预测。

对模型的有效性检验的方法是通过判断误差$\varepsilon_t = Y_t - \hat{Y}_t$是否属于随机误差，也即该误差数列是否属于随机数列来进行。

（2）移动平均预测法。移动平均预测法即通过取n项的移动平均，可以对原时间数列修匀而形成一个新的时间数列，显现数列的变动趋势。对于平稳型的时间数列，可以取最近n项数值的平均数作为下期的预测值，即：$\hat{Y}_t = \dfrac{Y_{t-1} + Y_{t-2} + \cdots + Y_{t-n}}{n}$，$\hat{Y}_{t+1} = \dfrac{Y_t + Y_{t-1} + \cdots + Y_{t-n+1}}{n}$

考虑到各期数据对预测值的影响不同，可以采用加权移动平均法，比如：

$$\hat{Y}_t = \frac{nY_{t-1} + (n-1)Y_{t-2} + \cdots + Y_{t-n}}{n(n+1)/2}$$

$$\hat{Y}_{t+1} = \frac{nY_t + (n-1)Y_{t-1} + \cdots + Y_{t-n+1}}{n(n+1)/2}$$

移动平均法只能预测最近一期数值，逐期移动，逐期预测。它需要大量的历史资料，且权数的选择具有较大的随意性，所以预测的准确性相对较差。

（3）指数平滑法。指数平滑法是由移动平均法演变而来的：

$$\hat{Y}_{t+1} = \frac{Y_t}{n} + \hat{Y}_t - \frac{Y_{t-n}}{n}$$

对于平稳型时间数列，或者缺乏远期历史资料的情况，用$\hat{Y}_t$代替Y_{t-n}，于是：$\hat{Y}_{t+1} = \dfrac{Y_t}{n} + \left(1 - \dfrac{1}{n}\right)\hat{Y}_t$

以α代替$1/n$，即：

$\hat{Y}_{t+1}=\alpha Y_t+(1-\alpha)\hat{Y}_t$

这就是指数平滑法的一般式。它的特点是只需要本期实际数值和本期预测值便可预测下期数值，不需要大量历史数据。如果对公式进行递推，就可以得到：

$$\hat{Y}_{t+1}=\alpha Y_t+\alpha(1-\alpha)Y_{t-1}+\alpha(1-\alpha)^2Y_{t-2}+\cdots+\alpha(1-\alpha)^nY_{t-n}+(1-\alpha)^{n+1}\hat{Y}_{t-n}$$

当 n 很大时，公式最后一项 $(1-\alpha)^{n+1}\hat{Y}_{t-n}$ 接近于零，比如 $0.5^{10}<0.001$。公式可以简化为：

$$\hat{Y}_{t-1}=\alpha Y_t+\alpha(1-\alpha)Y_{t-1}+\alpha(1-\alpha)^{2Y_{t-2}}+\cdots+\alpha(1-\alpha)^nY_{t-n}$$

应用指数平滑法预测的一个关键是修正常数 α 的取值。一般情况下，时间数列越平稳，α 取值越小；时间数列波动越大，如阶梯式或按某种比率上升或下降，α 取值越大，从而使得预测值能够敏感地跟踪实际值的变化①。

（本章作者：胡光远）

本章作者简介

胡光远，曾在广发证券、银河证券任职。西南政法大学国民经济学研究生。对股票期货市场的投资理论和实践有着深入的研究和独到的见解。

① EVIEWS，SPSS 等计量软件经常应用于数量模型分析。

第八章
投资方案设计

投资方案设计是辅助客户投资决策的关键一环。

——作者

本章目标

- ◆ 掌握设计投资方案的方法；
- ◆ 掌握投资方案撰写技术；
- ◆ 掌握投资方案演示的技巧。

证券投资顾问因其投资的专业性和服务的特殊性，在投资方案设计阶段不光融合了一般方案的设计理念，而且还需增加一定的持续跟踪和在实际的过程中根据市场走势不断修正的框架方案，来最终达到双赢的结局。在实际的过程中因为证券投资顾问大多数时间是在做终端咨询及决策参考服务，是在整个投资里面来说是处在的第一线，所以特别要考虑到跟客户面对面的服务和交流的过程中，对于风险防范意识的灌输和教育就显得尤为重要，所以在设计整个具体的投资方案和有针对性的投资方案时，证券投资顾问对于政策法规的理解和领悟就显得相当重要了。就这些问题，本人根据从实践中所积累和认识到的一些方法，在这里与大家进行一个探讨和分享。

第一节
设计投资方案

一、投资方案设计

1. 调研了解。在这个过程中主要是对标的物做一个全面性的认识和了解，发现标的物的优势和劣势，客观地进行全面初步的分析，并作初步的辅助措施计划。

2. 根据调研结果进行分类。在这个过程中主要是根据前面所了解和调研的结果，作一初步的归类管理，也可以借用一定的数理模型进行评分分类，为以后的具体方案实施起到一定的理论基础和依据的作用。

3. 根据分类做出初步的方案设计。在这个过程中主要是对前期工作做出客观评价后，所进行的具体投资方案及实施步骤设计（见图 8－1）：

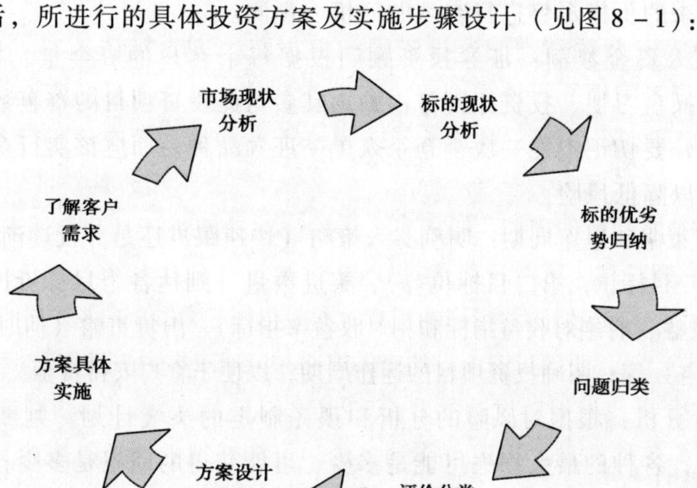

图 8－1　投资方案设计框架图

二、撰写投资方案

一份完整的证券投资方案通常应包括以下内容：

1. 投资项目概述：即证券投资顾问通过长时间的潜心研究后所发现的值得投资的证券品种，包括证券名称、代码、上市交易所等。

2. 历史走势回顾：对该证券品种过去一段时期成交价格的走势进行简要回顾，分析其筹码集中与分散的情况，从中发现其价格运动的一般规律。

3. 基本面分析：包括上市公司的历史沿革，股本结构，股东背景，产品结构，行业发展态势，市场地位，技术开发能力，经营管理层，经营战略，财务状况，成长前景以及重组可能性等。

4. 技术面分析：计算该证券品种主要技术指标（相对强弱指数 RSI，平滑异同移动平均线 MACD，随机指数 KD，能量潮 OBV）并判断其含义，观察 K 线形态、切线的压力、支撑以及成交价与平均线、成交量等的相互关系。

5. 走势预测：根据对特定证券的基本分析和技术分析，列出可能会影响公司股价走势的多、空因素，结合大盘行情走向和证券投资顾问的个人经验，对该证券未来的价格走势进行客观的分析、预测。

6. 拟投入资金数额：证券投资顾问根据每个客户的资金量、持仓情况、风险偏好、操盘习惯、投资原则等，确定其参与此投资项目的资金数额，资金数额的确定，要切记不能一次全仓杀入单一证券品种，而应该实行多元化、分散化投资，以降低风险。

7. 入市策略和运作周期：明确买入策略（快速跟进还是分批逐渐建仓）、入市价位（第一目标位，第二目标位等）、买进数量（到达各个目标价位即相应买进）、目标收益（有绝对收益指标和相对收益率指标）、出货策略（何时开始卖出，何时全部卖空）等；明确投资项目的运作周期，以便于客户安排资金。

8. 盈亏分析：根据对风险的分析和预先制定的买卖计划，判断在各种可能的情况下，各种的最大损失可能是多少，可能获得的回报是多少，并将风险与收益进行对比。

9. 风险控制措施：如果行情判断有误或者有突发利空出现，在什么价位上设立止损点，认赔出局；或是在什么价位开始补仓加码，等到什么价位再反弹出逃；作好后续资金投入的计划和安排；利用股指期货套期保值，利用融资融券扩大战果。

第二节 方案实施

在整个投资方案拟定好后，后续的工作就是依照所拟定的方案进行实施了，而在实施的过程中，第一，要对全面实施的步骤有一个清晰的认识和理解，每达到哪一步时自己心里应该清楚在现阶段所要达到的要求和目标；第二，就是在清楚了整个实施过程的每一阶段后，则应在实施之前把要实施的细节中可能要出现的问题进行一个全面的梳理；第三，在尽量多地考虑将要面对的问题和困难后，那下一步就是就这些极有可能发生的问题和困难事先做出一个应对措施及解决办法；第四，在整个方案实施完成后，对整个实施的过程和最终的结果做出一个客观的总结和评价，在总结和评价中可采用一定的量化数理模型评价体系来综合评定方案实施的效果及以后应采取的改进等。

（一）实施障碍

1. 主观障碍。客户自身的认识和判断很大程度上决定着实施的顺利与否，而客户主观意识的形成又与其所生活的环境、教育程度、工作性质、朋友层面、个人喜好等等原因密不可分，因为，在整个方案实施中某个环节都有可能影响到方案实施的进度和效果，因此对客户全面地了解和认识在此就显得尤为重要。

2. 客观障碍。影响方案实施的客观因素主要包括：第一个是直系亲戚配偶的认识和理解；第二个就是其亲朋好友的意见等；第三个就是其客户自身的物力财力等情况，如工资收入、日常开销、生意往来、其他投资等；第四个就是有可能发生的突发因素的影响，这个就包括了自身及自身家庭、工作、生活等方面因素的影响。这些都有可能成为在方案实施的过程中形成客观障碍，影响到方案的进行及最终实施的效果。

3. 实施者自我认识障碍。方案实施者自我对方案的认可度和在实施过程中遇挫折后的承受力也将成为整个实施过程中的障碍，很多好的方案最终未能达到预期的效果和目的，很大程度上与方案实施者本人的主观意识变化有很大的关系，传导到落实的过程中就会演变为执行力不坚决或执行力度不强，犹豫不坚定而贻误最佳的实施时间。

（二）针对性处理

1. 对于这些问题，对于一个专业的证券投资顾问来说，首先要做的就是："教育"投资者。这里所说的教育，不光是让投资者学习和理解相关的政策法规和在二级市场上技术面的把握，它还包括证券投资顾问帮助客户理解财务知识和一些相关投资常识，帮助客户理解各种投资机会和一般的投资误区；引导客户认识股市所存在的各种潜在的风险。

2. 对客户的疑问和顾虑要做全面的分析和深入的了解，使投资者的思想及认识能和其方案目标达成共识，而深入分析和全面了解具体体现在以下几点：第一，全面了解客户的财务状况，以便于根据投资者相关合理的需求制定出相应的理财目标，量身定制投资方案是解决其个体问题的一个重要方法和手段。第二，在具体实施的过程中，如遇客户存在疑问的时候，证券投资顾问一定要和客户深入沟通，一定要保持着绝对的耐心听取投资者的各种顾虑，特别是在投资者心态和思维变化出现反复的情况下，就更需要耐心地疏导投资者心中的疑云，详细地阐述制定投资方案的依据。从根本上解决客户的顾虑，继而达成共识并制定出一致的投资方案。

3. 定期为客户解读投资方案。因为市场的情况可以说是瞬息万变的，以及客户的心理承受能力的有限性，所以定期为客户解读方案是非常有必要的。证券投资顾问这个时候就要对你所掌握的这些客户的投资组合及研究报告对客户进行解读，包括行业变化、业绩表现、募集资金所投资的项目进展程度、业内专业人士如相关项目的项目经理等对该项目的评价和解释、部分机构对投资者投资组合中的相关公司的分析、认同度等，未来新的利润增长点、公司投资方向的变化等等方面都要对投资者做一个客观的解读，并帮助客户了解和分析该项目是否符合自己的投资取向。这样做的话，客户对证券投资顾问本身的信任感和认同度就会不断地增强。

4. 及时回顾。在整个投资方案实施的过程中，能够及时地将前期（时间可暂定为最近半年内）的投资策略做一个全面的回顾并加以比较和分析后，再将它完整地展现在客户面前，及时地帮助客户分析未来的资产配置，根据客户的资产状况及当时投资者家庭或个人的收支变化给予其及时的投资策略调整，使其能更好地符合当前市场变化的格局和热点的跟进及扩展，达到真正在这个市场获取保值增值的目的。这里为什么要强调"及时"二字，原因就是这个市场是时不待我的市场，机会稍纵即逝！投资者心理不等人，大家都知道人的生命是有限的，而进入到这个市场的投资者大多数不偏好 3 年、5 年的长期持有一品种，似乎在这个市场上更能体现“先人一步，步步为先”的道理，也许就是这个市场的残酷所在吧！慢半拍，只有全盘皆输。

（三）具体实施过程

具体实施过程是一个比较繁琐的过程，主要包括以下几个方面：交流沟通——得到授权——合理分配资金投向——进入备选项目池（股票为股票池）——合理确定布局区间——合理确定布局时间——做好记录——总结归纳——再交流沟通听取反馈意见——方案实施修正——调整操作策略——做好记录——总结。

1. 交流沟通的目的：这个过程是在实施前必须做的一个环节，在这个环节里不光知道投资者的基本情况和基本需求，还可以从侧面去直接感受该投资者的性格、思维习惯、做事风格等等，对后期合作中更好地服务投资者、教育投资者、为投资者把握好投资操作的方向提供更可靠的依据。

2. 得到授权的目的：在这个环节里，要如实告知投资者相关投资的法规政策、市场存在的风险所在，得到投资者的理解和支持，并在法规政策准许的范围内和所在机构授权下，在双方自愿的基础上达成一致的投资合作意向或投资合作。

3. 合理分配资金投向：在这里重要的是：一是符合投资者心理接受意愿；二是符合投资基本原则，贵在科学合理的分配资金上，虽然不能保证百分之一百合理，但尽量去争取做到科学合理是每个证券投资顾问应努力的方向。

4. 进入备选项目池（股票为股票池）：在理解和听取了投资者意愿及需求的基础上，配备相应的项目池（股票为股票池），并加以细致、反复筛选后，再进行下一步的具体实施操作。

5. 合理分步布局区间：在分析的过程中，通过长期对所筛选的对象进行观察后，可通过相关的估值模型（如沃斯顿模型、定量定价模型、现金流量模型、市盈率市净率模型等）、基本面分析、技术分析（均线系统分析、K 线组合分析、量价分析、各个指标分析等）、信息分析等综合分析处理，科学合理地确定相应的价值中枢和价格区间后，进行有组织有步骤有序的操作。

6. 合理确定布局时间：此项与上一项是紧密相关的，不光是在价格上科学合理地把握操作节奏，还要在具体项目上或股票、基金、国债及其他金融衍生品等投资品种上把握好这些周期性操作节奏。

7. 对以上的每一步实施环节都应做好记录，以备查验和后期的总结归纳之用。

8. 总结归纳以上的每一个环节是很重要的一步，这是对投资者负责的表现，也是对后期投资的继续跟进，为给投资者满意的投资回报做好铺垫。

9. 再交流沟通听取反馈意见：在操作的一个周期后，即在操作的过程中都应随时保持好和投资者的沟通交流，不断地得到投资者反馈的意见，特别是对后期的工作开展更加有利。

10. 方案实施修正：在听取投资者反馈意见后，应及时的检查其投资方案实施的效果，在实施效果里清晰的权衡总体效果和具体局部效果的得失，并根据投资者提供的反馈意见，再次做好方案实施的更新和完善，以求达到尽善尽美的结果。

11. 调整操作策略：此项与上一项也是紧密相关的，在再次修正好方案的同时，也必须对具体操作进行相应的操作调整，以达到方案所要达到的预期效果。

12. 做好每一步具体实施的记录，把这些作为以后检查和借鉴的资料予以留存。

13. 总结得失，保持清醒的头脑，迎接新的挑战，这是每个证券投资顾问在这个市场上必须面对的，而后期做得好与否与自己总结的效果很有关系。

第三节 投资方案实施辅助

一、人员辅助——团队协作

团队协作是否高效直接影响到最终的结果，而在团队的实施过程中，以下几点就显得尤为重要，高效的团队可以创造出不可估量的力量。

制度建设：制度要常宣传，制度要让每个成员记得住才会真正有效，员工不知道的制度叫文字不能称其为制度。每个成员在制度面前都是人人平等的，在执行制度的过程中每个成员要多沟通，真正的制度是会形成一种沟通的制度。

1. 执行力：制度制定以后要不折不扣地执行，制度制定以后要每个人都要做到不能有任何特例，很多的企业制度的制定者往往是制度的破坏着，制度是所有人的制度而不是一部分人的制度。联想公司有一个迟到罚站的制度，柳传志说他被罚了三次，有一次是电梯出了故障，大家都准时去开会，没有人知道他困在电梯里，他把嗓子都喊哑了才有人听到把他救出来，但他照样也罚站了。有的时候罚自己还是比较容易的，但要罚德高望重的人就有点难度。联想迟到罚站的第一人是张祖祥，他是柳传志的老师，也是他的老领导，当时柳传志硬着头皮说："你在这里站一分钟，我去你家站一分钟。"当时所有的人都非常紧张，当他站完一分钟的时候，大家都松了一口气，当天晚上柳传志买了很多礼品，去赔不是最后也得到了他老师的理解。从此以后，联想迟到罚站的制度就执行下来了，谁迟到了就乖乖地去罚站。

2. 文化建设：一个团队文化建设就好比一个人是否精神充实似的，并且团队文化建设可以更大地激发团队里每个成员的积极性和对团队的忠诚度，要建立一个既有亲和力而又能起到激励大家的团队文化这样才能打造出高效实干的团队。

二、工具辅助

"工欲善其事，必先利其器。"在进行投资建议时一定要做好相应的充分准备，只有做好了必要的准备之后才能更好地完成相应的目标，在工具辅助里主要包含着：财务辅助、软件辅助、网络辅助、技术辅助。

1. 软件辅助：软件的应用可以使证券投资顾问和投资者从繁重的工作中解脱出来，并且可以利用相关的软件进行投资上的管理，使证券投资顾问的工作更加高效。而这种应用主要在监视系统、管理系统、报表处理系统、买卖系统、操作控制系统。在科技、经济飞速发展的今天，利用软件数据处理的快速性，快速反应，快速决策，快速执行。

2. 网络辅助：20 世纪以来网络的发展可以说是把人类发展进程又推向了一个新的阶段，世界也因网络发生了巨大的变化，在任何一种经营上都必须考虑到经营所必要的成本，在证券投资顾问这个行业里也不例外，而网络的发展将最大地给我们证券投资顾问一个更大的成本控制；而网络的及时有效性又给我们的工作带来更加的高效。投资者可以通过互联网从软件上实时接收自己所投资的证券所有的数据和专家信息，并发送反馈意见、操作指令等等。

3. 技术辅助：在金融投资过程中，不光是要具备一定的理论基础，而且还要学会一些实战的技术，在这里可借用来帮助我们证券投资顾问的技术工具很多，如道氏理论、江恩理论、形态理论、投资组合、K线组合、量价变化、指标分析等方法，不过不是用得多就一定好，而是在运用时一定要自己熟悉进而符合自己的投资风格及取向的才是自己需要的。

三、教育辅助

投资者在哪里，培训教育就应该辐射到哪里去。

1. 把投资者教育作为公司日常的经营工作内容，长抓不懈。

2. 开创专业、规范的系列培训模式，系统设计培训课程，针对不同客户需求，对投资者分层次进行培训。

3. 积极按照监管部门要求，在投资者培训中注重各种风险揭示、专题培训和投资者教育。

（本章作者：黄小宁、秦晋）

本章作者简介

秦晋，证券执业分析师，曾在证券公司，资产管理顾问公司，投资咨询公司负责研究分析工作。具有丰富的实战操盘经验，善于独立思考，多角度以小见大地把握市场潜在的运动轨迹及个股运行趋势。为河北卫视、广西卫视、内蒙卫视、云南卫视、南方台等财经栏目特邀嘉宾。现供职于湘财证券股份有限责任公司。

第三篇

技 术 篇

本篇主要阐述证券投资的各种分析技术，并提出了证券投资顾问的产品标准化问题。

第九章 投资顾问必备的分析技术

工欲善其事，必先利其器。

——作者

本章目标

- 必备分析技术之一——基本分析法
- 必备分析技术之二——技术分析法
- 必备分析技术之三——其他分析方法

第一节 基本面分析法

基本面分析是证券市场中重要的分析体系之一，基本面分析法是通过对宏观经济、行业与公司状况的研究，从而找到公司股票的合理价格，是一种系统和环境交互作用的研究方法。针对个股的基本面分析法是集中分析公司财务报表中的关键数据以便确定股价是否合适。在初步甄别时，我们通常使用定量信息，一般可以用计算机程序或计算机甄别系统来进行。然后再在其中进行深入的分析，随着对行业和公司分析的深入，常常需要一些定性信息，例如，行业发展前景、公司管理层的能力或产品的品质是非常重要的定性信息。本书将从三大板块来分别介绍如何对所得数据进行分析。

一、基本面分析的主要内容

（一）宏观经济分析

宏观经济分析即宏观经济环境状况及其变动对证券市场价格的影响，包括宏观经济运行的周期性波动等规律性因素和政府实施的政策调整。证券市场是整个市场体系的重要组成部分，上市公司是宏观经济运行微观基础中的重要载体，因此，证券市场价格理所当然地会随宏观经济运行状况的变动而变动，会因宏观经济政策的调整而调整。

理论分析和实践证明，由于受多种因素的影响，宏观经济的运行总是呈现出周期性变化，表现在许多宏观经济统计数据的周期性波动上，如国民生产总值（GNP）、消费总量、投资总量、工业生产指数、失业率等。GNP 是最常见、综合性最强的衡量宏观经济的指标，宏观经济的周期性变化我国通常用 GDP 的系列统计数据来表示。

研究表明，宏观经济周期一般经历四个阶段，即萧条、复苏、繁荣、衰退。也就是说，如果从 GDP 的下降开始算起，GDP 增长处于下降的衰退阶段，下降至最低点为萧条阶段。然后经过不断回升的复苏阶段，达到欣欣向荣的繁荣阶段，繁荣之中又孕育着衰退的再次来临。如此循环往复，周而复始，其中每四个阶段构成一个经济周期。客观经济分析指标包括：

1. GDP。国内生产总值简称 GDP，是指在一定时期内（一个季度或一年）一个国家或地区的经济中所生产出的全部最终产品和劳务的价值，常被公认为衡量国家经济状况的最佳指标。它不但可反映一个国家的经济表现，更可以反映一国的国力与财富。一般来说，国内生产总值共有四个不同的组成部分，其中包括消费、私人投资、政府支出和净出口额。

从长期看股价与经济增长成正比。经济增长意味着生产和消费的增加，其结果是企业业绩提升，导致分红的提高使股价也得到上涨。相反，如果经济得不到增长，生产和消费就会减少，其结果是企业业绩就会恶化，股价就会下跌。

中国 1993 年至 1998 年间的 GDP 增长率其实是处于下降过程中，中国股市也相当配合地进行着振荡调整，但股市却在 GDP 增长率触底前已经走出谷底；在 1999 年至 2001 年中国经济筑底时，股市却领先走出了上攻行情；而 2001 年到 2006 年间的 GDP 增长率在 10% 处反复不前时，股市则进行了大调整；随着2006年GDP增长率开始新的上攻时，股市则走出了“波澜壮阔”的牛市；由于经济危机影响，中国GDP增长率在2007年发生了逆转，也同时导致了股市的大崩盘！

由此可见，GDP增长率与股市总体趋势是存在正相关的。

根据宏观经济运行状况的不同，政府可采取扩张的或紧缩的货币政策和财政政策，以促进经济快速增长，保持价格总水平的稳定，实现充分就业。不同性质、不同类型的政策手段对证券市场价格变动有着不同的影响。另外，政府为了改善国际贸易状况，促进国际收支平衡而调整汇率政策，也将影响证券市场格局。

2. 通货膨胀。通货膨胀（以下简称“通胀”）是指一个经济体在一段时间内货币数量增速大于实物数量增速，单位货币的购买力下降，于是表现为普遍物价水平上涨。

通货膨胀，不仅仅反映宏观经济运行状况，还直接影响政府政策调整，进而影响投资者的心理预期。通货膨胀及其预期对股市的影响如下：

（1）通胀直接触发中央银行紧缩性货币政策反应，会对股市的资金面产生收缩性影响。明显通胀所触发的紧缩性货币政策反应，在紧缩银根、减缓货币信贷投放的同时，也会提高利率，进而对股市行情产生系统性的不利影响。历史上很多大股灾来临之前，都有明显、持续性的货币政策紧缩现象。

（2）通胀所释放的宏观经济失衡信号，会加大投资者对经济前景的不确定性，使其对股市行情的心理预期可能发生逆转。

（3）通胀会直接降低投资者的实际收益。通胀实际上等同于向所有货币性收益征收了“通货膨胀税”，减少了股票投资的未来实际收益。在明显的通胀及其预期背景下，投资者预期未来收益下降、估值折现率水平提高，必然会导致股票重估价值的降低，使股价下跌。

（4）从历史来考察通胀与股市兴衰之间的关系，我们发现西方主要国家的通胀对股市行情产了显著性的不利影响。第一次世界大战结束后，当战时遗留的通胀得到治理时，美国、英国和德国的股市随之出现了趋势性的上涨。由于德国经历了历史罕见的恶性通胀，股市的复苏回升也较英、美大为滞后。第二次世界大战后的60～70年代至80年代初，美国和英国经济的“滞胀”问题突出，通胀长期居高不下，股市低迷不振，而德国的通胀水平较低，股市表现则好得多。以美国为例，在1963～1983年间消费物价指数年均增长6.1%，而同期道·琼斯30种工业股价平均指数年均名义增长率只有2.6%。显然，股指在扣除物价上涨因素之后的实际增长值是负数。20 世纪 80 年代初以后的 20 多年中，曾经长期困扰世界经济的通胀问题逐步得到了有效控制，美、英、德三国的股市均出现了长期的趋势性上涨。特别是美国，90 年代初进入了所谓的“新经济”时代，经济曾经出现了长达 10 年的“低通胀、高增长”黄金期，股市也出现黄金十年的牛市。

3. 利率。利率是指一定时期内利息额同借贷资本总额的比率。影响利息率的因素包括资本的边际生产力或资本的供求关系。此外，还有承诺交付货币的时间长度以及所承担风险的程度。

对股票市场及股票价格产生影响的种种因素中最敏锐者莫过于金融因素。在金融因素中，利率水准的变动对股市行情的影响又最为直接和迅速。一般来说，利率下降时，股票的价格就上涨；利率上升时，股票的价格就会下跌。因此，利率的高低以及利率同股票市场的关系，也成为股票投资者据以买进和卖出股票的重要依据。

一般来说，利率的升降与股价的变化呈反向运动。主要有三个原因：

（1）利率的上升，不仅会增加公司的借款成本，而且还会使公司难以获得必需的资金，这样，公司就不得不削减生产规模，而生产规模的缩小又势必会减少公司的未来利润。因此，股票价格就会下降。反之，股票价格就会上涨。

（2）利率上升时，投资者据以评估股票价值所在的折现率也会上升，股票价值因此会下降，从而，也会使股票价格相应下降；反之，利率下降时，股票价格就会上升。

（3）利率上升时，一部分资金从投向股市转向到银行储蓄和购买债券，从而会减少市场上的股票需求，使股票价格出现下跌。反之，利率下降时，储蓄的获利能力降低，一部分资金就可能回到股市中来，从而扩大对股票的需求，使股票价格上涨。

上述利率与股价运动呈反向变化是一般情况，我们也不能将此绝对化。在股市发展的历史上，也有一些相对特殊的情形。当形势看好时，股票行情暴涨的时候，利率的调整对股价的控制作用就不会很大。同样，当股市处于暴跌的时候，即使出现利率下降的调整政策，也可能会使股价回升乏力。美国在 1978 年就曾出现过利率和股票价格同时上升的情形。当时出现这种异常现象主要有两个原因：一是许多金融机构对美国政府当时维持美元在世界上的地位和控制通货膨胀的能力没有信心；二是当时股票价格已经下降到极低点，远远偏离了股票的实际价格，从而使大量的外国资金流向了美国股市，引起了股票价格上涨。在中国香港，1981 年也曾出现过同样的情形。当然，这种利率和股票价格同时上升和同时回落的现象至今为止也还是比较少见的。

既然利率与股价运动呈反向变化是一种一般情形，那么投资者就应该密切关注利率的升降，并对利率的走向进行必要的预测，以便在利率变动之前，抢先一步就对股票买卖进行决策。

对利率的升降走向进行预测，在中国应侧重注意以下几个因素的变化情况：

（1）贷款利率的变化情况。由于贷款的资金是由银行存款来供应的，因此，根据贷款利率的下调可以推测出存款利率必将出现下降。

（2）市场的景气动向。如果市场过旺，物价上涨，国家就有可能采取措施来提高利率水准，以吸引居民存款的方式来减轻市场压力。相反，如果市场疲软，国家就有可能以降低利率水准的方法来推动市场。

（3）资金市场的银根松紧状况和国际金融市场的利率水准。国际金融市场的利率水准往往也能影响到国内利率水准的升降和股市行情的涨跌。在一个开放的市场体系中是没有国界的，如果海外利率水准低，一方面对国内的利率水准产生影响；另一方面，也会引致海外资金进入国内股市，拉动股票价格上扬。反之，如果海外的利率水准上升，则会发生与上述相反的情形。

（二）行业状况研究分析

行业分析，是指针对从事国民经济中同性质的生产或者其他经济社会活动的经营单位和个体等构成的组织机构体系。任何行业将经历由产生到成长再到衰落的变化过程，这个过程便称为行业的生命周期。行业的生命周期可分为四个阶段，即初创阶段（也叫幼稚期）、成长阶段、成熟阶段和衰退阶段。

行业在国民经济中地位的变更，行业的发展前景和发展潜力，新兴行业引来的冲击等，以及上市公司在行业中所处的地位等都会影响相关股票的价格。从证券投资角度划分行业时，一般分成以下三类：增长型行业、周期型行业、防守型行业。

1. 增长型行业。增长型行业与经济活动总水平的周期及其振幅无关。收入增长的速率相对于经济周期的变动来说，并未出现同步影响，因为它们主要依靠技术的进步、新产品推出及更优质的服务，从而使其经常呈现出增长形态。

在过去的几十年内，新兴技术和生物医药表现了这种形态。投资者对高增长的行业十分感兴趣，主要是因为这些行业对经济周期性波动来说，提供了一种财富“套期保值”的手段。然而，这种行业增长的形态却使得投资者难以把握精确的购买时机，因为这些行业的股票价格不会随着经济周期的变化而变化。

2. 周期性行业。周期性行业是指和国内或国际经济波动相关性较强的行业。中国典型的周期性行业包括钢铁、有色金属、化工等基础大宗原材料行业、水泥等建筑材料行业、工程机械、机床、重型卡车、装备制造等资本集约性领域。当经济高速增长时，市场对这些行业的产品需求也高涨，这些行业所在公司的业绩改善就会非常明显，其股票就会受到投资者的追捧；而当景气低迷时，固定资产投资下降，对其产品的需求减弱，业绩和股价就会迅速回落。利率研究也很重要，当利率水平低位运行或持续下降时，周期性的股票会表现得越来越好，因为低利率和低资金成本可以刺激经济的增长，鼓励各行各业扩大生产和需求。相反，当利率水平逐渐抬高时，周期性行业因为资金成本上升就失去了扩张的意愿和能力，周期性的股票会表现得越来越差。

在一轮经济周期里，配置不同阶段受益最多的行业股票，可以让投资回报最大化。

3. 防守型行业。防守型行业指经营和业绩波动基本不受宏观经济涨落影响的行业，不会随经济周期大起大落。如食品饮料、公用事业即是典型的防守型行业，这些行业多是居民生活的必需消费的商品或服务，不会因为整体经济和收入的冷暖而显著减少或增加消费，因此这类行业通常波动平缓，被视为安全或保守的投资领域，特别是在经济周期走软时，是理想的避风港。

（三）公司状况研究分析

基本面研究很重要的内容就是对上市公司的研究分析，长期来看，一个公司的行业地位、产品优势、管理能力、财务状况对公司的股价在微观上具有决定性作用。公司素质对于具体的个股而言，影响其价位高低的主要因素在于企业本身的内在素质，包括财务状况、经营情况、管理水平、技术能力、市场大小、行业特点、发展潜力等一系列因素。

一般从下面两个方面进行公司分析：

1. 上市公司核心竞争力分析。投资研究方向具体落实在上市公司上就是对公司的核心竞争力的研究。长线投资选有核心竞争力的上市公司。上市公司建立核心竞争力可采用五力分析模型，它由迈克尔·波特（Michael Porter）于20世纪80年代初提出，对企业战略制定产生全球性的深远影响。用于竞争战略的分析，可以有效地分析客户的竞争环境。五力分别是：供应商的议价能力、购买者的议价能力、潜在竞争者进入的能力、替代品的替代能力、行业内竞争者现在的竞争能力。五种力量的不同组合变化最终影响行业利润潜力变化。

2. 财务报表的分析。首先是阅读财务报表，去粗取精。仔细阅读会计报表的各个项目。在阅读时应该注意以下内容：一是金额较大和变动幅度较大的项目，了解其影响；二要了解公司控股股东的情况以及公司所属子公司的情况，了解控股股东的控股比率、上市公司对控股股东的重要性、控股股东所拥有的其他资产以及控股股东的财务状况等；三是对关联方之间的各类交易和同业竞争做详细了解和分析。

阅读财务报表时应重点关注以下项目：

（1）应收账款与其他应收款的增减关系。如果是对同一单位的同一笔金额由应收账款调整到其他应收款，则表明有操纵利润的可能。

（2）应收账款与长期投资的增减关系。如果对一个单位的应收账款减少而产生了对该单位的长期投资增加，且增减金额接近，则表明存在利润操纵的可能。

（3）待摊费用与待处理财产损失的数额。如果待摊费用与待处理财产损失数额较大，有可能存在拖延费用列入损益表的问题。

（4）借款、其他应收款与财务费用的比较。如果公司有对关联单位的大额其他应付款，同时财务费用较低，说明有利润关联单位降低财务费用的可能。

其次是分析财务指标，当我们对上市公司的财务报表有了初步判断，认为其并不存在重大造假行为，下一步的工作就是对数据进行简单分析，以求得出可靠结论。公司财务分析的基本工具有两种：比率分析和现金流量分析。比率分析的重点在于评价公司财务报表中各会计科目之间的相互关系；现金流量分析则使投资者能正确地估测公司资产的流动性，并了解经理如何管理企业的经营、投资和筹资活动所产生的现金流，作为一家上市公司，企业的偿债能力与获利能力是分析的核心指标。

①企业获利能力分析。上市公司的价值取决于它的获利能力和成长性。从一个企业内部来看，企业的获利能力和成长性取决于企业的经营管理、

投资管理、融资战略和分红政策。利润是投资者获取投资收益的重要保障。反映企业盈利能力的指标很多，通常从生产经营业务获利能力、资产获利能力进行分析。财务指标包括主营业务利润率、净资产收益率、市盈率、市净率等。

②经营效率分析。对企业资产的管理主要包括两个领域：一是营运资金的管理；二是长期资产的管理。营运资金是公司的流动资产与流动负债之间的差额，对营运资金进行分析时主要注重资产负债表中的三项内容：应收账款、应付账款和存货。应收账款的合适比例取决于公司的赊销政策；产品的工艺过程和生产特点决定了企业最佳的存货水平；应付账款则是营运资金的一项资金来源，它的高低一般取决于行业内的传统的付款方式（现金有折扣）。衡量营运资金管理效率的比率有总资产周转率、固定资产周转率、流动资产周转率等。

③偿债能力分析。企业偿债能力是反映企业财务状况的重要标志。偿债能力是企业偿还到期债务的承受能力或保证程度，包括偿还短期和中长期债务的能力。

一般而言，企业债务偿付的压力主要有如下两个方面：一是一般性债务本息的偿还，如各种长期借款、应付债券、长期应付款和各种短期结算债务等；二是具有刚性的各种应付税款，企业必须偿付。不是所有的债务都对企业直接构成压力，对企业债务清偿真正有压力的是那些即将到期的债务，而不包括那些尚未到期的部分。企业能否清偿到期债务是建立在足够资产或资本基础之上，要有足够的现金流入量为保证。偿债能力是债权人最为关心的，鉴于其对企业安全性的考虑，也越来越受到股东和投资者的普遍关注。

企业偿债能力低，不仅说明企业资金周转不灵，难以偿还到期应付的债务，甚至预示着企业面临破产危险。

偿债能力分析主要财务指标有：流动比率、速动比率、资产负债率、产权比率。

二、基本面分析的局限性

1. 信息成本较高。研究一个公司的基本面需要大量、准确的信息。信息需要一个获取、整理、归类、分析的过程；同时要排除市场上大量无用的、虚假甚至是有害的信息；另外，信息使用的边际效应的递减等问题。这些都是基本面研究需要付出的成本。一般的基金公司有专门的调研部门，但对于个人研究者来讲，为了获得第一手资料，付出的相对成本更高。

2. 信息的时滞效应。人们通过各种渠道汇集信息，不管是第一手资料，还是间接的第二手资料，都要进行筛选、整理和加工，这都需要时间，即内部时滞效应，其长短随分析人员的数量、素质和分析方法的不同相应变化，这种内部时滞效应越小越好，投资者得到帮助的效果也越大。从采用分析结果到投资获利，又称外部时滞效应，其长短受众多不确定因素的制约，投资者是无法加以改变的。信息的时滞会影响投资者入市的时间和投资的效果。

3. 基本面分析无法定量。基本面分析更多的是定性分析而无法精确定量。而股市反映的是政治、经济的全局，受诸多因素影响，而这种综合的影响并不是这些因素的简单叠加或者抵消，现有的理论无法将其定量。而股市的涨跌恰恰严格要求定量。

4. 对投资顾问素质要求较高。基本面分析要求投资顾问人员具有较高的文化素养和对政治经济的全面关心和了解，并掌握相当的基础理论知识和社会经验，这就使得部分投资顾问无法对所有公开信息进行有效的分析。

第二节　技术分析法

一、技术分析的概念和理论假设

技术分析研究市场行为（即价格和交易量），进而预测未来的价格走向。此类型分析侧重于图表分析，以捕获主要和次要的趋势，并通过估测市场周期长短，识别买入、卖出时机。技术分析的理论基础是市场行为包容一切，价格以趋势方式演变，历史会重演。

二、技术分析的基本理论

道·琼斯理论是最古老的技术分析理论，它认为，价格能够全面反映所有现存信息，可供参与者（交易商、分析家、组合资产管理者、市场策略家及投资者）掌握的知识已在标价行为中被折算。由不可预知事件引起的货币波动，都将被包含在整体趋势中。技术分析旨在研究价格行为，从而做出关于未来走向的结论。

主要围绕股票市场平均线发展而来的道·琼斯理论认为，价格可演释为包括三种幅度类型的趋势——主导、辅助和次要。相关时间周期从小于 3 周至大于 1 年不等。此理论还可说明反驰模式。反驰模式是趋势减缓移动速度所经历的正常阶段，这样的反驰模式等级是 33%、50% 和 66%。

股票指数与任何市场都有三种趋势：短期趋势，持续数天至数个星期；中期趋势，持续数个星期至数个月；长期趋势，持续数个月至数年。任何市场中，这三种趋势必然同时存在，彼此的方向可能相反。

三、技术分析的局限性

1. 数据历史性。
2. 行为短期性。
3. 公式机械性。
4. 偏离内在价值。
5. 应用条件的严格限制。

第三节 其他分析方法

除前两节介绍的分析方法外，还有传统的跟庄分析法、投资组合分析法、行为金融分析法等。

一、股市跟庄分析法

2001 年以前，中国股市庄家投机操作盛行，中小股民只有跟庄成风，所谓“与庄共舞”。

股票有庄则活，一只股票的上涨不可能是无缘无故的，这其中主要的原因是有大资金在运作，换句话说，是有庄家在控制股价。庄家有其自身的优势，其利益与中小股东的利益是背道而驰的，中小股东要战胜庄家，难度很大，首先必须识破庄家骗局，了解庄家做庄三部曲——建仓、震仓拉升、平仓。如何准确地把握这三部曲，是跟庄成功与否的关键。

建仓作为做庄三步曲中的第一步，手段多种多样，有按计划主动建仓的，有耐住性子慢慢吸筹的，有按约定倒仓接货的，有拉高快速主动建仓的……由于第一种建仓方式通常是大资金蓄谋已久、有备而来，因此，我们有必要来对其仔细探讨一下。一只股票如果跌得久了，筹码往往就会很分散，表现在行情上，往往就是成交清淡，无人问津。而大资金在进场之前，显然得首先考虑其资金的安全性，介入的价位是否合适等等？于是，在其真正建仓之前，一般要有一个试盘动作，在确认盘子很轻、场内没有其他庄家的情况下，往往还要借势打压股价，当股价跌无可跌，成交极其清淡的情况下，方才开始缓缓建仓。

表现在K线图上，一般是阴阳相间，成交量温和放大，股价重心不断上移，但涨幅有限——这便是“从缩量到放量”的过程。经过一段时间（一般约在3个月以上）的建仓，庄家基本上吃够了一定筹码，而此时股价亦有了一定涨幅，成交也渐趋活跃起来。此时，为了阻止散户抢筹，也为了清除一部分已获利的筹码，该股往往在攻击形态极佳之时，突然掉头向下，一路震荡走低，股价连连击穿众多“支撑”。由于多数筹码在庄家手中，而散户又不可能齐心做多，于是，庄家仅需牺牲少量筹码，便可打压股价；因此，随着意志不坚定分子的不断出局，成交量日渐稀少，最后，在连续数日持续萎缩之后，股价渐渐止跌——这便是“从放量至缩量”的洗盘过程。

“吃货”结束之后，一般会有一个急速的拉升过程。一旦一只股票开始大涨，它就脱离了安全区，随时都有出货的可能。

当庄家认为出货时机未到时，就需要在高位进行横盘整理，一般是打个差价，散户容易误认为出货。

庄家出货一般要做头部，头部的特点是成交量大，振幅大，除非赶上大盘做头，一般个股的头部时间都在1个月以上。

投资顾问必须帮助客户识别庄家的骗术，在洗盘后拉升前及时介入。

二、投资组合分析法

投资组合分析法是根据不同的证券具有不同的风险收益特征，通过构建多种证券的组合投资以达到投资收益和投资风险平衡的分析方法，在处理上，它通过求解在特定的风险条件下实现收益的最大化或在特定的收益条件下使得风险最低，来求得组合内各个证券的组合权重，进而进行组合投资的分析方法。它可以分为传统的证券组合分析方法和现代证券组合分析方法。传统分析方法是根据不同证券对相同的系统性风险的不同反应，来降低非系统性风险；而现代组合分析方法是一种数量化的组合管理方法，以实现投资收益和风险的最佳平衡，如马克维茨的均值方差模型、夏普和林特纳的资本资产定价模型和罗斯的套利定价理论。投资组合分析方法的优点是在投资分析中对风险进行分类和定量化描述，寻求收益和风险的均衡（trade - off），在理论上证明了组合投资可以有效降低非系统风险的同时，还能够运用数量化的方法来求解证券组合中各个证券的最佳比例关系，这样就克服了传统证券组合方法在确定各组合证券比例中的盲目性，从而实现投资收益和风险的最佳平衡。缺点是需要计算复杂模型；对证券市场的假定条件过于苛刻，甚至这些条件与实际市场存在很大差距，如果证券市场的发展不是很成熟的话，一些条件不可能满足；计算组合比例需要大量的数据支撑，而且模型没有考虑到有的证券之间根本无法构建投资组合。投资组合分析方法由于受到市场条件的限制，如交易成本的存在、对信息的了解度等，因此该方法比较适合于机构投资者，并且在配合基本面分析的情况下进行。由于考虑到了风险和收益的均衡，使证券组合的收益有时较低，但收益较稳定，比较适合于基金公司和社保基金资本的运作。

三、行为金融分析法

行为金融分析法源于20世纪80年代证券市场上不断出现了一些与经典理论相悖、而经典理论无法解释的异象问题，如周末现象（一些下个周一的信息提前反映到本周五的股票价格上）、假日现象等，一些投资者利用这些“异象”进行投资确实获得了超额收益。因此该方法是以这些“异象”为研究对象，从对标准金融理论的质疑开始，以行为科学为基础研究投资者的心理行为，进行投资决策的分析方法。该方法以古典金融理论的严格假定与现实市场相悖为出发点，如市场无摩擦、投资者是完全理性的，而在证券市场中并不是每一个投资者都会用投资理论中的复杂数学方法来推导所谓的理性与均衡价格来指导自己的投资行为，投资者并不总是根据基本面来进行投资决策，有时会根据噪音来决策，成为所谓的噪音交易者（noise traders）。行为金融分析方法的优点是能够使投资者在证券投资过程中保证正确的观察视角，特别是在市场重大转折点的心理分析上，往往具有很好的效果；缺点是该方法基于人的不同理性行为和心理假设，很难得到一个统一的结论用于指导投资者的行为。

总之，以上四种分析方法的使用都是有条件的，并且各有其优缺点，要想在证券市场中获得稳定的利润，只靠一种分析方法来指导投资决策是不行的，甚至是要冒很大风险的，必须把上述几种方法结合起来使用。相信随着证券市场的不断发展，投资者会变得越来越成熟，对市场的洞察力也会越来越强，进而娴熟地综合运用各种分析方法，以最小的损失获取更大的收益。

（本章作者：黄小宁、海雷）

本章作者简介

海雷，本科，曾任股市密码杂志社核心研究员。现任职于西南证券嘉陵桥西村营业部。

第十章
投资顾问必须掌握的股票操作技巧

股票操作技巧是战术手段。

——作者

本章目标

- 掌握大盘研判技术
- 掌握个股买卖技巧
- 掌握资金控管技巧
- 掌握选股持仓技巧

作为证券投资顾问，为了更好地为客户服务，不仅仅要了解市场操作的基本技能，更要揣摩到客户的心理需求。投资的过程中经常听到客户这样议论：我要是在大盘1000点（上证综合指数，下同）的时候把所有的钱都买来股票，再到大盘6000点的时候把股票再都卖掉该多好。相信在这一段做股票，不管碰到哪只个股，投资回报都不会太差。

从1000点到6000点是这样，历史上的每一轮大涨的行情都是如此。一般来说大势好，操作股票80%的个股会上涨，大势不好，操作股票80%会下跌。所以，如果我们能够准确地研判大盘起涨起跌的高低点，做股票会变得非常简单。可见对大盘的分析很重要，是正确投资获利的首要条件。正确地分析大盘走势是证券投资顾问更好地为客户者服务的基本要求。

第一节 证券大盘研判技术

一、市场行情确认

“牛市”（ bull market)，也称多头市场，指证券市场行情普遍看涨，延续时间较长的大升市。

“熊市”（bear market)，也称空头市场，指证券市场行情普遍看淡，延续时间相对较长的大跌市。

“猴市”，形容股市的大幅振荡的情况，一般把证券市场牛市和熊市二者之间的运作状态称之为猴市，也就是说从大盘来看没有一个明确的上涨或下跌方向，市场分化比较严重，展开的波段也较多，反复大幅震荡（见图 10－1)。

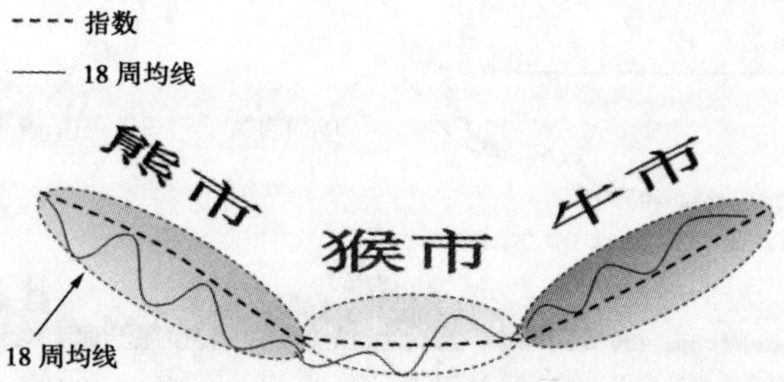

图 10－1　不同市场图例

二、大势判断工具——18 周均线

18 周均线是经过几千只个股的验证而得出的一根非常有用的均线，对于大势研判非常有帮助，具体设置如下（见图 10－2)。

先打开大盘周线图，再右键单击右上角的均线，点击“调整指标参数”，得到如下界面：

再修改弹出框里面的数字，要想得到一根线，里面全部改为“18”，得到

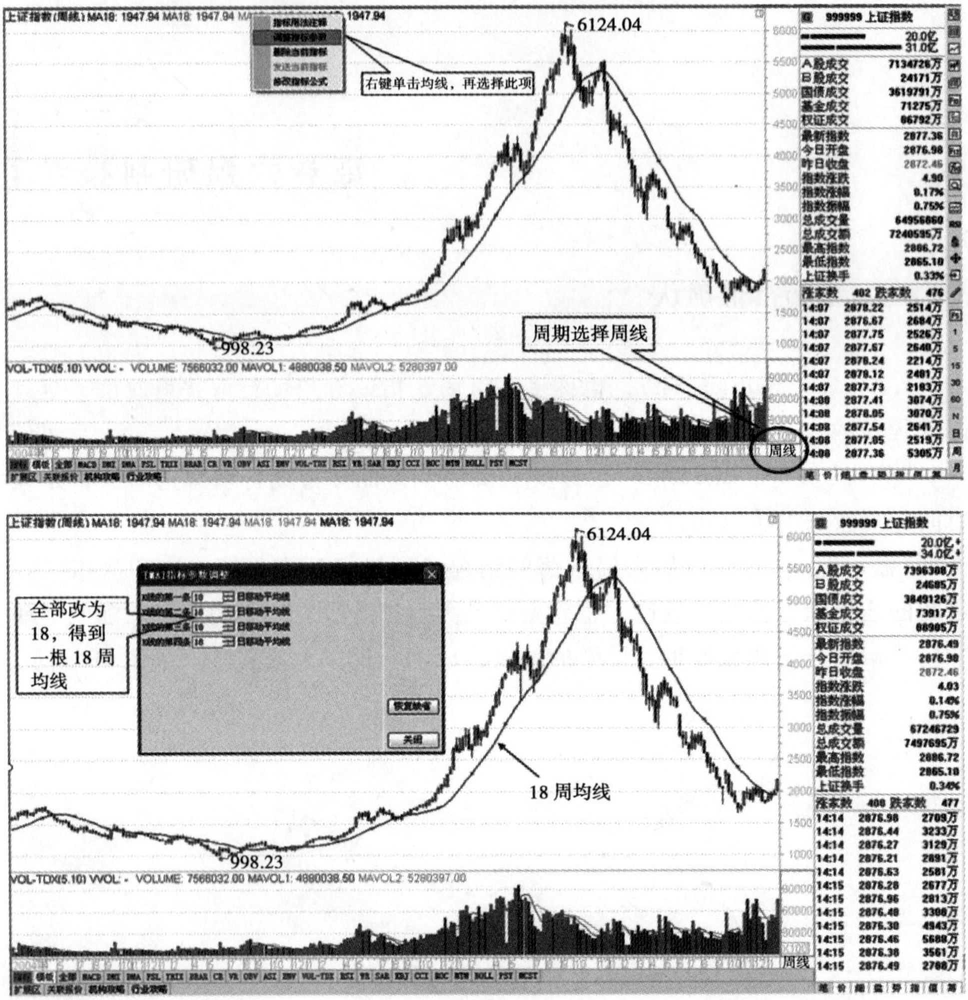

图 10－2　18 周均线图

18 周均线。

18 周均线用法：

通过这个简单的均线，我们可以明显看到 K 线的走势有一部分在此均线的上方，有一部分在此均线的下方，一般的操作思路是：

18 周均线上方运行的阶段称之为“牛市”。

18 周均线下方运行的阶段称之为“熊市”。

由此可见，凡是指数在 18 周均线上方运行，说明资金入市意愿持续，投资应该积极，凡是指数在 18 周均线下方运行，说明资金撤离严重，投资应该保守或者停止。一根神奇的均线把复杂的大盘行情简单量化，线上持股，线下持币。

在个股上面，可以用17日均线（17MA）的方法，为什么用17日呢？而不用18日，因为日线周期的敏感度较强，所以用17日更为妥当，具体操作是股价走到17MA之上，为操作区间，持股；破17MA，为持币；与17MA纠缠，为来回短差操作，观望（见表10－1）。

表10－1　17日均线表

市场阶段	股票占比	资金占比	用17日均线效果	止损
17日均线上方	75%	25%	80%	10%
17日均线纠缠	50%	50%	50%	10%
17日均线下方	25%	75%	尽量观察	

第二节 个股买卖技巧

一、卖出技巧——拒绝套牢

股市里有句名言：“会买的是徒弟，会卖的是师傅。”这说明卖股票要比买股票难得多，下面介绍一种卖出股票的方法，看如何做到拒绝套牢（见图10－3、图10－4、图10－5）。

头部最高收盘价 × 0.9 ＝离场价①

该种方法是纯技术面研判。用比例定值来判定，只要严格执行，理论上来说，不存在套牢的。

具体操作为：手里持有的股票，头部的最高收盘价×0.9，得出的价格就是你的离场价，跌破了这个价格，坚决卖出。

采用此种方法一定要注意，离场确定是止损价盘中破掉30分钟内不再站上来，结果统计这样的情况出现继续往下跌的几率高达80%。这种方法只要

---

① 傅吾豪：《直效技术分析》，http：//wenku. baidu. com/view/7fe110791711cc7931b716f2. htm。

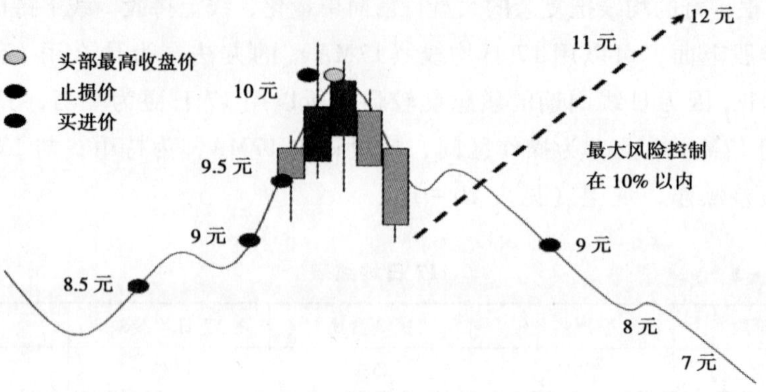

图10－3 拒绝套牢法

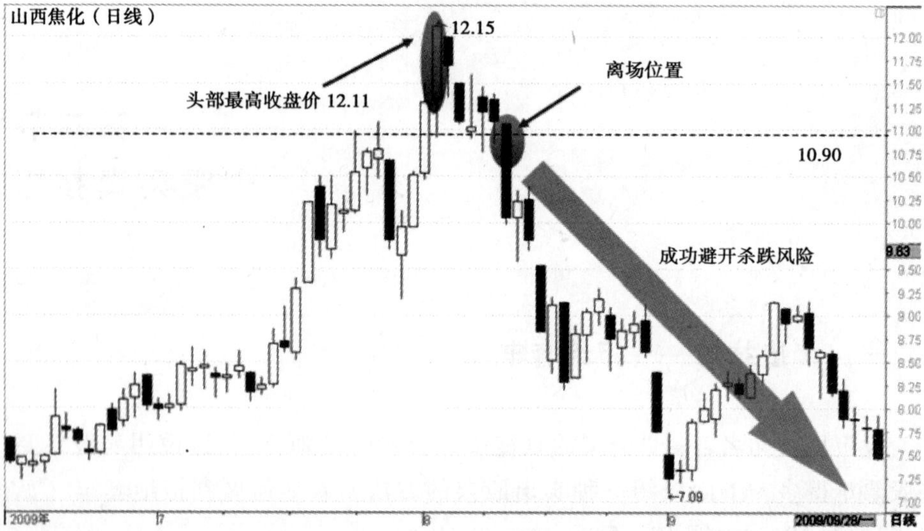

图10－4 离场位置

严格执行，不给自己找持股借口，完全按照比例执行，套牢不会出现。

二、买入技巧——暴大量之大赚小赔买卖法

操作股票的时候，经常会遇到放大量的时候。放量证明成交活跃，多空筹码交换比较频繁。做股做活跃的，做大家都在关注的股票短期获利机会较大。所以，研究暴大量的股票进行操作是一种很有针对性的方法。

股票为什么会暴大量一般有以下几种情况：

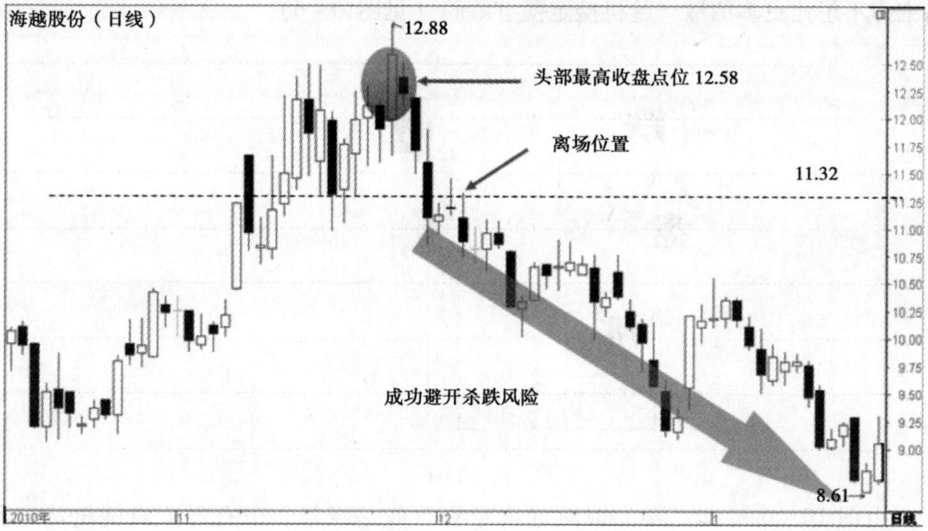

图 10－5　避开杀跌风险

1. 个股在低位运行中，突然开始急速拉升，伴随成交量大幅放量，说明主力在趁机吸筹，拉高的目地是给散户一点利润，使他们出局，主力趁机拿下筹码。个股有可能会从此开始逐步拉升，使散户不敢再追高，眼睁睁看着个股绝尘而去，以至于到最后被迫追高，主力趁机出货。也可能个股还要盘整一段时间，继续折磨散户的耐性，使他们误认为前次的拉高是主力在出货，迫使散户丧失信心，交出筹码。

2. 个股在经过一段时间拉升后，涨势突然加速，伴随成交量急速放大，说明主力在趁机出货，是一种诱多的走势，通过急速拉升诱使散户跟进，这时个股可能还有一小段拉升，但个股已经进入涨势的尾声，通常不应再跟进，即使个股还能涨，但是风险已经很大。

3. 个股在高位运行一段时间后，突然破位下跌，伴随成交量急速放大，说明主力已经完成了大部分的出货，此时的下跌是将剩余筹码不计成本甩卖，此时的放量往往会诱使部分散户进场，利用他们捡便宜货的心理继续完成出货，出现这种情况散户应当冷静，切勿跟进。

4. 个股在经过长时间下跌后，突然加速下跌，伴随成交量急速放大，说明主力在利用散户恐慌性心理，以砸盘的手段来完成吸筹的目地，出现放量是主力在对敲，是一种诱空的走势。出现这种情况是千载难逢的买入良机，散户应当分批买入，越跌越买，即使短时被套，此时如果过分恐慌的话盲目割肉，往往会割在地板上，被主力趁机捡走廉价筹码。通常情况下个股在突然加速下跌后会快速拉起，因为主力不想让更多的散户趁机捡走便宜筹码（见图10－6）。

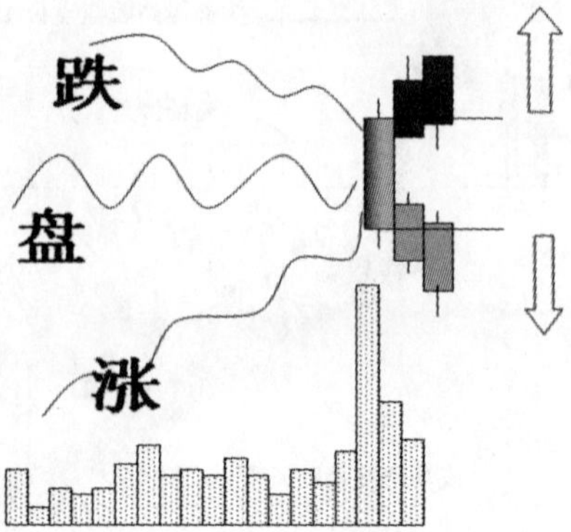

图 10－6

由图 10－6 可知，某一时刻暴大量有可能是吸筹，也有可能对倒出货，我们排除其他研究方法，单纯从实际走势出发研究，未来走势不外乎涨和跌两种情况，研究涨的方法，减少跌的幅度，做到一个概率的胜利是可能的，具体操作如下（见图 10－7）：

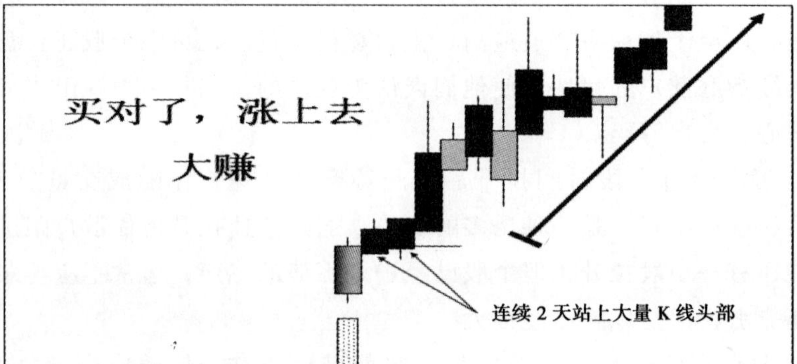

图 10－7

买进条件：连续两日收盘价站上暴大量 k 线实体头部[①]**：**

图 10－8 是氯碱化工的走势图，该股在 2011 年 4 月 7 日实际放大量，当日量能是前几日的平均成交 3 倍以上，随后 2 天收小 K 线，收盘价位都站在 4 月 7 日涨停价的上方，随后此股一路攻击。

① 傅吾豪：《直效技术分析》，http：//wenku. baidu. com/view/7fe110791711cc7931b716f2. htm。

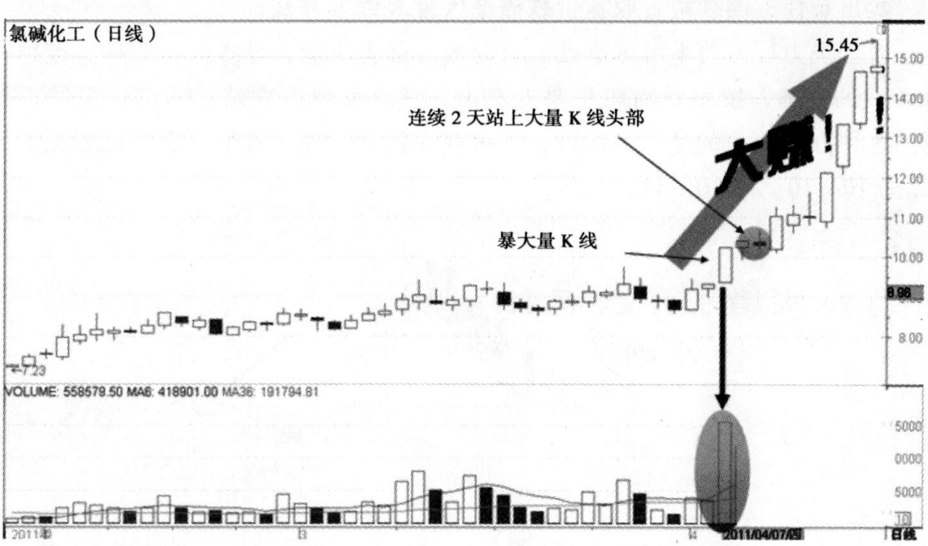

图 10－8

图 10－9 是濮耐股份的走势图，该股在 2011 年 3 月 14 日实际大量，当日量能是前几日的平均成交 3 倍以上，随后 2 大收小 K 线，收盘价位都站在 3 月 14 日收盘价的上方，随后此股打开盈利空间。

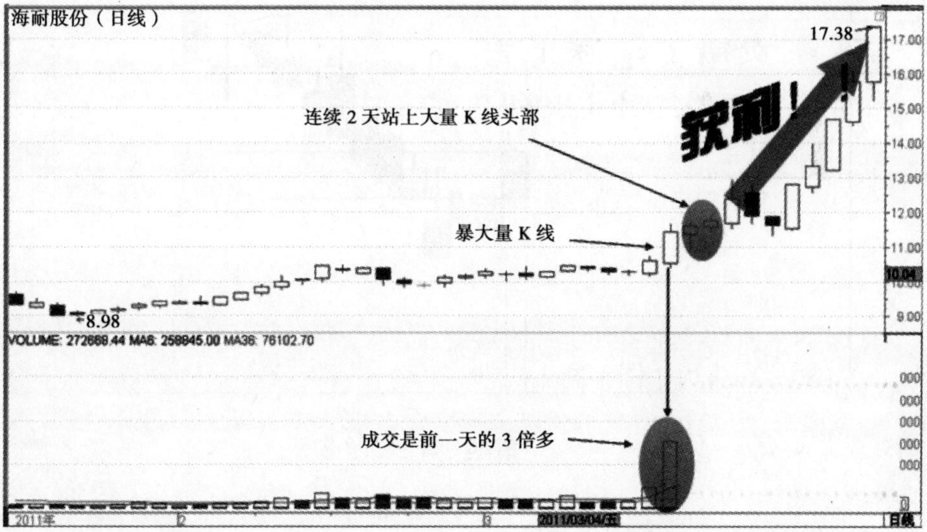

图 10－9

卖出条件：连续两日收盘价跌破暴大量 k 线实体底部：

由于主力行为的不可琢磨性，有时候会强力洗盘，导致股价假摔，破掉大量 K 线的底部，按照原则还是要先卖出，一旦反弹再次站上顶部，买回再获利。这种方法的关键是严格执行，不可存在侥幸心理，哪怕是卖错也要先卖掉（见图 10－10、图 10－11）。

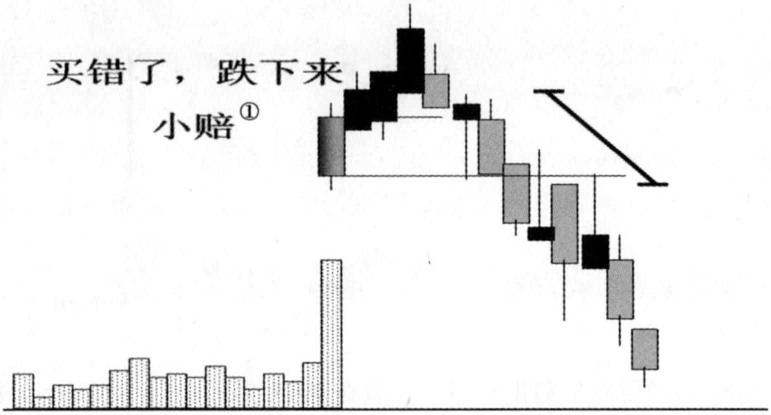

图 10－10

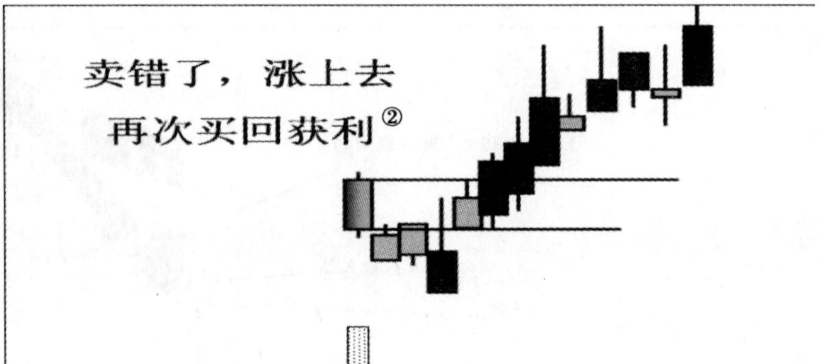

图 10－11

① 傅吾豪：《直效技术分析》，http：//wenku. baidu. com/view/7fe110791711cc7931b716f2. htm。

② 傅吾豪：《直效技术分析》，http：//wenku. baidu. com/view/7fe110791711cc7931b716f2. htm。

三、股市买卖操作技巧——17日均线买卖法

买进点：当股价下跌一段后，且今日收盘价站上17日均线之上3‰，且17日均线由走空转走平或走多（见图10－12）。

图10－12

优化条件：该股7日均量大于37日均量，且大盘指数17日均线走平或走多。

卖出点：当股价上行一段后，且今日收盘价跌破17日均线之下4‰，且17日均线由走空转走平或走空（见图10－13）。

优化条件：该股7日均量小于37日均量，且大盘指数17日均线走平或走空。

运用17日均线操作，大盘若处于牛市时期，成功率高，持股。

稍安毋躁，大盘若处于熊市时期成功率不高，进场后少有获利即可了结。不可太贪，我们尽量是观望为主。

图 10－13

第三节 股票操作资金控管技巧

大家都知道，不光证券市场，其实任何投资，风险和收益都是成正比的。承担高风险，就有机会得到高报酬。但是太高的风险承受度就没有意义了，完全不是一种理性操作思路，要想在操作上得到长期稳定的收益，投资人应该需要制定一套资金管控的流程。

市场上流行一种说法，那就是“鸡蛋不能放在一个篮子里面”，就是说要分仓，仓位分开，才不会有共荣共损的局面。常听资深投资人讲到一句话：“仓位影响态度，态度影响分析，分析影响决策，决策影响收益。”

所以可见，真正影响绝大多数投资者收益的根本性因素是仓位，也就是分仓控制。仓位控制的好坏将会直接影响到投资者的几个重要方面：

1. 仓位控制将影响到投资者的风险控制能力。

2. 仓位控制的好坏决定了投资者能否从股市中长期稳定获利。

3. 仓位的深浅还会影响到投资者的心态，实战中较重的仓位会使人忧虑焦躁。

4. 最为重要的是仓位会影响投资者对市场的态度，从而使其分析判断容易出现偏差。

分批建仓的意义还在于能提高操作的成功率。

先来设想一个随机漫步的价格波动①：

B_0 是起始点，对应的价格是 10 元。在 B_0 点以 10 元的价格建仓。

建仓后，价格有 50% 的概率从 10 元上涨到 11 元（到达 U_1 点），也有 50% 的概率是下跌到 9 元（到达 D_1 点）。假设在 1 个时间间隔之后价格是到达 U_1 点，上涨到 11 元。到达 U_1 点之后，价格同样是有 50% 的概率从 11 元上涨到 12 元（到达 U_2 点），有 50% 的概率跌回 10 元（到达 B_1 点）……

所以，很容易计算，如果在 B_0 点建仓，那么期望收益是 0，这意味着只要时间足够长，交易者最多只能做到保本（见图 10－14）。

期望收益为 0 的时候，加仓是没用的。

比方说：假设在 B_0 处买入 1 手。

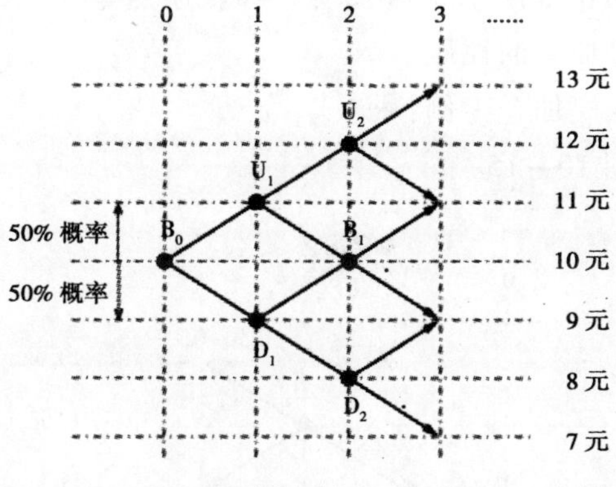

图 10－14

1. 顺势金字塔加仓。比如，如果价格下跌到 D_1 则停损收手；如果上涨到 U_1，则加仓 0.5 手……那么可以计算这种顺势金字塔加仓的期望收益为：

可能性 1：50% 的概率下跌到 D_1，亏损 1 元，因为概率是 50%，所以期望收益为 $50\% \times (-1) = -0.5$；

可能性 2：50% 的概率上涨到 U_1，这时加仓 0.5 手，加仓后：

① 详见《如何加仓详解》，华讯财经 2011 年 2 月 23 日，http//fs.591hx.com/Artcle/2011－02－23/0000004062s.shtml。

可能性 2.1：50% 的概率跌回 B_1，亏损 0.5 元，因为概率是（50%）＊2 ＝25%，所以期望收益是 25% ×（－0.5）＝－0.125；

可能性 2.2：50% 的概率上涨到 U_2，总盈利 2.5 元，因为概率也是 25%，所以期望收益 25% ×3＝0.625

所以，总的期望收益＝－0.5－0.125＋0.625＝0，仍然是零。

2. 逆势金字塔加仓。比如，如果价格上涨到 U_1 就止盈收手；如果下跌到 D_1，则加仓 2 手……那么：

可能性 1：50% 的概率上涨到 U_1，盈利 1 元，概率是 50%，所以期望收益为 50% ×1＝0.5；

可能性 2：50% 的概率下跌到 D_1，这时加仓 2 手，加仓后：

可能性 2.1：50% 的概率涨回 B_1，盈利 2 元，概率是（50%）＊2＝25%，所以期望收益为 25% ×2＝0.5；

可能性 2.2：50% 的概率跌到 D_2，总亏损 4 元，因为概率也是 25%，所以期望收益为 25% ×（－4）＝－1

所以，总的期望收益＝0.5＋0.5－1＝0，还是零。

顺势加仓和逆势加仓的性质：

同样以开多等规模加仓为例：

顺势加仓（见图 10－15）：

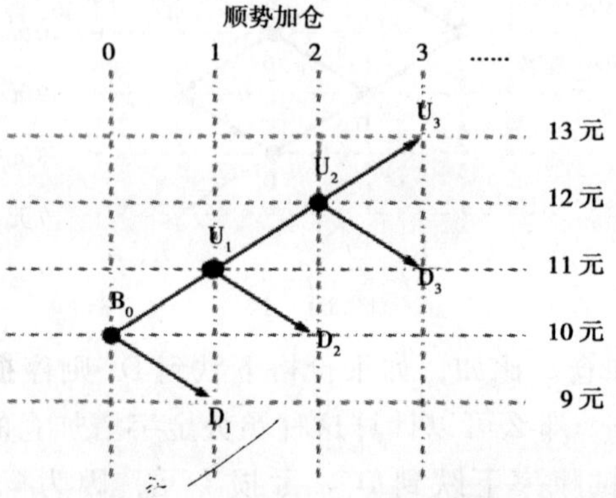

图 10－15

顺势加仓有一个很好的地方、也有一个很不好的地方。

好是好在它可以控制亏损的规模，同时放大盈利。

因为如果要实现加仓，那么第一仓一定是轻仓。比如，事先计划准备 5 次加仓，那么在等规模加仓下，就要把资金分成5份，在上面图中的B_0处开多的资金只投入20%，这样，如果价格跌到D_1的话，虽然跌幅是10%，但是总资金只亏损2%。

但是如果价格能一路涨到U_3，那么在U_1、U_2两个地方将分别有等规模的加仓，累计将实现12%左右的总资金收益率。这样，一次的成功就可以顶上6次的失败。

不好的地方是顺势加仓会大幅度减少盈利交易的次数。

比如，按照上面的图中的假设，如果不采用加仓，则在B_0处买多，平均每1000次中有500次是盈利的，价格会涨到U_1。

但是，采用顺势加仓后，假设是等规模加仓，则在B_0处买多1手之后，平均每1000次中有500次的价格会涨到U_1，在U_1处等规模加仓1手之后：

这500次中平均有250次会回到D_2，虽然价格只是回到10元，但是由于在U_1处加仓1手，所以总体上会亏损1元。

另外平均有250次会继续上涨到U_2，按规则在U_2处继续加仓1手。第二次加仓之后：

其中平均又有125次会跌到D_3，这个时候虽然在B_0处开的仓位是盈利1元，但是在U_2处增加的仓位是亏损1元，所以总体上仅仅是打平。

另外平均有125次会继续上涨到U_3，如果就此打住的话，总体上是可实现盈利6元。

这样，由于顺势加仓，亏损的交易次数的比例就增加到了75%，另外有12.5%的交易只能打平，只有12.5%的交易能实现盈利，虽然盈利会很大。

换一个角度，不加仓的时候，只要价格上涨就能实现盈利，但是顺势加仓之后，如这里所分析的，价格必须得至少连续上涨3段以上，才能实现盈利；连续上涨2段只能打平；如果只能上涨1段，那么最后的结果跟一开始就下跌是一样的。

正如采用止损会降低交易的成功率，对交易者的心理会造成磨砺。但是，采用顺势加仓的方法，盈利交易的比率降低的幅度要远甚止损，对交易者的心理会造成更大的磨砺。若止损遇到了最大连续22次的亏损，如果采用顺势加仓，连续遇到22次交易亏损，那是小菜一碟。实际上，在控制亏损额和降低盈利次数这两个方面，顺势加仓与止损这两者其实是异曲而同工。

所以，经常看到有人说盈利交易的次数能达到30%就很不错了。这么说的人，几乎笃定是采用顺势加仓方法的。对于采用顺势加仓方法的，盈利交易次数能达到30%已经是相当出色的了。各位看，在这里所分析的这个假想的例子中，盈利次数只能达到12.5%，这个比例就已经可以使资金打平，如果能提高到30%，盈利能力可想而知。

可想而知，如果要采用顺势加仓的方法，必须对交易品种的上涨和下跌的空间有个事先的估计。最起码是应当是在估计空间能容纳3次以上的加仓的时候才能进场。

当然，因为采用等规模顺势加仓会使盈利次数下降得太厉害，所以有了正金字塔加仓，每次增加的仓位都比前一次的仓位小。到这里，已经能很容易理解，正金字塔加仓无非是一种折中，通过放弃一部分盈利时的盈利额，来提高盈利次数，以降低对心理的压力。

逆势加仓（见图10－16）：

逆势加仓也有一个很好的地方和一个很不好的地方。

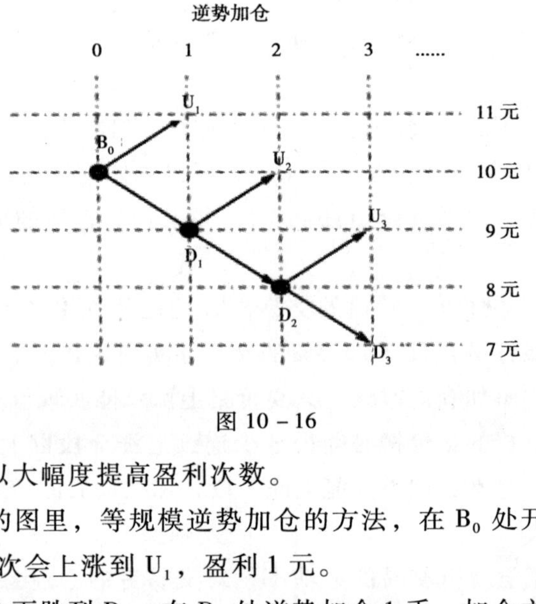

图10－16

好是好在可以大幅度提高盈利次数。

比方像上面的图里，等规模逆势加仓的方法，在B_0处开多1手之后，平均1000次有500次会上涨到U_1，盈利1元。

另外500次会下跌到D_1。在D_1处逆势加仓1手，加仓之后：

500次中平均有250次会上涨到U_2，虽然价格是回到起点，但是在D_1处加的仓能带来1元的盈利，平掉D_1处增加的仓位，可以使持仓成本从10元降到9元。

另外250次会继续下跌到D_2，继续加仓1手，加仓之后：

其中平均有125次会上涨到U_3，这个时候虽然在B_0的仓位会亏损1元，

但是在 D_2 增加的仓位会带来 1 元的盈利，使得总体上仍然能打平。这个时候如果把在 D_1 和 D_2 增加的 2 手仓位平掉，还是能够使得持仓成本从 10 元降低到 9 元。这多好啊！逆势加仓的这个性质，实在是值得欣赏。

但是，有 125 次会继续下降到 D_3，这个时候就比较惨了，虽然价格只下跌了 3 元，但是总亏损之暴增至 6 元。

所以，采用逆势加仓，可以使盈利次数从原来的 50% 提高到 75%，并且还会有 12.5% 的次数可以打平，只有 12.5% 的次数会发生亏损。

如果要继续提高盈利次数的比例，那就采用双倍或者更高倍的金字塔加仓，价格每下降一段，就把仓位提高 1 倍或更多倍，这样至少可以把盈利次数提高到 90% 以上，让亏损彻底变成小概率事件。但是代价是亏损一旦发生就是毁灭。

不好的地方在于亏损不发生则已，一发生就是大亏。这就跟很多交易员一样，平时表现好得很，但是一闯祸就闯大祸。

3. 顺势加仓还是逆势加仓？

更多的人会推荐顺势加仓，因为不会“危及生存”。但是前面也说了，在这里所假设的这个期望收益为 0 的例子中，无论顺势加仓也好，还是逆势加仓也好，最终都不能赚钱。所以加仓首先只是一个改变交易的盈亏分布的技巧，顺势加和逆势加，各有其长短。

兵法上用兵讲求遵天时、应地利。加仓作为一种交易中的资金运用方法，也好比用兵，使用起来也应当是考虑天时、地利的条件，而不应该闭着眼睛在无论什么条件下都顺势加或者都逆势加。比如，逆势加仓，如前所述，可以极大地提高交易的盈利次数，有绝对的能力把亏损压缩成小概率事件。问题是，被压缩的亏损就像弹簧一样，一旦失手，亏损将以致命的方式爆发出来。不过，弹簧要反弹，必须得借助一个坚硬的平面，如果是在沙地上压弹簧，则弹簧根本没有反弹的机会。这就是借助地利的效果。同样的道理，比方看上了某个被低估的股票，经过分析，认为即使天塌下来，价格也最多只有 1 元的下跌空间，那么就可以采用逆势加仓的方法，简单地打个比方，把这最多 1 元的下跌空间等分成 2 段，每隔 0.5 元为一个逆势加仓点，同时把资金等分成 3 份，在当前价格投入 1 份资金建仓，每下跌 0.5 元加仓 1 份，每反弹 0.5 元就把增加的仓位平掉。一切布置妥当之后，就可以随便价格怎么变，都可以稳稳当地赚钱。这就是在充分依托股价被低估这一有利“地形”，用这一地利弥补掉逆势加仓的缺陷，使亏损从小概率事件变成零概率事件。

顺势加仓好比是在打进攻战，逆势加仓则好比是在打防御战。要打好进攻战，自然要求前面有大的可供进攻的空间；要打好防御战，则要求有地利条件可供依托。是进攻、是防御，要先审视战场上的条件。当然最理想的是能找到这么一个切入点，前面有巨大的空间可以攻击，后面又有坚固的地利可供依托，这样即使大势不妙，仍然可以从容依托地利节节抵抗，慢慢积蓄实力；一但大势转暖，则自己也已经在防御中变得兵强马壮，可以轻松地从逆势加仓转向顺势加仓，实现从防御向进攻的转换。

无论是顺势加仓的进攻还是逆势加仓的防御，这两种加仓的方法都属于阵地战的打法。一开始都要选择好一个切入点作为初始的阵地，然后从这个阵地出发，或者是层层推进，或者节节抵抗。这两种打法，要打完一场，均耗时费日，也要求有大量的资金可供调遣。所以，这两种打法，首先是要审视战场条件，选一个进可攻、退可守的初始开仓点，然后是依据天时、地利，精心部署兵力、制订兵力调遣计划。

4. 加仓应该加多少次？

逆势加仓次数的设计在上面的例子已经有说明，至于顺势加仓，考虑这样一个例子：还是用最前面的二叉树图，只是现在改成假设在每一个节点上，上涨的概率和下跌的概率仍然都是 50%，但是上涨时是上涨 1 元，下跌时只下跌 0.5 元。这样期望收益就变成 0.25。这么改的目的是为了让期望收益为正。因为如果期望收益为 0，那么无论怎么加都不能取得收益，这样就看不到加仓的效果。让期望收益为正，才能显现出加仓的效果。

为简便起见，还是采用等规模加仓的方法。下面的图就显示了等规模顺势加仓下各种加仓次数对应的期望收益（见图 10－17）。

很明显，顺势加仓的次数越多，期望收益越高。这就映证了市场上的一个广泛流传的说法，也即，一旦采用顺势加仓，那最好的选择就是，只要趋势在延续，就不要止盈，而是要不断加下去。坚决地“不到黄河心不死、不见棺材不落泪”，一直加到趋势反转为止。只要价格敢涨到天堂或者跌到地狱，仓位就要一直加到天堂或者地狱，绝不中途收手。

不过，在图 10－17 里面，也很明显，当加仓的次数达到第 10 次的时候，期望收益的增长已经极其接近于极限，再继续加仓下去，对期望收益的提升已经微乎其微。由于实际上受资金量的限制，不可能为了实施持续加仓的计划而把资金等分成 100 份、1000 份，而顺势加仓的这个性质也说明其实这样做的意义也已经很小了。只要连续加仓多次（在这里是 10 次）以后，就基本上可

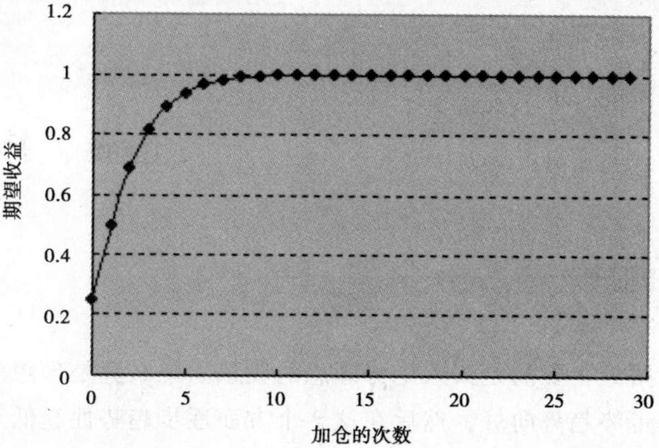

图 10-17

以达到无限加仓的终极效果。

5. 加仓方法下的资金曲线。图 10-18 是对恒指采用某种顺势加仓方法所产生的资金增长曲线。这条曲线是很典型的：资金的增长过程，先是较长时间的连续缓慢下滑，然后突然出现一次或几次大的盈利，把资金水平提升到一个新的高度，接着又是漫长的连续下滑过程，然后又突然出现一次大的盈利，让资金又跃升到一个更高的高度……这种资金曲线并不是每个人都能很轻易接受的。

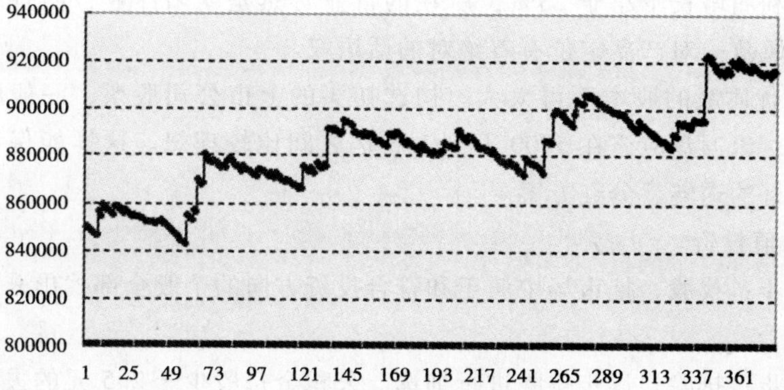

图 10-18 顺势加仓下的资金曲线

第四节 选股、持仓技巧

一、选择股票

做到好股票最主要的是买入走势理想的股票。怎么算是理想的？那就是投资价值向上，走势趋势向好，然后在这2个方面逐步趋势性逢低加仓。

1. 找好股。好股票的基本面一般有以下特征：

（1）垄断性。优质股上市公司一个显著的特点就是资源或技术上的绝对垄断，只有它“有”，而且市场对其产品和技术的依赖程度很高，缺之不可，少之不行。

（2）单一性，有着比较可观的毛利率。优质股上市公司主营业务集中，整个上市公司往往就是一个拳头产品，产品市场覆盖率占有率相当高，产品的毛利率水平不小于30%。

（3）负责创新有想法的领导层。

（4）优质上市公司必然是具备复合增长的成长性。在能够预计到的5－10年间每年利润增长不小于25%，所在的行业必然是朝阳产业，而且自身也是行业领袖风范。对产品定价有着绝对的话语权。

（5）优质股的股本不可太大。初选初买的上市公司股票，一般股本不可超过3亿，流通盘应该在5000万到1.5亿之间比较理想。这样能保证未来年份里推出好的送转、分红方案。

2. 价值投资。

第一步：找股，把市场中属于和符合投资方向的个股全部找出来，观察和分析：

第二步：排除，逐步排除进行细选。公积金每股少于2.5元的去掉，关联交易占公司净资产30%以上的去掉，每股现金流少于0.60元以上的去掉。因为这些因素都会对该上市公司的后续股本扩张能力产生影响。另外排除涨幅过大的股票。

第三步：选优，在同类企业，同类行业中进行横向比较，找出经济指标最突出，市场竞争能力最大，创新技术最领先的股票。

通过上述的步骤，剩下的就是不多的可选品种。2000 多支股票剩下几只就是具备各方面优势的优质股，长期持有，高抛低吸，坚持做就会有好的收益。

3. 买入要点。买入一定要跟随趋势，要认清主力的假突破，和避免掉主力的洗盘过程，因为这是比较让人难受的，原则上，按照突破压力线或者缩量底部标志出现。

价值投资时找到股票现在的股价与它应有价值的差距，投资就是赚取被市场忽视的低于价值的那部分差价。一定要注意现在的价格，现在的价格离它的价值越远，这样潜在的价值投资机会就会越大。

在正确的时间和合适的价格买到优质的股票，是价值投资的核心。

二、持有股票

做股票除了会选择，还得能拿得住。很多人选了好股票，一洗就早卖了，结果后面来看，股票涨势大好，后悔莫及，所以持有环节很重要。

（一）坚持长线持股

1. 认准并坚持。关注并买入了趋势良好的股票，就不要短时间关注其他股票。不要让自己“见异思迁”，只要自己看好并买入的股票没有出现趋势破坏和价值改变的情况下，一定坚持持有，有可能你看好的其他股票只是昙花一现的表现，而你自己的股票自己最熟悉，也最值得信赖。

2. 持有期不动摇。有的朋友想做高抛低吸，对于不是非常专业的操盘手来讲，自己的心绪会被打乱，会破坏自己的步骤和计划，来回一旦踩不上节奏，一步错步步错，千万不要给自己任何方向上的干扰，忽略小波动，多看一些长期性指标。

（二）简单获利

一般来说，只要通过上面的方法选出来的未来牛股，都是价值十分好的。只要在操作上按照趋势操作，趋势线下轨买进，不破耐心持有，多看看公司的新闻、报告，只要不出大问题，长期持有，时间挺到一定程度，牛股就慢慢长成了，过程不复杂，操作很简单。有时候复杂不一定好，简单不一定不好。

（三）坚定信心

做长线价值投资经常会被套住，因为市场的随时波动的。我们通过自己的方法选出好股票，就是认定了它的价值，那么短期波动价格起伏导致我们进入成本稍高也很正常，我们价值买入是一个相对底部，不是绝对底部，大量事实证明，只要你能耐心的捂住，长线投资的利润是很丰厚的。价值股投资，不能有短线思维，指望其一买就马上翻番，价值股比的是后劲，比的是长远收益，买了就一定要涨，那不是价值投资，是投机。价值投资周期长一些，稳一些，建议多用闲钱，偶尔看一看报告，公司报表，股价走势趋势，用一份“闲”的心情对待，同时不轻易失去信心。

（四）技术面对于持股的影响

对于长线价值投资来讲，技术面的支持不一定很重要。因为价值投资的基础是该上市公司的基本面良好，只要你手中的个股，优异的成长性没有丝毫改变，年年具有不低于25%以上的复合增长，年年都有10∶5以上的分配方案，技术面几乎没有太大可参考的地方，反而看多了技术图形，扰乱你的心绪，股价一直处于不稳定的上下波动中，技术趋势改变很容易，但是价值趋势的改变可能不是很短时间就能改变，所以价值投资就是注重价值趋势。

三、卖出股票

有句话说，“买得好不如卖得好。”

对于卖股，我们得考察多方面的因素。买入和持有一支股票花了大量的心血，可不能轻易卖掉。我们需要结合政策面、基本面和技术形态去判断是否卖出。如果政策面出现打压和压制的情况，公司的基本面可能会有变化，比如国家收紧银根，对于地产公司就会有较大的打击。同时我们关注股票基本面的情况，基本面出现大的盈利影响因素，会改变公司的成长性，我们就要考虑卖出了，而卖点的把握可以参考技术面的指标去操作。比如大的形态不好，重要支撑线被跌破等等，这方面都要结合起来参考。如此，得出的结论才会更真实。

要判断长线主力是否有离场的意思，可以从以下几个方面去衡量①。

① 《股票的价值投资技巧——投资，价值》，经济管理网，2011年2月6日。

第一，成交量不会无端放大。因为长线牛股的流通筹码至少有60%以上被主力锁仓，市场里的买卖盘很多时候属于主力自身的对敲，平常交易日其成交量不会超过10%以上，如果某天突然放大到10%—15%以上，则不排除主力有出走的打算。

第二，日波动幅度不会随意超过和大于3%。因为长线主力做庄要求长远，那么股票在平常交易日里只要不遇到突发性消息影响，这个价格波动幅度不会随意改变，主力的意图就是杜绝短线客进场，干扰股价，刻意压制股票波动幅度。如一段时间里，持续拉升，则应该注意量和换手的状况是否安全。

第三，中长期趋势线不会轻易失守。有时长线牛股的盘面出现一些短线客跟风，那么主力就会考虑洗盘和震仓，逼迫这些投机分子出局，技术形态上会把短期股价平均线击破，如果上市公司此时有利空消息配合，那么主力很可能连杀几次跌停，威逼短线资金离场，以及清理不安定筹码。但是，这些重要的中长期趋势线不会轻易改变，即使有改变也会在短期里一举收复。假设超过一周以上时间都不收复，那么主力的用意就不是那样值得乐观。

四、持股失败的总结

上面的过程看似很简单，实行起来还是有难度，很多投资人都会出现持有股票卖得过早而失败的问题。

有部分人是不懂得判断趋势，认为大盘趋势要调整而把自身趋势不错的个股错误抛售，结果，大盘虽然调整了，但自己的强势股保持上涨。卖掉后追悔莫及，而又没有勇气再买入了。

大的趋势判断，前面讲过，按照牛熊线18周均线来辨别。没有跌破这条均线的情况下，应该安心捂股，反过来讲，如果有效跌破该均线，则应该考虑撤退。

五、价值投资小结

价值投资时上市公司内在价值被市场严重低估，或者说上市企业具备长期的成长性，所以在这个被严重低估的时候，买入并坚持持有，等待价格向价值回归，这样即买得低，又获利较为稳定。

长期成长的企业就值得长期投资，先是应该考验成长性，再是应该考虑购买的成本。很多人本末倒置，投资就是看买入成本，这不是投资是投机。价值投资就是买的未来，现在风光的，很多不赶趟了，我们要提前埋伏在未来会风光的股票上面，伴随着公司成长，享受公司成长带来的收益，低价格、高价值、高成长、高分红，这样的股票值得我们选择并持有。

研究成长型企业的特征，寻找成长性好的企业，牢牢抓住成长型企业在成长期的股权，比什么都强①。这是继续研究其他方面的基础，不获得成长型企业的股权，再做别的工作都失去了意义。有许多人做银行类股票，实际上是看重了银行类资产被明显地低估了这个机会，以为这就是价值投资了，其实仅仅是个套利的机会，比银行具有成长性的股票很多，相对而言，银行资产的成长性并不占优势，这一点是显而易见的。尽管银行类股票的套利机会是客观存在的，但用成长性才是真正的投资机会这样的观点衡量，投资银行股票未必是最佳选择。所以，在十二五期间，必须实现投资理念升级与转型，由单纯的价值低估为重点转向以长期成长为核心，把成长性摆到投资研究与决策的首位。至少要将2/3的资产投向成长型企业，投资周期至少要穿越36个月的经济周期。要淘汰老旧体胖型企业，吸收青少精壮型企业，伴随成长型企业而成长。发展是企业的硬道理，成长是投资的硬杠杠。保本是交易的最底线，赚钱才是硬道理。今后就是要在投资实践中贯彻和检验这些认识，要做的仅仅是：发现成长，拥有成长，伴随成长，忠于成长，享受成长。

（本章作者：海雷）

---

① 《股票的价值投资技巧——投资，价值》，经济管理网，2011年2月6日。

第十一章
证券投资顾问产品设计

投资是一门科学，更是一门艺术。

——作者

本章目标

- ◆ 证券投资顾问产品标准化
- ◆ 技术标准化的“333 法则”
- ◆ 客户需求标准化
- ◆ 证券投资顾问体系的产品设计

第一节
证券投资顾问产品标准化

从现实来讲，要向证券投资顾问的产品标准化提思路，一定会有很多的方案，也一定会有很多的争议，这是摆在我们面前的问题。因此，任何思路都可能只是一种尝试。不过，从产品设计到管理的全过程来看，只有“定量、科学、客观”的标准化，才具有讨论的意义。反过来说，我们强调只有满足以上三个要求的“标准”，才可去掉很多由偏见引起的争议，因为无论哪种思路的标准，一定跟设计者的个人知识结构有关，并且产生一定的“偏见”。比如，学文科的一般偏向于基本面的分析，学理科的则偏向于数量型或技术面的分析。且从实践经验看，往往搞基本分析的人，会否定技术分析；相反，技术派别，也喜欢否定基本派系。因此，标准化的问题，首先就是提出需要什么样的“标准化”，然后才能最终决定“标准化”本身，否则最后的标准化之争，变成“技术派”和“基本派”的口水战而已。

在推导出我们的整体思路之前，有必要先简略的谈一下两派分析的优势和缺点。首先，基本面分析是指用政治经济学、西方经济学等理论去进行市场分析，它的特点是，影响最终结果的因素很多，虽然它对长期的判断非常有用，但如若漏掉一些轻微因素，可能会导致预测与市场结果之间完全相反；在追求“标准化”上看，最大的问题是建立数学模型非常困难。在现实中，有些证券研究所将主要的因素作了罗列，比如“成长因子”、“规模因子”、“业绩因子”、“股本因子”、“价格因子”，然后再根据这些“因子”的数值和各自权重，以此来预测未来趋势。这种方法姑且不论效果如何，单纯地看收集“因子”的具体数据过程，我们就认为，主观意识可能起大部分作用，数据很难做到客观。比如，“成长因子”，它是一个主要反映公司成长性的指标，这个指标要根据公司所生产的产品需求的增长率、公司新增项目的进展和资产重组等因素来定，所涉及的数据，很多只能靠主观猜测。总体来说，基本分析要做到“客观”是很困难的，要“量化”则更难。其次，我们来看一下技术分析的特点。技术分析是指，根据市场表现的价格、这个价格所对应的成交量，还有完成这些价格和成交量所花费的时间，以及是由谁去进行操作的，（价、量、时、人）这四个因素去进行分析。客观地讲，“价、量、时、人”这四个因素，几乎每一个都有非常准确的“数量”，对建立数学模型具有非常方便的特点，缺点就是它似乎“涨跌难料”，也就是它的“科学性”一直没有解决。本书着重就“科学性”部分拟定系列的标准，并给出在实践中具有较好“可操作性”模型，供各位读者参考。

坦白讲，从实践操作的角度看，基本面分析相当于人的脚，决定的是“选股”的问题，而技术面分析相当于人的手，解决的是“选时”的问题。当一个人向投资成功的目的地走路的时候需要用脚，而他不走路的很多情况（比如吃饭）下需要用手。很显然，这两个方法不是谁否定谁的问题，也不是二者只要其一的问题，恰恰相反，在不同的情况下，它们各自发挥着独特的作用（股票投资，无非只是两步曲，一是选股，二是选时）。但是，对产品标准化的要求来说，证券投资顾问面临的更多问题，应该是时机选择，你只有在合适的时间，给客户提出正确的买卖建议，你才是成功的。因此选时这部分，技术分析帮上了很大的忙。另外，你还要注意到，如果没有“量化”这一有利条件，就没法用电脑来帮你监控，任何决定都要你细细地审慎决定，这一定会给证券投资顾问工作带来巨大的麻烦，而技术分析在可量化的这一优势上解放了证券投资顾问们。

因此，我们的主要思路是，在技术分析的路线上，找到“科学”的标准化，这是本章的主要内容。再强调一下，建立证券投资顾问“标准化”产品，所要求的三个原则：第一定量，它指的是，可变成数学模型，通过电脑去帮你完成；第二，科学，就是有一定的成功率，最好是有80%以上；第三，客观，就是说不以人的意志为转移，不能带主观判断，比如我们下文会谈到的5日均线和10日均线的黄金交叉问题，如果5日线的数值高于10线，则不管你是基本派或分析派，只要不带偏见，这时就属于“黄金交叉”。这一点，主要的目的是排除“主观”，防止出现在一个问题上的判断会“公说公有理，婆说婆有理”。

第二节
技术标准化的“333法则”

投资的标的，不管是股票、基金或期货的各品种，毫无例外地适用于本节所提出的技术标准化的“333法则”，此法则确立从技术上划分投资标的标准化方法，解决了三个问题：

1. 投资标的处于看涨、看跌或看平三个阶段中的哪个？相对应的投资建议则分别是持有、卖出、减少持仓。即看涨对应持有，看跌对应卖出，看平则最好减少持仓。

2. 买入的不同阶段，涨的速度基本不会相同，也就是证券投资顾问所服务的对象，既有激进型的，也有稳健型的，更有保守型的，那么对应于不同的投资人需求，应该推荐或提示什么样的品种给他？这就是怎么样才能使得买入方式能与客户的性格保持匹配的问题，只有两者完全相应，客户才会感觉是“舒服”的操作，否则即使赚钱了，客户也会全是抱怨，对心态的维持特别不利。本“333法则”，正是解决此问题。我们在“333法则”中，将买入法标准化地定为3个，而且也只有3个买入的方法是科学和合理的，一般保守型的人正好只适合在第一种方式下买，稳健型的适合在第二种方式下买，激进型的适合在第三种方式下买。

3. 卖出的情况，与上一点完全相同。只有 3 个卖出方式是合理和科学的，不同性格的人，适合于不同的卖出方式。

本“333 法则”正是本着“量化、客观、科学”的原则，给本来很难定义的技术分析标准化，来一次历史性的创新。

具体来说，“333 法则”的第一个“3”，是指标的品种的 3 个状态。在表述 3 个状态前，我们要先选定四条移动平均线，分别是 5 日、10 日、20 日、40 日的 EXPMA，我们通过研究发现，任何品种在任何时点，无非只处于 3 个状态中，绝对没有一个品种可以例外。第一个状态叫多头第一状态，所谓多头第一状态就是，5 日均线在最上面，10 日均线，20 日均线，40 日均线依次排列。多头第一状态有 80% 的概率决定的是上升的状态，是赚钱的状态。任何一只能赚钱的股票，也是必然处在多头第一状态。如图 11 - 1 所示：

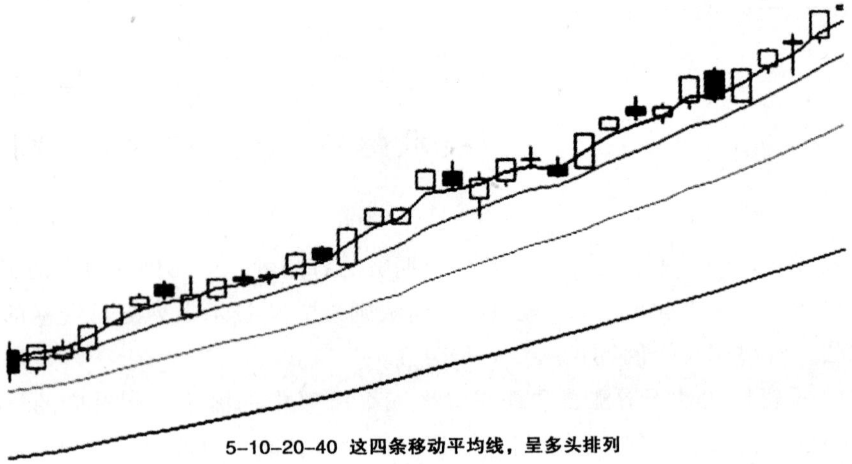

图 11 - 1

它不是多头也不是空头的状态，就是缠绕第二状态。如图 11 - 2 所示。

形成空头排列的，是空头第三状态。如图 11 - 3 所示。

任何一个股票以及所有能画 K 线的品种，都只能分为这 3 个状态。

讨论到这里，我们要告诉大家两个股市操作的理念：

第一，在股市的操作里，每一个状态决定你能做什么，不能做什么。在第三状态代表 80% 的概率还要向下跌，因此最好只卖不买，而且在任何价格卖

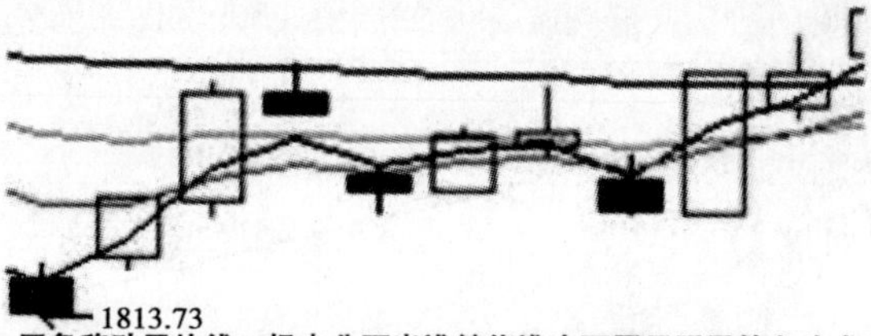

图 11－2

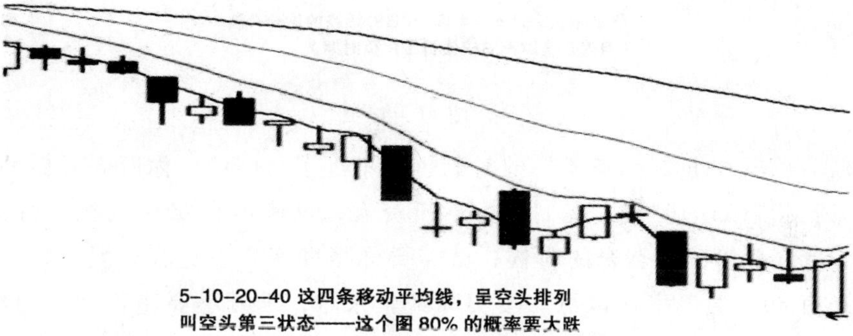

图 11－3

都应该视为是对的，反之，在第一状态，只能买不能卖。

第二，要告诉你的就是，在股票操作中，不能主观地去想它会涨或会跌，因为这些判断很多时候，都是带偏见的，只有市场自己本身走出来的状态信号，才是最客观的，从这个意义上说，在操作中不需要你去判断，只需要“看”和“干”。看，看什么？看它是多头第一状态或是空头第三状态；干，干什么？空头就要卖，多头就要买。根本不需要去多想，更不用说我怀疑它是不是要跌。怀疑是没有用的，事实就摆在面前。比如 2010 年 4 月 15 日大盘下跌的这波，原因是欧洲主权债务危机，它在走势上已经是空头排列。如图 11－4所示。

有侥幸者说，发生了欧债危机，欧债危机总会过去的吧，大盘总会走好的吧，暂时不用卖出吧，结果看，在过程中有此想法的人，80% 被套得越来越深。要知道，这时候的任何主观想法都可能是害你的。原因很简单，在股市里面不能单凭主观的预测。它要跌到什么时候？相信绝大多数人是不知道。跌到什么点位？答案也是“不知道”。作为具有大智慧的人，在操作中，知道您自己“能”什么，不能什么，是最大地保护自己。当一个投资人试图超越市场

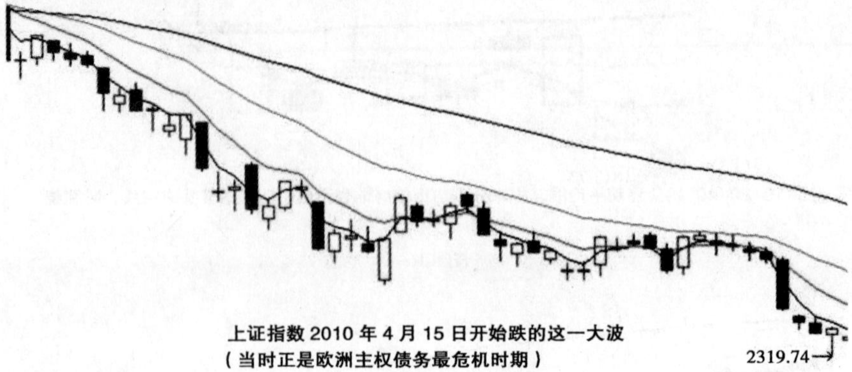

图 11 - 4

的时候，他离被市场“修理”的时刻也就不远了。因此，你所需要做的，就是当第三状态来的时候，我们要告诉投资人，可能还有 80% 的概率继续跌，反之，当多头第一状态来的时候，就需要你帮助客户去克服恐惧，并告诉客户，还有 80% 的概率可以涨。按实际经验来看，千万不要违背这样的纪律，去跟市场作对，因为市场它是火车头，你只要敢比它聪明，它就敢修理你。2008 年，中国内地的公募基金经理集体亏掉 1.08 万亿元，绝大多数的职业投资人都不会相信，股市已经从 6200 多点跌下来到了 3000 点，怎么可能还跌，因此 3000 点应该是股市最大的底部，也应该是百年一遇的奥运行情，所以主观上看，应该越套越买，但实际效果是越买越套。那个阶段，大盘指数的情况如图 11 - 5 所示：

图 11 - 5

第二个“3”，是 3 个最佳买点。在这里我们要说，任何股票只有 3 个买点是最佳的，其他的任何买点从事后看，可能都算是错误的。哪 3 个买点？第一个买入点是要用四个理论去支撑的买点：（1）布林大底。（2）成交暴量。（3）成交轮回。（4）江恩周期。

符合这四个理论的才是第一买点。以下详细解说演示，如图 11－6 所示：

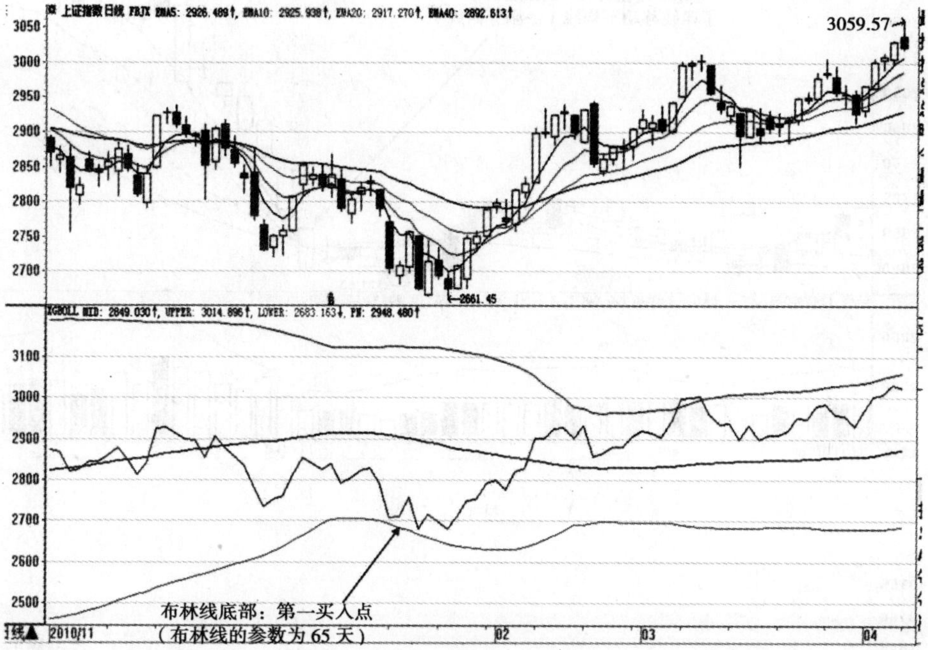

图 11－6

第二个买点是一阳穿四线。如图 11－7 所示。

第三个买入点是指，一阳穿四线完成后形成的多头第一状态，K 线每次回踩 5 日均线、10 日均线之间就是第三买点。如图 11－8 所示。

从以上 3 个买点的位置上，你会发现买点价位越来越高。因为第一买入点会很低，基本上就是真正的底部。第一买入点虽说价位很低，但是它有个毛病，位置低则股价上涨速度慢，时间比较长。第二个买入点有个好处，这个点位基本上就是行情的启动点，也就是所谓的临界点，它就是第二买入点。

在第一买入点买入一只股票，它可能涨一段时间后又跌，你可能会怀疑自己的判断，要不就是直接卖掉。特别是性格比较急的人。心急的人应该在第二买入点到来时去买。这三个买入点各有好处，主要适合于不同性格和投资人选择，而超出此 3 个买点之外的买点，现在看来应该全部是“乱买”，不具有标准化的特征。

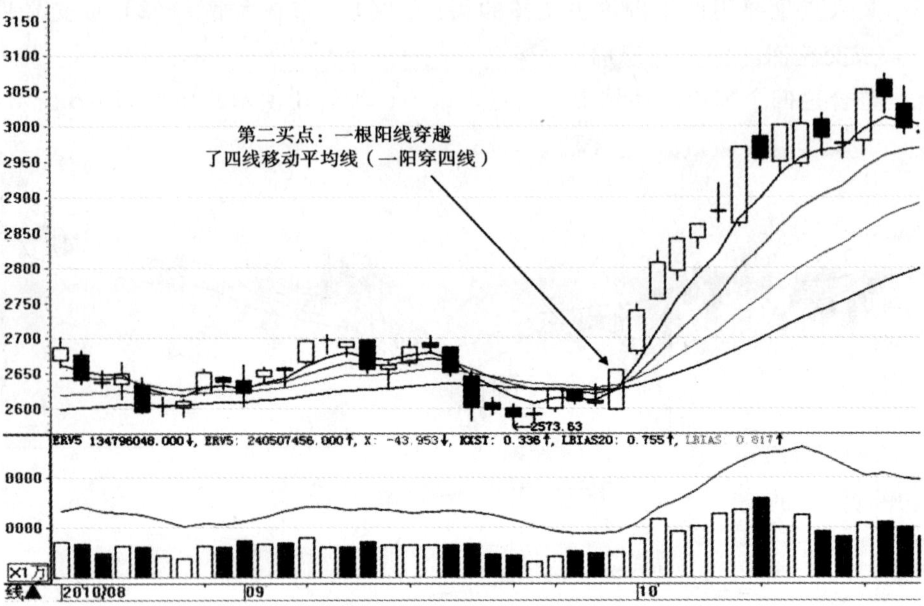

图 11 －7

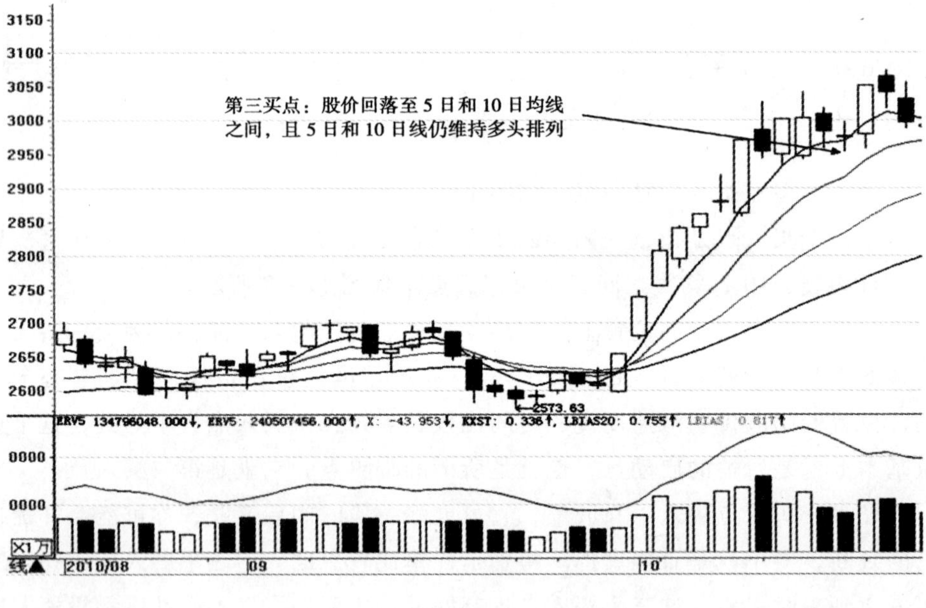

图 11 －8

看到这里，我们已经知道，第二、第三买入点都很简单，但是我们如果想买在最低的价位，那怎么样去判断第一买入点？

你想掌握第一买入点没有那么简单，上文已经说过，首先，你要完全透彻地理解四个理论。

第一，布林大底。布林大底是基于这样的一个原理：所有的事物总是在正常的通道中运行，极端的情况不可能长久发生。比如说，我们这个世界和平的时间是很长的，战争的时间是很短的；一个人心情平静的时间是很长的，吵架的时间是很短的。这个市场也是一样的，暴涨不是常态，暴跌也不是常态。

那关键是什么是暴涨，什么是暴跌？这就需要做个数学统计。比如说，我对最近 65 天进行平均（取 MA65），然后用数学的均方差（δ）来作为波动的“最可能极限”，也就是用 δ 来计算，然后放大 2 倍的 δ 来作为波动幅度的上限和下限（2δ），那么计算的结果，上限就是 MA65 + 2δ，称它为“UP 线”——上轨道，下限是 MA65 - 2δ，为“DOWN 线”——下轨道，中间那条当然就是 MA65 本身（也叫 MID 线——中轨），这样一来，布林线一定有 3 根，分为上轨、中轨和下轨。如图 11 - 9 所示：

图 11 - 9

值得注意的是布林线要达到以下 4 个条件，才会必然反转：①参数设置必须是 65。②上轨和下轨之间的宽度很宽；什么是通道比较宽？它要求宽度要大于波幅的70%。(波幅指最高价和最低价的震荡范围。)③价格要打到布林线的底轨。④不要开喇叭口(就是说上下轨之间接近于平行)。所以,有些投资者不喜欢短线操作,就可以操作符合以上4个条件的股票,它一般会是风险最小、涨速最慢、价格最低的买入方式。

至此,我们应该发现,用布林线操作股票或给客户做建议的证券投资顾问,完全可以根据布林指标的公式,来定量地寻找个股,也可以定量地给出股价是否已经跌到"不正常"的判断,这一切都可以根据布林公式这个数学模型轻松完成。

第二,成交暴量。什么是成交暴量?就是指成交量达到5日平均值的2倍,我们叫它ERV5,也就是2*MA(VOL,5);这个数值也是量化的,对不同的股票来说,它的数值是不同的。成交暴量有4种用法:

①在上升通道中,如果连续两根量能到达ERV5,90%的可能是头部;如果三根量能达到ERV5,那么99%的可能到达了头部。

②如果在下跌过程中,连续两根阴量到达ERV5,90%的可能是底部,很快就会上涨。

③单根到达ERV5,出现反转趋势的概率仅有70%。如图11-10所示:

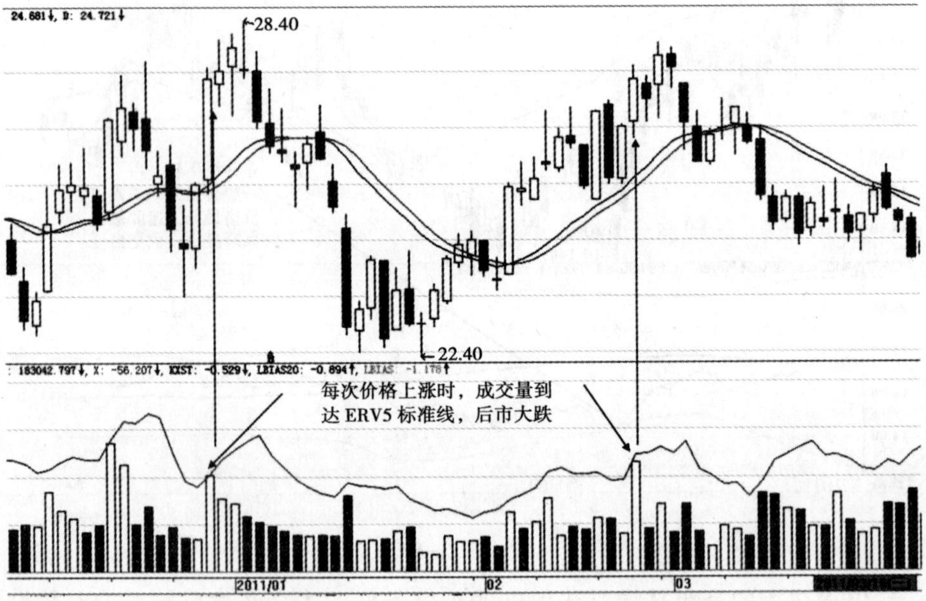

图11-10

第三，成交轮回。成交轮回指下跌波段的换手率（假设为A）是上涨波段换手率的N倍（N为整数）。每个股票的换手率不同，就叫做股票的性格是不同的。如图11－11所示：

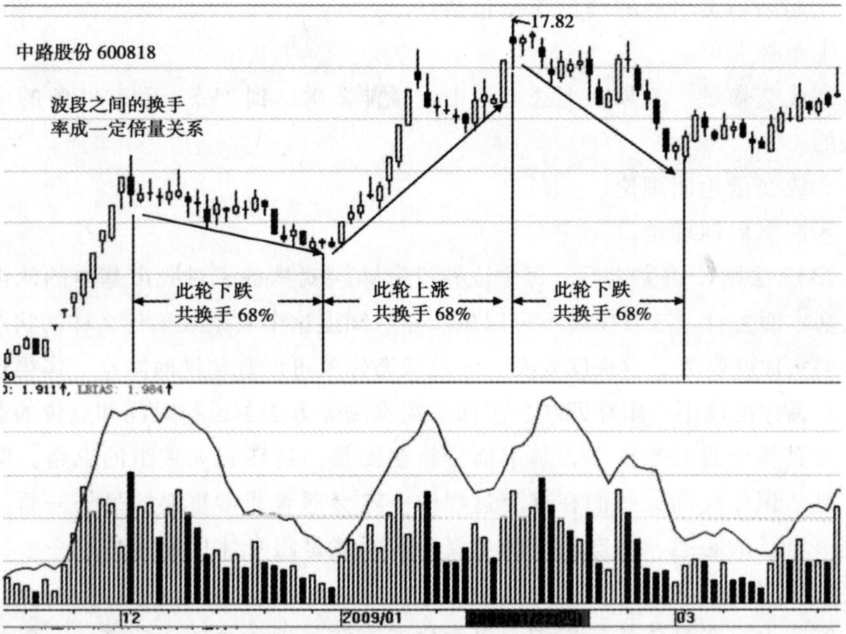

图11－11

第四，江恩周期。在讲江恩周期之前，我们有这样一个理念，在股票操作当中需要很专心的研究，才会有专业的结果。很简单的一个例子，比如你家住五楼，住了10年了，你天天都在走那个楼梯，你现在能不能告诉我，从一楼到五楼一共有多少个台阶。你肯定无法说出来。为什么？因为你没有专心地去数过。先有专心，后有专业。做股票也是一样。包括前面我们讲到的，一分钟图上有三同阳大涨，三同阴大跌的这种特殊的规律，你专心地看了，你就会发现这样的规律，而且这样的规律能给你带来财富。

而且更重要的是这些周期都会符合一个神奇数列。例如，第一项是1，第二项也是1，第三项开始就是等于前面两项相加的和，如1，1，2，3，5，8……在这种周期的规律下面，日线图上大盘是13天左右一个底部周期，特别是周线和月线的规律性就更强。

第三个"3"，3个唯一正确的卖点。

会买的是徒弟，会卖的才是师父。知道买还不够，要知道怎么样去卖才能获利。而且要按照规律去卖，久而久之，这个规律会变成你操作时的纪律。我们首先要明确，只有3个卖点是唯一正确的。3个最佳卖点的原理跟3个最佳买点是相反的。

比如第一卖出点的理论支持包括：

①布林大顶。

②成交暴量。如果在上涨通道中，量能2次达到2V5，后市90%的可能是下跌的。

③成交量轮回理论。

④江恩周期理论。

“333法则”讲完之后，每个证券投资顾问就具备了对股市基本的认识。首先从基本面去看，这股票可不可以做。然后知道这个股票处于什么样的状态，如果是多头你就要买，空头就要卖，缠绕状态你就可以观望同时减仓。懂得这个理论之后，你可以用一阳穿四线、牛回头喝水法等方法去进行时间和点位的选择。

在具体个股的操作中，基本面分析主要是高送转和大重组的思路。但是这仅仅是认识的层面，我们在这个过程中一定会遇着非常重要的另外一面，那就是调节自己的心态，心态调节的主要内容，就是跟身体里面的另外一个我去做重要的思想斗争。

实际上，在具体的操作中，以量化的方法，把3个买入方式、3个卖出方式，标准化为所有证券投资顾问指导客户的形式，这种事情理论上讲不太可能，因为标准化之前的涨跌判断方式就有不同，本书罗列“333法则”来提出“量化”的标准化，也只是一种尝试。不管这种方式争议有多大，以“3个状态、3个买入点、3个卖出点”来局部的将投资标的标准化，将可能创造一种新型的模式，用它来规范和管理证券投资顾问的专业观点，应该至少可以获得一种平均化的专业效果，否则证券投资顾问水平参差不齐，乱做一通，可能危害更大。

第三节 客户需求标准化

正常情况下，客户的需要，应该不外乎总是以下这6个问题：

大盘看涨或跌？

所持个股该留或卖？

有否值得买的黑马？

象 MACD 这类技术指标如何解读？

有否一些一买就涨，一卖就跌的方法？

我本身投资水平很高，有否舞台可以让我表演？

对应于以上的 6 大问题，其实有些部分是统一的答案，但像第二或第三个问题，则一定要根据客户的性格来解答。比如，客户是激进型的，当他需要证券投资顾问推荐个股时，他可能喜欢今天买明天卖的短线，而有些保守型的客户，他可能需要的是买入之后持有几年的长线股，因此，证券投资顾问在弄不明白客户的真正需求的情况下，就给予投资品种的推荐，则一律是草率的。因此，客户的投资性格，是我们在整个服务体系中最需要摸清楚的要素，从这个意义上看，把客户的投资性格弄清，则证券投资顾问对客户的服务工作，才算是正式对上号。我们本章也着重从这个角度来给客户进行一些标准化分类的尝试。如前所述，我们认为对不同投资性格的客户，可以从其“炒作频率”、“过往投资品种”、“获利比例”、“投资年限”等要素来分成以下四类：

稳健型的；

激进型的；

保守型的；

未知型：这种占数最多，也最难判断，主要与这个群体的专业知识度有关，但一个好的证券投资顾问，应该在客户为人处世的特点、喜怒哀乐的性格上判断出来，并将其归类于以上三种之一。

第四节 证券投资顾问体系的产品设计

本节以某机构的实例来说明，在给出实例之前，我们也看到，各机构推出的产品，有“以人才宣传为主”的，也有“以投资风格为主”的产品。本节举一个基本上是融合了两个体系的产品，具体内容如下。

服务理念和宗旨

好的公司满足需求，伟大的公司创造财富。我们希望以不懈的努力，不断提升对投资者的回报和自身形象。

- 服务理念：把握关键时刻，实现服务至上：真实亲近快乐，用心创造价值。
- 宗旨：遵循最高的职业道德标准，始终站在客户一边，帮助客户创造财富、享受生活。

咨询产品 为您量身定做

1. 基础产品；
2. 个股产品（基于深度研究中的精选）；
3. 培训产品；
4. 主题产品。

您可以选择资深的投资顾问

- 您可以选择自己欣赏的、符合自己风格的贴身专家
- 投资顾问根据您的性格、理念、风格，量身定做更专业、更细致的服务

一、基础产品

1. 营业部客户 QQ 群；
2. 每日“呱呱”网络房间接盘；
3. 总部每日晨会录音、相关资料。

二、个股产品

根据投资者喜好、操作策略、操作方式、工作类型等不同原因，投资者可以选择：

单日短线、双日短线、周盈组合、月波段组合、年度价值组合等不同相关产品。

单日短线

1. 每周一、三、五，以约定方式送达投资人；

2. 套餐内股票是按照“热点资金＋K线动力学＋成交扣减量”模型由电脑自动选择，模型测试效果是80%的概率在次日上涨1%～3%之间；

3. 适合于激进投资者，但由于操作速度要求较快，因此对操作者的操作经验要求较高，原则上要求有过权证和期货操作经验，且在实战中能严格遵守纪律，正常情况下运作时间不超过三天（不适合大资金）。

双日短线

1. 每周二、四以约定方式送达投资人；

2. 套餐内股票是按照“热点资金＋涨跌周期律＋成交倍量”模型由电脑自动进行选择，模型测试效果是80%的概率在次日上涨2%～3%之间；

3. 适合于激进投资人，但由于速度要求较快，因此对操作者的经验要求较高，原则上应该有过权证或期货操作经验，且在实战中能够严格遵守纪律，正常情况下运作时间不超过三天（不适合大资金）。

个股产品——周赢组合

1. 每周提供一个投资组合，以约定方式送达；

2. 产品内股票是按照“热点的主题投资＋梯队排列＋均线趋势”模型由电脑自动进行选择，模型测试效果是80%的概率在下周上涨5%～8%之间；

3. 本产品股票每周一个投资组合，运作周期为一周，适合中等资金。

个股产品——月波段组合

1. 每月提供一个投资组合，以约定方式送达；

2. 产品内股票是按照“政策性产业机会＋主力资金流＋均线趋势”模型由电脑自动进行选择，模型测试效果是80%的概率在下月上涨9%～10%之间；

3. 运作资金为一个月，适合大中型资金，但此产品需要在中间按指标提示进行波段高抛低吸。

个股产品——年度价值组合

1. 产品内股票每半年提供一个投资组合；

2. 产品内股票是按照“行业运行 + 政策性产业机会 + 主力资金流 + 均线趋势”模型由电脑自动进行选择，模型测试效果是80%概率在半年内上涨25% ~30%之间；

3. 运作周期约为半年，适合大型资金，但此产品需要在中间按指标提示进行波段高抛低吸。

（本章作者：黎天启）

本章作者简介

黎天启，首批通过资格考试获中国证监会颁发投资咨询执业资格的人士，从业经历15年；1996年起历任南方证券自营盘交易员、国海证券高级投资顾问、重庆飞虎证券投资咨询公司投资总监等职，1998年起受邀参与多个省级、中央级电视台的证券分析节目，其中与左安龙在湖北卫视合录的《左道财门》收视率创2009年财经节目之冠，另在中央教育台录制的《金牌分析师》最受观众欢迎，在地方报纸和三大证券报曾发表文章100多篇，目前证券投资方面的自有理论和著作包括：《涨跌密码》、《333法则》、《破解短线爆发点》、《天启超赢11绝招》等，擅长挖掘公司隐性资产并进行波段投资。

第四篇

管　理　篇

投资顾问（以下简称"投顾"）团队管理可借鉴营销团队管理的经验，本篇介绍了传统营销团队的经验，阐述了投资顾问管理的组织结构、管理内容、准入制度以及证券投资顾问业务的风险等内容，使新生的投资顾问业务管理有序。

第十二章 营销服务一体化操作技巧

酒好也怕巷子深。

——作者

本章目标

- ◆ 营销服务一体化是券商经纪业务的发展趋势
- ◆ 投资顾问营销技巧
- ◆ 发展投资顾问业务是券商和咨询机构业务转型的重中之重

第一节 营销服务一体化是券商经纪业务的发展趋势

一、佣金大战迫使券商经纪业务转型

在目前市场环境下，经纪业务仍是中国券商目前的主要利润来源。对券商而言，通过各种渠道有效地向投资者提供有关证券产品的各种信息、并促使投资者新开户或者转户是目前的主要业务模式。随着网上交易的发展和新的信息技术的应用，有形的证券营业部将越来越显得不重要，特别是营业部作为一种传统中介媒介的功能也会逐渐弱化。由此，原在营业部托管的客户将被分成两

个部分：一部分股票账户的资产“上移”至由公司建立的大一统的账户管理平台；另外一部分可能还是与公司建立经纪业务，主要享受通道服务。

长期以来，由于证券行业发展初期的制度不够完善，再加上证券市场的结构性缺陷，券商主要提供的是一种通道服务，相应，券商收取的佣金也主要是通道费用为主。因此对券商而言，交易量是收入来源，而交易量受行情左右。不断的佣金战，使得券商的传统通道业务模式受到挑战。随着近五年的市场调整，券商佣金收入大幅度下降，传统经纪业务模式基本上走到了尽头，只有不断地丰富券商的投顾产品结构，提高投顾服务的质量，让投资者真正感受到增值服务给他带来的价值才是发展之本。

券商认识到传统业务模式的弊端和转型的迫切性，并进行了多方面的探索。发展中国证券经纪业务必须准确定位，在美国，全服务经纪业务为主的嘉信理财的市值超过了传统大投资银行美林，其网上交易占全美互联网日经纪量的30%，纯网上经纪商 E－trade 则占据了全美网上交易 14% 的份额。可见，成功的定位是经纪业务取胜的前提，而成功的定位首先需要对自我的剖析，明确自己的现有产品特性、投资者对产品的满意度、自身产品实施过程中的价值主张，以及自己在行业内的市场占有率等等，在认识自我的基础上，以为投资者创造实际价值为根本，构建适合新形势下的创新服务模式。营销和服务“两手都要抓”，一是提高营销水平，建立服务营销体系；二是按照成熟市场惯例建立新的投资顾问业务模式，提高产品市场竞争力。投资顾问服务已经日益成为券商品牌的核心竞争力，唯有不断地提高自己的投资顾问水平，推出被市场认可的结构化的咨询产品，才是证券公司在新形势下吸引客户的根本。

二、国外模式的借鉴模仿

虽然目前在国内有少数合资券商主要是从事投行业务，但介入经纪业务是早晚的事。根据加入世界贸易组织（WTO）的协议，外方先是可以建立合资的证券经营机构，后是建立独资的证券经营机构，直接进入中国的一级和二级证券市场，一旦介入经纪业务，随着标准化的服务流程及系统的咨询产品的推出，国内券商经纪业务将面临巨大挑战。

照着美林证券的样板，国内也有证券公司推出了投资理财顾问制，将目标定在了建立一条金融产品的流水线上。从券商角度看，投资理财顾问是流水线的最后营销环节；但若从客户的角度看，投资理财顾问又是他们享受到流水线服务的第一个服务窗口。公司下属所有证券营业部全部实行全新的经营模式，在新模式下，原来的电脑房、财务、办公室等工作人员组成营业部的后台，主要负责营业部的后勤保障和硬件支持；其余员工分成若干个“证券投资顾问小组”组成营业部的前台。每个小组包括高级证券投资顾问、证券投资顾问和助理证券投资顾问等若干名员工。营业部的存量客户按资金大小全部被分摊到各个证券投资顾问小组，证券投资顾问负责向自己小组的客户提供包括销售金融产品、行情咨询等在内的一系列服务，并承担新客户的开发工作。在分配制度方面，制订了具体的计算公式，根据每个证券投资顾问的存量客户交易量、新开发客户的资金量和交易量来确定其每月收入。改革以后，营业部的职能被定位在替总公司销售金融产品。公司总部专门成立了金融产品开发部门，由综合研究所负责加工，目前主要是为不同资金量和不同投资风格的客户提供投资组合。国内很多大券商都想跟美林靠拢，在经纪业务中以优质咨询取得优势，国内同时推出类似理财顾问的券商还有“金融规划师”、“综合理财规划师”等等。但是，这种理念有个问题没解决即证券营业部员工的个人综合素质正面临着前所未有的新的挑战，美林同时拥有证券、保险、银行、基金等公司，所以，美林的每一个证券投资顾问都是一个全面的能手，碰到客户有什么需求，都能够让公司的后台开发设计出针对客户本人的全面产品组合，这样的做法：一是培养了公司的忠诚客户群；二是培养了证券投资顾问的工作技能，提高了证券投资顾问的社会价值。从这里可以看出，要建立投顾体系，对投顾的个人综合素质要求是何等的严格了，中国的证券营业部员工无疑还没有做好准备！

三、审视我国传统证券经纪人模式

目前证券经纪人的现象已非个别，而是一种普遍现象，经纪人的作用在于开拓市场。对证券经纪人的效果评价方面，以下调查数据可作参考：在调查营业部聘用的经纪人开发客户创造的交易量占营业部总交易量的比率时，20.68%的营业部认为10%以下的交易量来源于经纪人，有8.14%的营业部反映由经纪人带来的交易量在10%～20%之间，认为经纪人带来的交易量在20%以上的营业部仅占3%。从实际的运行效果看，经纪人由于整体专业素质偏低，所拥有的客户量小，在营业部的发展中处于无足轻重的地位，并且有许多深层次的问题正制约着经纪人队伍的进一步发展和壮大。

在中国，证券经纪人要求以法人的形式存在的，而目前实际存在的经纪人，仅指能够为证券公司开发客户的的非正式员工，他们受雇于某家证券公司，为其开发客户，薪酬以业绩提成为主，人员来去自由，双方的劳务关系较为松散，从券商和经纪人签订的劳务合同来看，证券经纪人在证券经纪业务的发展中将永远处于次要地位。

目前，券商普遍将经纪人设为营业部的编外人员，不享受公司的其他福利待遇，也有个别公司与经纪人签定正式的劳动合同，每月发放基本工资，在形式上将经纪人纳入正式的员工管理。不管采取何种形式，当前经纪人必须共同面对的现实是：相比营业部的其他正式员工经纪人地位较低，一方面经纪人淘汰率高，人员的流动性大，工作的安全感低；另一方面经纪人在福利待遇、职务升迁、培训学习等诸多方面与营业部的正式员工存在巨大差别。

营业部在人事管理上的这种双轨制，使经纪人处境尴尬。客户认为他们是证券公司的员工，而证券公司的正式编制中又找不到他们的踪影。营业部也往往将经纪人队伍作为淘汰正式员工的“收容站”，而将成为一名营业部正式员工，作为刺激经纪人积极性的“灵丹妙药”。这种做法不仅让经纪人感到自己与其他员工相比地位低下，而且经纪人没有任何归属感和职业自豪感。结果是，券商无法招到优秀的经纪人，经纪人队伍只能是一个二流人才的队伍。一方面，能够带来大资金的，社会关系比较广泛的人不屑做经纪人；另一方面，应聘为经纪人的往往是暂时找不到合适工作的人，他们将经纪人作为职业生涯中的一种过渡，能为券商带来的也只是一些中小散户。

因此，确立经纪人在券商中的地位，明确经纪人是资本市场中的一种高尚职业，而不是券商的“临时工”，成为经纪人制度建设中的一个重要内容。这样做在增强经纪人归属感的同时，对调动经纪人的积极性，吸引优秀的人才加入这支队伍将会起到积极的作用。

券商在招聘经纪人时主要看其有无客户资源，对经纪人的素质没有太高要求。因此，目前活跃于市场中的经纪人整体素质不高，既缺乏综合理财知识，又缺乏营销技能。经纪人开发客户的手段主要以亲情为主，其中的知识含量较低，进一步开发陌生客户的能力严重不足。形成这种局面的主要原因在于，人们普遍认为证券经纪人像其他行业的经纪人一样能拉客户就行，素质高不高无所谓，因此，相关其他行业经纪人的一些做法便成为借鉴。不可否认，不同行业的经纪人在开展业务中有许多相似的地方，但资本市场的复杂性和资本的增值特点同其他市场无法相提并论。经纪人不仅要思考如何吸引客户，更要思考如何让客户在市场中赚钱。从这一角度讲，证券经纪人需要具备较高的素质是行业的性质决定的。另一方面，经纪人不仅承担着开发市场、服务客户的工作，而且也代表着公司的形象，在与客户的交往中承担着传播企业文化和公司经营理念的义务。经纪人的表现，直接的效果在于能否拉来新的客户，间接的效果则在于是否有效宣传了公司。因此，经纪人具备一定的文化涵养和专业知识是非常必要的。

从实际情况看，经纪人的基本素质与其开发客户的能力具有正相关的作用。经纪人素质不高，就无法以专业理财顾问的形象博得客户的认同和信任。于是，券商纷纷加大了对经纪人的培训，以期通过培训提高他们的整体素质和开发客户的技能。但目前的培训存在几个问题：其一，在营销培训上下的工夫多，在专业知识的培训上花的时间少。其二，在专业知识的培训上范围狭窄，不利于提高经纪人的综合理财能力。我们往往在业务流程、技术分析上花的时间较多，而在深层次的财务分析、会计知识等方面投入的时间较少，更不用说，相关行业如银行、保险、信托等的业务知识更是鲜有提及。其三，经纪人由于流动性大，券商往往只进行初次上岗前的培训，而在工作中持续的专业学习很少。

解决经纪人的素质问题，既需要券商在招聘时就控制经纪人的质量，又需要在工作中以循序渐进的方式不断提高他们的能力。因此，我们在关心经纪人业绩的同时，更应关心经纪人的基本素质，因为经纪人能否不断提高自身的素质，关系到这支队伍的生死存亡。

目前，经纪人在对客户服务时基本处于单兵作战的状态。一方面经纪人与公司的研发部门缺少直接的联系和沟通；另一方面，经纪人利用公司产品的能力十分有限，经纪人无法及时将获得的公司产品转化为自己的服务能力。经纪人自身素质本来就不高，再加上不能获得公司后台部门的有力支持，其服务的效果可想而知。因此，经纪人能否有效利用公司的产品，已经成为决定经纪人是否可以提高服务质量的重要因素。

如何让经纪人有效利用公司的产品，涉及证券公司研发产品的产、供、销各个环节。产，指的是券商能够生产什么样的投顾产品供客户选择。券商能否通过将客户买盘数据与客户档案资料对比分析，提供相应的产品与服务包（组合）来满足每一位投资人的个性化需求，这是问题的关键。供，指的是券商建立一套有效的产品传导体系。这包括两方面的内容：一是经纪人能够随时获得公司研发部门的相关信息，为投资者提供专业化的咨询服务。二是经纪人在服务客户的过程中及时发现客户在产品与服务上的特殊需求，并将这些信息及时反馈给研发部门，研发部门才能及时满足客户的个性化需求。销，指的是经纪人将公司相关研发产品转化到市场的能力，实际上，在销的环节更多是投资理念的交流。经纪人的素质在这个环节起着决定性的作用。

如何让经纪人有效利用公司的产品，对券商而言，是一个较为复杂的系统工程，对这一问题的有效解决，既意味着经纪人服务能力的提高，又标志着证券公司综合竞争力的增强，可谓一举两得。

四、营销服务一体化

随着券商经纪业务的日益竞争，国内许多券商开展了营销大战，纷纷组建营销团队，实际是将经纪人纳入内部管理体制；在传统的营销模式里，只注重营销，客户进来后，咨询服务跟不上，让客户自己随意交易，引起客户不满，针对这种情况，有些券商建立投资顾问团队，将营销与服务有机结合起来，提高客户服务能力，而新的投资顾问模式的建立，将实现营销服务一体化。

对于国际上的大型证券机构来说，账户管理业务在公司所有业务中占有十分重要的地位。随着公司知名度提升，账户管理的资产数量会迅速增加。国际上这种专业化理财的通行做法在我国也将得到认同。目前，由于中国证券经营机构和咨询机构在专业化理财水平和公信度方面还有待进一步提高，因此账户管理业务只是刚刚起步，还有许多事情要做。在公司规范的账户管理运作框架下，证券营业部负责接受客户的账户管理委托，签订各种投顾协议，这就需要大量高水平的投顾队伍，现在营业部更多是聘用具有投资咨询资格，并具有实战能力的证券投资顾问，证券投资顾问团队的角色主要是为投资者提供个性化、专业化、人性化的一对一的投顾服务。具体来讲，个性化主要是针对特定的投资者制定与之对应的资产配置计划，打个比喻，你去超市买鸡蛋，售货员告诉你：这个鸡蛋是老母鸡专门为您生的；专业化更多体现在证券投资咨询水平的专业化，到底能不能让客户资产保值增值，要市场说了算才行；对于人性化方面，我们现在听得最多的就是：以人为本，充分尊重客户的想法和建议，了解客户需求和问题用最有效、最简单的方式去服务客户、拓展业务。对于一对一来说，就需要券商提高自身的个性化服务水准，能够针对不同的客户提供不同的服务。

中国股市开办 20 年，投资者在经历了几次牛熊转换之后，也慢慢开始变得成熟起来，在证券投资专业水平上面也有很大进步，所以，投资者在证券咨询服务的内容上有了更高的要求，投资咨询产品的需求也变得更加复杂，通过传统的广告媒体宣传来吸引客户已经失去了意义，这就要求证券公司必须苦练内功，横向、纵向整合行业利益相关者在市场和咨询方面的价值，为客户创造价值，并设计合理、有效的商业运营模式，丰富产品结构，优化服务流程。

证券公司作为给投资者提供投顾的机构，仅仅靠自己的研发部门和资源，在投资资讯的数据上面存在很大的局限性，所以，我们可以借助上游实力的证券投资研发机构的信息资源和研究成果，运用先进的软件网络系统，全面覆盖投资者在宏观、行业、个股方面的咨询数据需求。

在整合选择咨询上游的证券研发机构方面，主要是以实用、有效为原则，应该以投资者的需求为导向，发现需求，实现客户价值；挖掘需求，提升客户价值；创造需求，创造客户价值三个层次进行突围，并结合自身对行业的认识，挖掘其他证券机构忽略以及变化中的投资者需求，突破投资者需求边界，按照不同需求类别，协助证券研发机构或者研发部门设计市场认可的投资咨询产品。产品应该具有独特性、实用性、权威性，培育投资者对公司的忠诚度和满意度。

在证券公司自身定价机制上面，可以采用“基础佣金+服务费”的形式，《证券投资顾问业务暂行规定》中第二十三条已经明确规定：证券公司、证券投资咨询机构应当按照公平、合理、自愿的原则，与客户协商并书面约定收取证券投资顾问服务费用的安排，可以按照服务期限、客户资产规模收取服务费用，也可以采用差别佣金等其他方式收取服务费用。对于服务费用这块，我们可以采取客户自愿的原则，设置人性化的退出机制，类似于消费金融的概念。

对于投资者，我们可以通过证券交易的方式细分市场，针对性的选择我们特定的客户群，为他们提供特定、更快捷、更全面的咨询服务，这样不仅可以帮助公司更好的适应投资者的需求，获取潜在的利润，而且从根本上实现了运营模式的创新。随着咨询产品的逐渐推广，也就真正为投资者提供个性化的证券投资组合解决方案和一流的服务。

服务要有项目，收费要有名目，就像进餐馆有菜单，什么类型的服务要讲在明白处。

第二节 证券投资顾问营销技巧

顾问式营销，顾名思义就是站在专业角度和客户利益角度提供专业意见和解决方案以及增值服务，使客户能作出对产品或服务的正确选择和发挥其价值，在这顾问式营销过程同时建立了客户对产品或服务的品牌提供者的感情及忠诚度，培养相互信任有利于进一步开展关系营销，达到较长期稳定的合作关系，实现战略联盟，从而能形成独具杀伤力的市场竞争力。

顾问式销售是一种全新的销售概念与销售模式，它起源于 20 世纪 90 年代，具有丰富的内涵以及清晰的实践性。它是指销售人员以专业销售技巧进行产品介绍的同时，运用分析能力、综合能力、实践能力、创造能力、说服能力完成客户的要求，并预见客户的未来需求，提出积极建议的销售方法。

由于顾客的购买行为可分为产生需求、收集信息、评估选择、购买决定和购后反应五个过程，因此，顾问式销售可以针对顾客的购买行为分挖掘潜在客户、拜访客户、筛选客户、掌握客户需求、提供解决方案、成交、销售管理等几个步骤来进行。

目前，如何进行有效投顾顾问式营销，克服以前咨询机构过度营销留下的许多祸端，大多实行营销团队管理的券商在积极探索如何实施有效的团队管理？

一、团队管理

1. 团队建设必须的四个条件。

√ 团队内必须充满活力。活力可以通过员工的创造性、工作热情、和谐的团队氛围体现出来

√ 团队内必须有一套为达到目标而设置的控制系统

√ 团队必须拥有完成任务所需的专业知识（包括技术专业知识、关于运作方法的知识）

√ 团队必须要有一定的影响能力。特别是团队里要有部分不仅在团队内

部有影响力，而且对团队以外的更大范围内有足够影响力的成员

2. 团队建设环节（见图 12－1）。

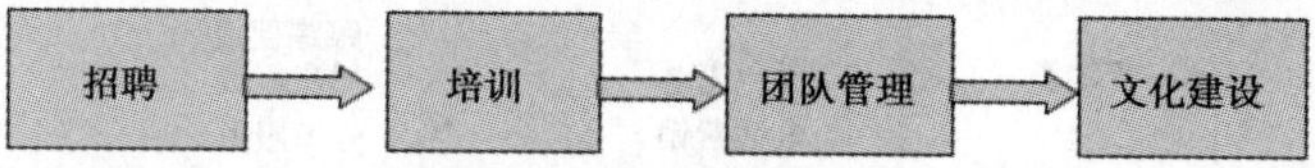

图 12－1　团队建设环节图

在招聘证券投资顾问之前，需要做好充分的准备工作，具体包括对行业、公司、营业部的相关资料，准备这些资料可以一对一给新人讲，也可以通过“创业说明会”的形式，集中进行说明，然后结合机构对招聘进来的证券投资顾问的个人素质要求进行单个面试，选出适合机构发展、德才兼备的人才，对于无德有才就放弃，但对有德有才、有德无才但有潜力的进行重点培养，在这个过程中，我们也需要优化我们的招聘流程，结合行业、公司的发展制定科学的人才筛选机制。

一流的企业重培训、二流的企业重产品。作为一流的团队，人招进来了，如何留住人才，则需要建立科学的培训机制，并制定科学的客户开发、客户服务的流程，苦练内功，提高团队在证券管理和营销服务这两方面的专业知识。

近几年，证券从业人员之所以流动性大，最主要的就是没有重视后续培训体系的建设，培训安排上面，我们不能仅仅停留在新人入职培训，更多的是针对团队在不同的时间段，所面对的不同的问题来制定培训计划，作为新人投顾，很想把事情做好，可就是没有好的方式方法来做，从某种层面来讲，就是团队长的失职，所以，我们需要重视对证券投资顾问团队进行立体、系统的培训，让每个证券投资顾问都能够找到方向，明确自己到底是那方面存在不足，经过我们长时间的实际跟踪调查，主要的培训内容如图 12－2 所示。

从图 12－2 可以看出，作为证券公司的证券投资顾问，需要从营销、专业知识、管理这三个板块进行重点学习。营销方面，正确地认识营销在自己工作中的重要性，把自己销售给自己，把公司的产品也销售给自己过后，搞定了自己过后才能搞定市场和客户，对自己和客户都有好处。在营销方式这块，电话营销在整个证券行业用得比较广泛，电话营销的核心就是活动量的管理和分析，电话营销是线上的功夫，要提升自己的成交概率，需要在线下下足功夫，在礼仪和客户面谈方面进行充分的培训和学习，作为新一代的证券投资顾问，更应该充分利用好网络资源发展客户。

一般来讲，通过一到二周的入职培训，新人对所在证券行业、公司、证券

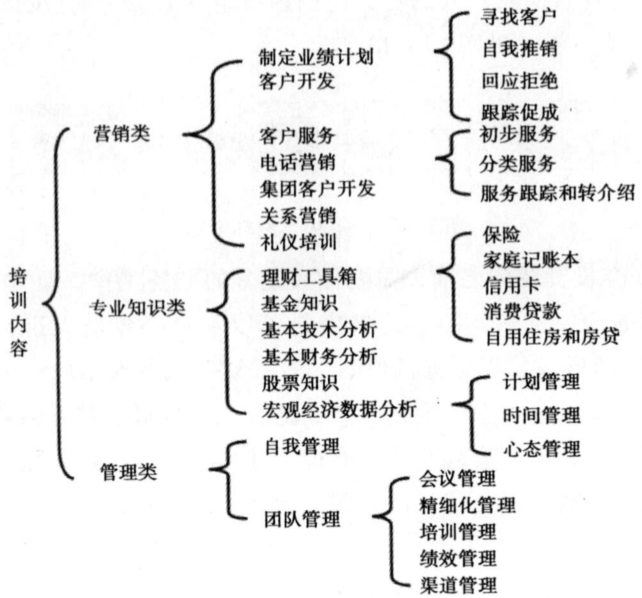

图 12－2

分析、展业流程以及风险控制等有了初步的认识，慢慢开始在接触市场的同时，也对个人人生发展规划有了基本的了解后，还要进行为期近两月的辅导，作为证券投资顾问，已经能够独立接触客户，并在客户服务营销方面也有了自己新的认识，接下来，作为证券机构的经理则需要进行团队的管理和文化建设，相对于团队招聘培训来讲，这个过程是长期持续的过程，这个过程也是最考验我们能力的过程。

在团队管理方面，主要分为三个部分，它们分别是制度建设、日常管理和绩效考核。如图 12－3 所示。

在团队管理过程中，围绕机构年度或者月底计划来展开的一个营销专案出来后，需要对这个团队的人员结构进行定位，按照人头，落实到人，机构同样需要对增量资产和存量客户资产保值增值责任到人，这个过程实际上是一个持续的交流过程，对于机构领导只看结果，但对于中层干部和个人来讲，实际是一系列行为指标的完成过程，在这个过程中，主要涉及执行力和考核管理。世界首富比尔·盖茨曾经讲过：在未来的 10 年内，我们所面临的挑战就是执行力。在这个世界里，人之所以有优秀和一般，在于优秀者更有实现构想的能力，这就是一个人的执行力，而不是更有思想；团队也是如此，一个优秀的团

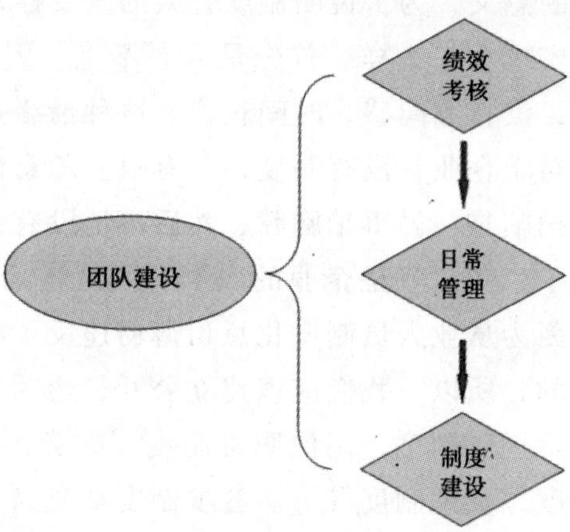

图 12－3

队关键是做事情落实到位，并比别人做得更好、更细。

考核管理强调员工与团队经理的共同参与，强调员工与团队经理之间形成绩效伙伴关系，共同完成绩效目标的过程。员工的参与和绩效伙伴关系在绩效辅导阶段主要表现为持续不断的沟通。具体来讲，考核辅导阶段主要的工作有持续不断的绩效沟通、收集数据形成考核依据，目前运用比较多的是考核成交率和保值率。

业绩的完成需要日常管理来保证，所以日常管理尤为重要，因为人都是有自己行动轨迹和频率的，但是要让团队高效的运作，需要强有力的日常管理系统。对于一般的日常管理主要是通过会议管理和面谈来完成的。在不同的时间段，需要开例会，每年有年度总结会议、每月有业绩分析报告会、每周有周例会、每天有晨夕会等等各种日常会议，通过这些会议，不断的找到团队不同阶段、市场不同时期的问题，进行详细的探讨和研究，通过会议的方式统一思想，最大限度地调动员工的工作积极性。针对个别特殊情况，我们经常也会不定期采取单独或者小范围的面对面的沟通，找到每个证券投资顾问在当下真正存在的问题，以及尽可能多地为证券投资顾问创造条件。作为一个组织的领导，下属不能够完成业绩目标，其实很大的原因来自我们自己作为领导的失职，作为领导，首要的职责就是为下属创造更好的平台和资源，通过不断的沟通、辅导，共同来完成营业部下达的业绩目标。

团队组建成功并到达一定规模后，团队管理的中心落脚到制度管人，虽然一个好的团队文化也可以潜意识引导证券投资顾问自觉完成自己的工作安排，但制度建设有其特殊的意义，为了说明制度管人的重要性，我们可以假设一个团队如果没有制度的安排会怎么样。首先是人心不稳，因为没有具体的标准，什么该做什么该努力，没有方向感，时间长了，这种情绪是可以传染的，到最后，搞得人心惶惶；对于企业，没有制度，就有很多随意性，比如我们现在企业比较常见的，事前拍脑袋、做事拍胸膛、然后事情没有做好拍屁股走人，最后留下来一大堆烂摊子。其次就是企业的成本和风险增加，尤其是证券行业，风险尤为集中，最后因为从业人员制度化意识薄弱违反了相关法律法规，给企业造成的后果是致命的，所以，我们应该建立公开、透明的各项制度，包括日常工作管理制度、风险控制制度、岗位职责制度、财务制度、招聘培训制度、证券投资顾问管理制度、奖惩制度等等。各项制度都应当有明确的工作流程与可操作性，在建立制度的时候，不能玩虚的，必须务实，也就是说制度要具备可操作性，比如：所有员工工作必须尽职尽责，所有员工必须按时完成交付的每一项任务，达到任务合格标准。

加强团队文化的建设对企业的发展具有积极意义。根据公司实际情况和发展目标及工作计划，公司以全面建设“学习型、互动型”团队为出发点，不断提高组织员工之间的协作精神，开拓创新，调整思维方式和工作模式，及时发现问题，解决问题以营造和谐、蓬勃发展的团队！

团队赖以运行的组织文化是团队是否成功的关键因素之一。团队一个很大特点是信任，一是团队成员间相互的高度信任，即团队成员必须彼此相信各自的正直、个性特点、工作能力。二是管理者对团队成员的信任，主要表现为组织过程中的透明度和公开性。必须致力于创造一种支持团队建设的、开放性的组织文化。这种文化既能支持团队成员积极开发自身技能，建立一种勇于承担风险的自信心，又能接受来自基层对上级管理者制定的战略方案、管理模式种种质疑，容许团队成员工作中的失败，进而达到团队成员创造性潜能的最大释放。

二、证券营销主要理论

4P是美国营销学大师麦卡锡教授提出的，他认为一次成功和完整的市场营销活动，意味着以适当的产品、适当的价格、适当的渠道和适当的传播促销手段，将适当的产品和服务投放到特定市场的行为，它由产品（product）、价格（price）、渠道（place）、促销（promotion）四个单词的第一字母缩写而成。针对特定的证券市场，产品是指证券机构提供给目标市场服务的集合，包括服务和工具等因素。价格即佣金是指证券机构提供服务所追求的经济回报，包括通道服务费和投顾增值服务收费等。渠道代表证券机构提供的服务进入和达到目标市场所组织实施的各种活动，包括途径、环节、场所、传递等。促销是指证券机构利用各种信息载体与目标市场进行沟通的传播活动，包括广告、人员推销、网点营销与公共关系等等。

以上 4P（产品、价格、渠道、促销）是市场营销过程中可以控制的因素，也是证券机构进行市场营销活动的主要环节，对它们的具体运用，形成了证券机构的市场营销战略。如图 12－4 所示：

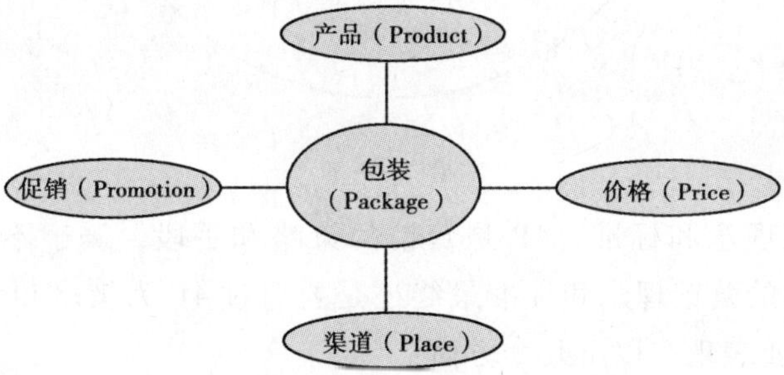

图 12－4

提到营销 4P 就必须得说说 4C 理论。4P 理论在证券行业的提出，是自上而下的运行原则，是以证券机构为中心，重视服务产品导向，而 4C 是以投资者的需求为导向。

4C 理论是由美国营销专家劳特朋教授在 1990 年提出的，应用在证券行业上，它以投资者需求为导向，重新设定了市场营销组合的四个基本要素：即消费者（consumer）、成本（cost）、便利（convenience）和沟通（communication）。它强调证券机构首先应该把追求投资者满意放在第一位，其次是相对于银行是用自己资产负债表上的钱赚钱，证券机构则是用别人的钱赚取佣金，所以需要在同样的佣金条件下，为投资者提供更加有建设性的服务策略，而不是从证券机构的角度来决定销售渠道策略。

在 4C 理论的指导下，作为证券经营机构，需要以投资者为核心，一切围绕客户的需求去开展我们的服务营销活动，通过建立良好的沟通平台，以最市场化的服务收费标准，用投资者最认可的方式提供服务，对营销活动的组织都是建立在对投资者充分认识的基础上，来完成调研、理解、策划、互动，形成一个完整的链条（见图 12－5）。

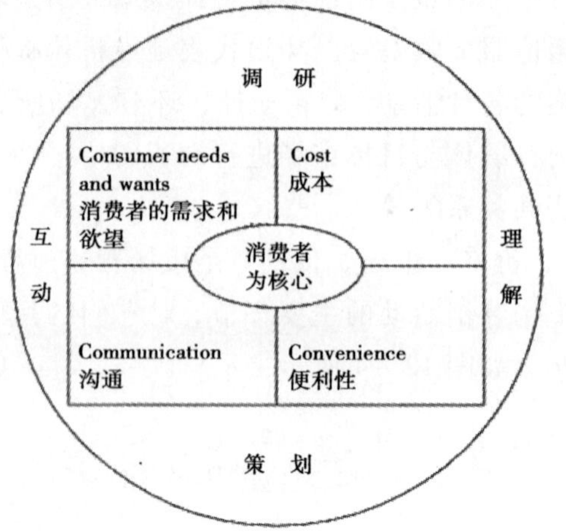

图 12－5

4C 是营销理念和标准，4P 是营销的策略和手段，属于不同的概念和范畴。4C 所提出的营销理念和标准最终还是要通过 4P 为策略和手段来实现的。它们的区别主要表现在以下几个方面：

4P 理论是以产品或服务为工具，设定一个兼顾产品的成本和赚到最大的利润的收费标准，经过渠道流通到终端市场，并将产品或服务展示出来后，通过促销活动把产品或服务卖出去。4C 理论是以传播和良好的双向沟通为基础，一对一的交流来发现投资者的需求并满足需求（见图 12－6）。

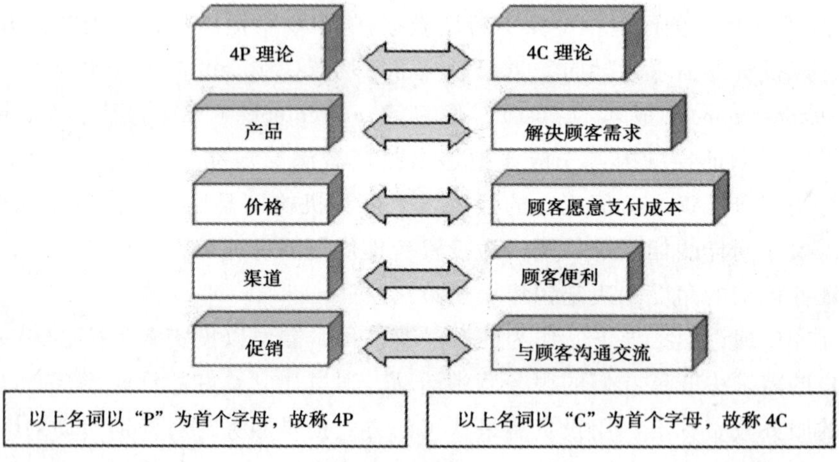

图 12－6

4P 理论重视产品或服务的宣传，包括产品或服务的特点、功能等等；4C 重视品牌的塑造、资源的有效整合，把品质作为营销的核心。

从媒体传播的角度看，4P 注重的是覆盖面积广且单向，主要是采取推的策略；4C 的针对性强，并且双向互动，通过对投资者的了解，不断调整自己的产品结构，主要是采取拉的策略，在证券行业，更多的是后者。

总的来看，4P 理论主要面向那些无显著差异的消费大众来销售大量制造的规模化生产性的产品。它简单明了，易于操作，但随着市场环境的变化，营销新概念的提出和部门营销学的兴起，如“大营销”、绿色营销、关系营销、服务营销等，4C 理论在一定程度上发展了 4P 理论，它以投资者需求为中心，但证券机构所有的营销活动在市场上针对不同的投资者进行“一对一”传播，形成一个总体的、综合的印象和情感认同，它不仅是经济发展到一定程度下建立品牌的需要，而且也是确立证券机构核心竞争力和超越竞争的需要，但如何解决证券机构的回报和操作性问题、主动与被动关系仍然是 4C 的缺陷。

三、制定营销计划

好的营销计划是成功的一半，营销计划包括调研计划、市场营销战略、市场营销策略、市场营销活动管理等内容。

（一）制定调研计划

通过对现代营销管理理论进行比较，对我们的营销目的有了清晰的认识后，对目标市场和竞争环境需要进行系统的分析和研究，通常我们需要从定性和定量两个方面进行，两者缺一不可。通过市场调查或者实验得来的数据比较专业、复杂，适合市场专业人士解读，具有科学性和持久的说服力，但对于一般人来讲，大量的数据会让人摸不着北，加上定量分析需要周期长、费用高的特点，所以更倾向于定性分析。尤其是作为大部分管理人员没有时间分析大量的数据，所以对于市场的解读更多的是采用定量和定性相结合的分析，运用更多的“语言”和“数字”综合分析市场，得到相对准确的结论。其主要的数据采集包括：

√ 目标市场的市场规模

√ 经纪业务市场的范围管理及市场划分后的市场容量

√ 客户的投资习惯及偏好

√ 市场总体的结构和主要的营销策略

√ 决定投资者满意度的重要因素

√ 市场佣金定价机制及投资者对市场佣金标准的认知

√ 竞争对手的情况：谁是主要的区域竞争对手？他们的优势和缺点在哪里？他们采取怎样的营销策略？整个市场的竞争对手的结构？

营销项目的制定过程中的数据采集，不仅仅是上面几项内容，我们还可以通过SWOT分析营销过程中的自己的优势、弱势、面临的机会和挑战等等，采集的方式可以用管理者的经验、专家的意见、项目成员的估计、问卷调查、头脑风暴和营销统计数据的方式来获得，但有了这些数据，最后如何得到最终我们想要的准确的市场答案，所以，这里我们引入了一个定性后量化的方法，让模糊的数据转换成清晰的市场思路，具体如何操作，首先我们把采集到的数据，结合每个项目内容的实践，定义为“很好、好、一般、不好、差”这五个级别，分别与“5、4、3、2、1”的分数对应，然后我们把所要得到的数据项按照重要性进行权重的划分，然后将各个数据项的分数乘以权重并相加，所得到的分数就是该对象的量化值。

（二）制定市场营销战略

证券市场营销战略（marketing strategy）是指证券经营机构在现代市场营销观念指导下，为实现经营目标，对一定时期内市场营销发展的总体设想和规划。营销战略的制定首先应该明确证券经营机构的方针政策和核心价值观，然后针对市场和投资者进行分析，以及对自我的认识，看看自己在哪些方面有优势，哪些方面存在不足，结合可能在市场中所面临的问题等各种因素，最终确定我们的营销发展战略，到底是采取激进增长型、保守防御性、还是攻守平衡型，只有明确了具体的市场营销发展战略后，才能更好地指导我们在复杂万变的市场中赢得先机。

制定市场营销战略的过程就是证券经营机构为了达成自己原定的战略目标，需要对项目单个目标进行分解，挖掘可能存在营销机会的“根据地”，并进行分析、规划、执行、控制的证券营销过程，具体有下列四个相互紧密联系的步骤：

1. 分析市场机会。从计划经济到市场经济，从卖方市场到买方市场，市场的基本面已经发生了很大的变化，作为证券经营机构的管理者，必须对市场结构、投资者结构、其他证券经营机构的行为进行调查研究，与区域内增长排名靠前的营业部交流学习，充分认识并调整自己的发展战略，选择性地锁定目标市场。

证券经营机构应该通过发现投资者现实的和未被满足的需求，整合证券行业价值链上下游的资源，寻求各种市场机会，最大限度地为投资者谋福利。而且通过对自我的认识和对市场的评估，选择一种最适合自己的组织发展模式。

2. 选择目标市场。对证券市场机会进行评估后，对证券经营机构要进入的那个市场或者某个市场的部分进行研究并选择证券目标市场。目标市场的选择是做营销的重要内容，目标市场的划分，既可以按照地域、投资产品的习惯划分，也可以按照投资者的保证金存量进行划分，并对每个市场的特点、需求的趋势和竞争环境状况都要进行详细的分析和研究，根据自己的优势，选择属于自己的那块"根据地"，不断提升自己的核心产品竞争力，培养客户对自身产品的忠诚度。目标市场的选择，可以运用客户关系 CRM 系统进行数据分析，以分析存量客户为起点。

由于证券机构能够提供的咨询产品是有限的，而投资者的需求和欲望是无限的，因此，企业在细分并选择了"根据地"后，不要轻易的改变自己对产品的定位和对投资者服务的核心价值观，举个简单例子，城市里的地铁是不会中途停车，而只是到下一个站台上去装乘客。

作为证券经营机构到底应该给哪些目标市场的投资者服务呢？我们可以根据证券投资顾问团队发展的不同时间段，选择不同的目标市场策略。对于新形势下的证券市场，需要咱们证券投资顾问花费时间和精力，深入研究在证券市场能够长期持续盈利并得到市场认可的交易系统，并把这种交易系统市场化、产品化模型化，比如在国外，用得比较广泛的交易模型、横向整合后设计出来的咨询产品等等，这些都可以用到市场中去，让市场数据来评判，通过我们自己的产品推广，总能够征服属于这个产品的忠实投资者。

通过市场的分析和评估，证券机构的目标市场策略一旦确立，应该相对稳定，不能大面积的调整和修改。但在营销的过程中，也要灵活的掌握取舍，没有永恒的不变，惟一的不变就是改变和调整，但一定要密切注意市场需求的变化和竞争环境的动态。

3. 确定市场营销策略。在证券经营机构营销管理过程中，制定营销策略是关键环节，这块主要是体现在市场营销组合的设计上，组合的因素前面已经很详细的讲过，证券经营机构主要是考虑产品策略、佣金策略、渠道策略和促销策略，还要多留意一些对投资者需求、成本、便利和沟通等方面，综合考虑，在分析和选定的目标市场基础上，对营销策略的组合做到有的放矢，在营销策略的制定过程中遵循以下金字塔模型（见图 12－7）：

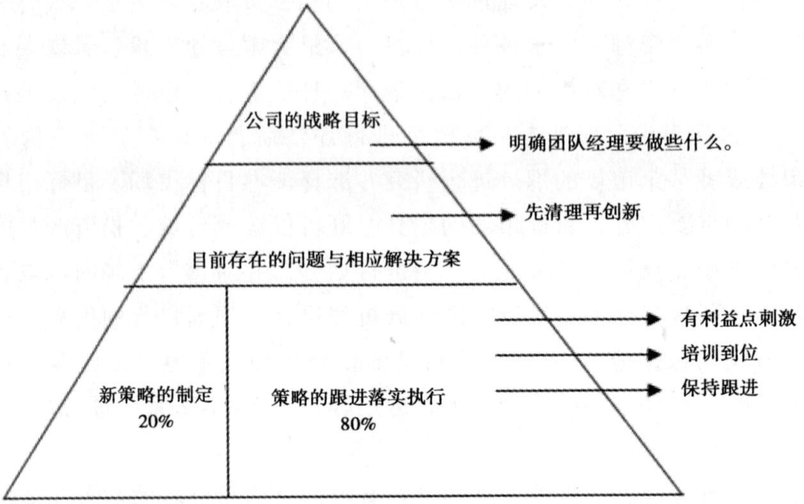

图 12－7

营销策略制定后，非常重要的是策略的执行情况，其中包括营销的方式的选择、营销产品的明确、营销过程的跟进，对在营销过程中存在的问题，我们需要辩证地面对，出现问题的时候说明我们在进步，如果是没有问题才是最大的问题，所以，我们只需要对出现的问题进行逐个解决，进行破坏性、建设性的创新，其出发点都是为了完成机构以及团队发展的战略目标。

按照《证券投资顾问业务暂行办法》规定，证券公司、证券投资咨询机构通过广播、电视、网络、报刊等公众媒体对证券投资顾问业务可以进行广告宣传。对于营销方式来讲，电话营销和渠道营销都是券商经常运用的方式，具体哪种方式更加有效，没绝对标准，关键取决于我们最终所要的结果。电话营销更多的是基于投资者一对一沟通来完成，需要从拜访量和沟通技巧上面下功夫，提高服务有效客户的概率，在营销的过程中，往往量比质更重要，这是影响我们挖掘客户和成交客户的关键所在。电话营销一直都是线上沟通，所以电话营销经常也会配合会议营销等方式进行线下交流沟通，通过更多地接触客户以及更加全面、系统的证券和营销的专业知识的学习，真正让自己成为行业里更具价值的从业人员。渠道营销也是很多券商常用的方式，所以，渠道建设我们也会在后面的章节专门罗列。在现阶段的证券行业，随着投资者知识结构的丰富完善，仅仅靠产品促销和低佣策略已经很难在银行挖掘到客户，这就要求我们必须苦练内功，一切以投资者的需求出发，把最好的、可操作、有价值的产品带到银行等渠道中，通过渠道这个平台口碑相传，推广到广大的投资者群体中去；对于符合要求的客户，可以辅导其成为专门的投资管理公司，让客户的资产管理公司化、规模化、合法化。

4. 市场营销活动量管理。营销管理要达到预期的目标，必须借助活动量管理来量化团队成员的阶段性的展业成果。首先我们要有具体的市场营销计划和实施战略目标的方式方法，然后通过招兵买马、培训、激励和评估等一系列的人力资源管理，来保证强有力的执行项目战略目标，最后，在执行的过程中，难免会偏离先前制定"市场营销战略航线"，这就需要我们在计划实施的过程中，不断发现问题，实时修正。

活动量管理也就是我们常说的表格化管理，如果从业人员过多的话，只有通过每天、每月、每年的数据分析、管理，才能更好地保证我们计划的完成。同时，在客户开发的过程中，我们必须遵循漏斗原理，围绕客户的最终达成交易，需要从源头去控制我们的数据，通过量化我们的 call 或拜访数据和比率，并进行数据的趋势分析，在这个挖掘的过程中，去正确处理好从业人员的愿不愿和能不能的问题，即在不同的发展阶段，我们可以通过活动量的数据分析，找到我们发展过程中存在的主要矛盾，接下来通过培训、沟通，规范日常的展业流程，最大限度地提升效率。

活动量管理是一种完成既定任务的销售工具，同时可以对销售业绩做出预测，深刻地体现了量化销售服务的管理思想，通过一定数量的客户拜访量和转换比率以及成交的时间进行加权汇总，将汇总的结果与既定任务目标相比较，便可以得出在指定日期内工作任务完成的情况，从而根据比较结果调整下一步的工作计划以完成工作任务。

活动量管理可以结合销售漏斗工具一起使用，为了完成当期的任务，投资顾问的工作重点应是成交几率很大的少数客户，要把 80% 的精力都投入到这 20% 的潜在客户身上，这就是常说的"二八原则"；对于成交几率很小的大多数客户只需投入一小部分精力以维持他们在销售漏斗中向下一阶段迈进即可。活动量管理工具覆盖投顾各个层面，是提升活动量的有效手段。透过管理工具的使用，培养分析和解决问题的能力和习惯。通过工具的操作，提升管理阶层的掌控辅导能力。一旦熟练掌握了工具，工作效率将大大提高，用于填写工具的时间必会获得超值的回报。活动量管理工具使用的几大整体原则是：

（1）真实原则：必须如实地填写表格及讨论，才能产生真实地效果。

（2）具体原则：原因分析要具体，对策制定要具体，效果评估要具体。

（3）结合原则：结合理念和技能的提高，必能产生业绩的改善。

（4）坚持原则：只要长期坚持，建立习惯和提高技能，必能显著和长期地提高业绩，达到持续经营目的。

在电话营销的过程中，活动量管理应用得比较广泛。大家都应该明确，每年团队都会有相应的业绩考核指标，而团队的业绩目标也需要人来完成，最后分解到每个证券投资顾问团队里面就是团队收入，分解到每个证券投资顾问来讲，就是每个证券投资顾问的收入。所以，活动量管理的整个价值链的梳理，以销售活动量管理为例，假设每个环节的转换概率是相对静止（可以通过培训学习提升），我们可以通过证券投资顾问完成“新增一个亿”的目标作为项目来展开，如图 12－8 所示：

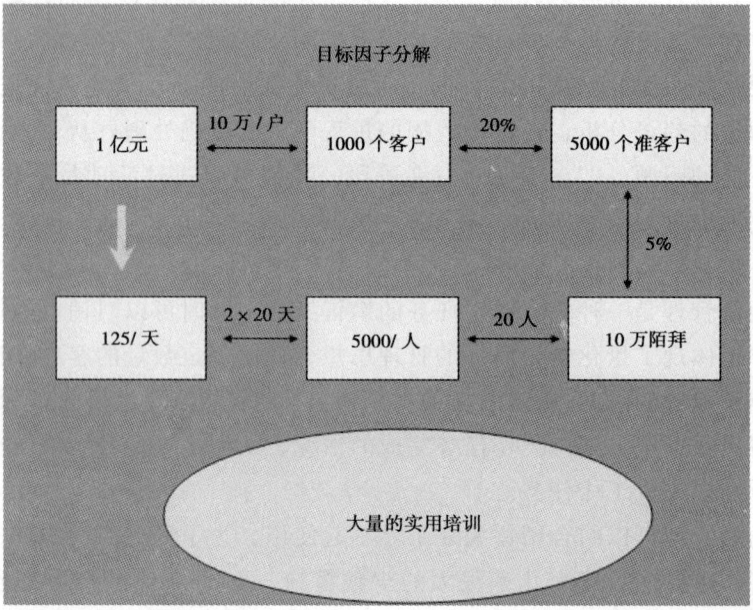

图 12－8

从图 12－8 中，我们不难看到，这 20 个证券投资顾问是如何在 2 个月内，通过引入活动量管理来完成新增 1 亿元的资产规模。要在规定的时间段内完成营业部下达的这个目标，必须首先进行当地区域市场调查，基本了解市场范围内投资者分布的结构和偏好，以及投资者在投资的过程中遇到的真正问题，进行问卷调查作为抉择的基础。假设通过采集数据，结合自身的投顾水平，发现目标客户股票市值在10万元左右是比较适合的，那么我们需要完成1000个这样的客户才能达标，如果按照20%的准客户成交率，我们需要积累5000个有可能成为我们正式客户的准客户，在现在的电销中，在100个陌生电话中能够筛选出5个已经是很高的比例了，当然这需要我们在电话资源选择上面多多下功夫，有针对性地找到真正需要我们服务的人群，也就是通过我们对电话资源的数据跟踪，选择更好的标的客户资源，采取突破5%的有效拜访率；如果按照这样的概率，我们至少要在2个月内打完10万个陌生电话，那么如何以最少的电话陌生拜访，筛选出最多高品质的客户，我们可以通过大量的培训和情景演练，以及结合市场的变化，不断地更新话术、背话术来提升我们打电话的效率。有些同仁可能经常说行情不好，没有赚钱效应，但通过测试，行情只能影响交易量的变化，但对新增资产这块影响较小。

好了，要完成这10万个电话，一个人的精力是有限的，所以，我们需要招兵买马，加强我们团队的建设，这里引入一个团队建设的公式：增量客户=团队人数×团队人均单产，要完成客户的增量，主要考虑扩大投资顾问人数和人均单产来完成，这里我们以20个有效人力来计算，则需要每人在2个月内，陌生电话拜访的数量应该为5000人，那么每个月按照20个工作日计算，每天则需要打125个电话。所以，得到这样的结论：2个月的时间，如果这20个人，按照一个客户10万元的股票市值，每人完成50个客户就能够完成每人新增500万元的目标，2个月后团队就能够新增1亿元的目标。但在实际的工作中，由于每个队员的个体能力差异，个人能力强的证券投资顾问，1个月时间，由于单个客户资产比较大的话，不需要开发50个客户，照样能完成500万元的新增资产，但是那些个人能力不够、对行业缺乏悟性的销售人员，则有可能在项目中掉链子，所以，我们需要对每天的数据进行跟踪分析，及时采取措施，调整团队的人员结构，增加整个环节运用的各方面的专业知识，不断的情景演练，不断的总结，最终保证营业部业绩的目标完成，活动量管理的具体工具，市面上有很多表格和数据分析模型，都可以参考运用。

（三）任务分解与时间管理

现阶段，通过市场调研和研究，并制定了市场营销策略后，在执行的过程中，需要将总的营销项目进行横向和纵向分解，纵向划分主要是按照营销项目所需要的工作单元，横向主要是按照时间划分项目的管理过程，针对每一个工作单元，必须配置科学的完成时间、所需要的资源，并核算出直接和间接的运营成本，落实到人。这项工作可以采用甘特图分析软件来保证工作计划的准确性，有了它，管理部门就可以从一张图表上，看到计划的进展情况，并积极对照自己的进度，保证时间内完成预定的工作计划。甘特图是我们常用到的管理工具，如图 12－9 所示：

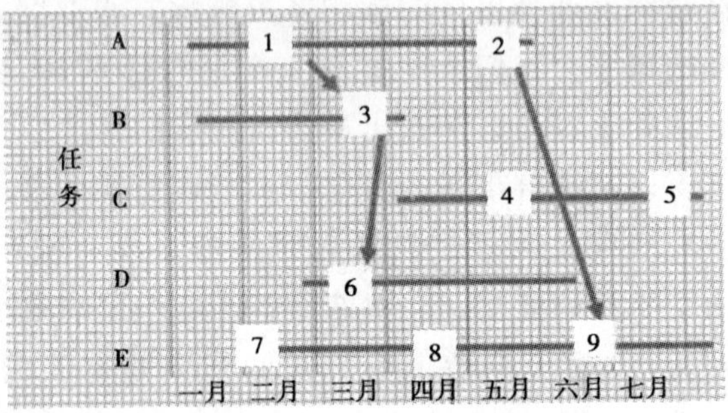

图 12－9　甘特图

甘特图（Gantt chart）是在 20 世纪初由亨利·甘特开发的。它基本上是一种线条图，横轴表示时间，纵轴表示要安排的活动，线条表示在整个期间上计划的和实际的活动完成情况。甘特图直观地表明任务计划在什么时候进行，以及实际进展与计划要求的对比。

甘特图是对简单项目进行计划与排序的一种常用工具。用于解决负荷和排序问题时较为直观，它能使管理者先为项目各项活动做好进度安排，然后再随着时间的推移，对比计划进度与实际进度，进行监控工作。调整注意力到最需要加快速度的地方，使整个项目按期完成。

管理者由此极为便利地弄清一项项目还剩下哪些工作要做，并可评估工作是提前还是滞后，亦或正常进行。是一种理想的控制工具。甘特图包含以下三个含义：以图形或表格的形式显示活动；是一种通用的显示进度的方法；构造时应包括实际日历天和持续时间，并且不要将周末和节假日算在进度之内。

甘特图具有简单、醒目和便于编制等特点，在企业管理工作中被广泛应用。甘特图按反映的内容不同，可分为计划图表、负荷图表、机器闲置图表、人员闲置图表和进度表等五种形式。

当然软件的运用，不可能解决一切问题、代替管理，作为团队管理人，首先应该在明白项目的范围、目标基础上去运用计算机系统及项目管理软件，在项目的实施过程中，不断地审视项目单元，建立风险警示机制，在项目的执行过程中，实时控制营销过程，避免盲目扩张、失去控制。

四、营销项目执行和控制

（一）营销产品定价机制的形成

实际操作中，营销项目实施往往从咨询产品阶段开始正式运作。根据前期的调查报告，营销部门需配合研发服务部门对现有咨询产品组合的合理性进行审核和根据市场重新消化。对于证券机构，营销的是一种服务，服务是无形的产品，我们可以对服务产品化、程序化来丰富我们的产品结构，产品的推广可以结合基本面的相关热点，不断调整营销亮点。作为证券研发部门，应该根据不同的历史时期开发新的系列咨询产品，以配合新的市场需要。在确定了新的产品战略之后，市场营销部要根据市场需求情况，参照市场上主要的竞争对手的佣金水平，选择合适的服务定价标准，建立完善的咨询服务产品的定价机制，全力配合公司在不同时间的发展战略。

定价机制的建立是营销执行过程中非常关键的环节。佣金或收费标准通常是影响营销成败的重要因素，同时又是市场营销组合中最难以确定的因素。定价的目的是促进销售，获取利润。有句话说得很好：好货不便宜，便宜无好货，正是证券行业发展的特殊阶段，证券经营机构在体制上没有更多的组织构架来保证给客户提供好的咨询服务，一直以来，投资者在证券经营机构开户后，就没有享受到系统的服务，所以，证券机构既要考虑自己的证券研发成本、公司的营销目标、产品组合的结构等内部因素和行业规则等外部因素，又要考虑以什么样的定价水平和形式推向市场，从而使定价机制更加完善。当然，定价标准的制定也不是一成不变的，应该根据市场的变化，进行灵活的调整。

（二）营销项目的渠道建设

2008 年 6 月 1 日开始施行的《证券机构监督管理条例》第三十三条明文规定：证券经营机构不得违反规定委托其他单位或者个人进行客户招揽、客户服务、产品销售活动，所以渠道建设的前提必须是在合规的前提下。证券经营机构的渠道建设是指公司为把自己的产品推向市场，满足投资者的需求，与相关机构和组织合作，资源互补，共同谋求为投资者服务的一种服务营销方式。其中，营销过程包括：选渠、挖渠、维护渠道的过程。渠道建设一直以来都是证券经营机构营销工作的重点，早期的银行驻点、以及定期专门针对特殊投资者做的理财沙龙等等，证券机构明白，只有通过这种方式才能降低开发成本和提升同行业的竞争力，但随着市场和行业的发展，我们的营销渠道需要不断的创新，应该对双方的资源进行深刻的研究，为投资者提供方便、专业的理财渠道的同时，主动设计一套能够最大限度创造各方价值的商业逻辑。这里我们以银行渠道管理为例，说说渠道管理的具体内容。

1. 银行渠道的咨询管理。对于证券经营机构而言，证券机构的产品就是投资理财咨询，所以需要建立双方信息交流系统，及时、有效地传递信息到银行，银行随即会对信息进行处理，并通过各种方式，有针对性地给投资者介绍，同时也为银行客户提供了增值服务。

2. 广告的支持。对于证券投顾产品，首先应该通过媒体和银行网点对投资者进行风险教育，然后对投顾产品进行风险定价，这样投资者会根据自己的实际情况进行选择购买。

3. 客户服务的支持。优化客户服务流程，妥善处理在客户服务的过程中出现的客户抱怨和投诉，最大限度地保证投资者的利益。

4. 大金融专业知识的培训。随着金融行业的不断发展，需要对银行、证券、保险、信托的专业知识进行学习，所以，在渠道维护的过程中，对所有的项目参与人都应该进行大金融专业知识的培训和提升，保证对市场和客户统一的服务节奏，建立标准化的项目实施流程，通过人性化管理和制度化的约束，培育最适合公司发展的合作关系。

（三）营销项目的促销策略

1. 证券促销策略。证券促销策略是指证券经营机构如何通过人员推销、广告宣传、公共关系和营业网点推广等各种促销方式，向投资者传递投顾产品信息，引起他们的注意和兴趣，激发他们的成交欲望并采取行动，以达到扩大销售的目的，所以，有人说促销是最好的营销方式。证券经营机构要把自己的产品推向市场，需要通过两种方式，一种是人员推销，也就是我们常说的“拉”的策略，即推销人员和投资者面对面进行推销，主要运用到渠道网点和电话营销的过程中。另外一种就是非人员推销，也就是我们常说的“推”的策略，即主要通过大众媒体和网络向大量的投资者传递信息，主要包括广告、公共关系和营业网点推广等多种方式。所以，一个好的促销策略，在营销活动中往往起到画龙点睛的作用，这是因为促销可以携带和传播很多有价值的信息，激发投资者对自我财富的认识，引导投资者对产品的认识，从而扩大产品在市场的影响力。

2. 促销前的信息收集。促销本身就是一场战役，要打赢这场没有硝烟的战役，需要建立强大的信息数据库处理系统，明白竞争对手是如何在做促销策略，这样才能在节约成本的同时，打一场漂亮的战役。信息数据库的内容具体有以下几个：

√ 收集竞争对手内部的产品促销策略，可以通过行业活动交流收集

√ 收集竞争对手是如何定银行渠道政策和运营方案

√ 收集投资者在银行渠道对促销产品的意见和建议

√ 收集银行网点人员推销过程中一线的数据

√ 收集媒体宣传对社会造成的影响

有了关于市场的详细的数据基础，则需要策划人对数据进行专业分析，并结合收集到的原始数据，推测竞争对手的促销活动策略，判断他们在促销产品的方式上面是如何实现的，再结合自身的情况，形成自己所特有的产品促销策略和对竞争对手的应变促销策略。

3. 促销策略。通过前期的市场数据收集，结合一般的促销理论，制定促销策略，具体有以下方式：

（1）佣金或收费标准折扣法。通过对服务产品的包装，设立不同的价格策略，让投资者自己去选择是否放弃服务，提供更优惠的佣金标准。

（2）赠品销售。针对特定投资者配送礼品，礼品的选择最好有利于改善对投资者的服务水平，证券公司常见的送手机、送电脑均属于这种类型。

（3）消费券的运用。投资者可以用到证券公司开立的资金账号到指定的商家消费，享受特定的优惠和折扣，这种方法需要协调与商家进行数据库的对接和期限控制。

（4）积分管理。这种方式目前国内有些证券公司已经在做相应的尝试，以高端会所的形式，投资者通过给证券公司创造的净佣金作为标的挣得积分，凭借这种特定的积分参加证券公司举办的各种投资报告会，以及兑换成相应的服务产品进行消费。

（5）免费试用。2010 年 9 月 30 日中国证券业协会发出《关于进一步加强证券公司客户服务和证券交易佣金治理工作的通知》，要求证券公司“同等服

务同等收费”，在佣金标准方面要求“同等客户同等收费”。所以，证券公司会对不同层次的投资者设计不同的投资咨询服务产品，对应的佣金和收费标准不一样，对部分投资者需要感受更高层次的服务，我们可以暂时提供收费的服务产品，让投资者明白更高的佣金对应更高的服务内容。

（6）模拟炒股大赛。通过和媒体合作，倡导理性投资，曲线完成自身产品的价值诉求。大赛面向广大投资者发出邀请，获得一定名次的炒股高手，给予一定的物质和精神奖励，充分调动投资者的积极参与热情，还可以让投资者分享自己控制风险的经验，同时也达到对投资者的风险教育的效果。

（7）小区现场展示。可以通过现场视听形式的产品展示和现场讲说，把投资者教育送到家门口，让投资者充分明白证券投资风险，并树立正确的投资理念，过程中，可联合小区银行共同成立股民服务基地，正所谓“山不过来，我就过去”。

（8）投资者俱乐部。这种方式是通过对已有的投资者提供服务，提升投资者的归属感，显示对投资者的重视，通过日常的俱乐部活动，更好地为他们提供服务和专业指导。

（9）咨询产品推介。证券行业特殊的风险性，要求在推广过程中，在投资者没有明确风险的前提下，不能诱导客户进行证券投资，对产品概念的理解同样需要明确这一点，讲故事也需要从投资者教育的角度出发。

总之，要想让促销策略达到预期的效果，就需要战略性地提早规划。战略方面，应该从行业和竞争对手研究入手，制定机构或团队发展战略、组织相适应的促销策略，注重投资者的未被满足的需求，推进品质渠道建设，以最少的投入取得更大的促销效果。管理方面，产品促销即应该成为营销组织的常规工作，把产品通过人性化的方式推向市场，同时也需要时刻关注投资者对产品的反馈意见。

（本章作者：张大庆）

本章作者简介

张大庆，西南证券嘉陵桥西村营业部高级团队经理，曾任尚诺（中国）科技重庆分公司营销总监；西南财经大学金融专业毕业，对金融产品及产品运营有深入的研究，2011 年获得中国人力资源和社会保障部颁发的企业 EAP 高级执行师资格证书。

第十三章
证券投资顾问管理

证券投资顾问是高风险行业，需要有效管理。

——作者

本章目标

- ◆ 证券投资顾问管理的组织构架
- ◆ 证券投资顾问业务管理
- ◆ 证券投资顾问注册登记
- ◆ 证券投资顾问执业准则
- ◆ 证券投资顾问风险控制

第一节 证券投资顾问管理的组织构架

许多机构对证券投资顾问业务实行集中管理、分级实施的管理体制。以券商为例，券商一般授权经纪总部为公司证券投资顾问业务的主管部门，授权营业部作为开展证券投资顾问业务的日常管理部门，公司相关部门互相配合共同完成证券投资顾问业务的管理工作。

一、券商经纪总部

券商经纪总部在公司证券投资顾问业务管理中，履行下列职责：

1. 负责证券投资顾问业务的规划、推进和管理；

2. 负责组织指导分公司和营业部建立证券投资顾问队伍；

3. 负责营业部证券投资顾问的人员管理与资格的审核；

4. 负责证券投资顾问业务培训的规划与组织；

5. 负责证券投资顾问业务咨询产品的订购、整合与制作；

6. 负责落实、解决分公司、营业部就开展证券投资顾问业务提出的各类需求；

7. 负责公司层面证券投资顾问客户回访工作；

8. 负责证券投资顾问客户二级投诉的受理工作；

9. 负责在公司网站公示证券投资顾问业务资格和证券投资顾问人员资格的相关信息。

二、研究所

研究所在公司证券投资顾问业务管理中，履行下列职责：

1. 根据经纪总部需求为证券投资顾问业务开展提供研究支持；

2. 根据经纪总部需求为证券投资顾问客户提供必要的咨询产品和咨询服务；

3. 根据经纪总部需求为证券投资顾问提供证券投资咨询业务培训。

三、人力资源总部

人力资源总部在公司证券投资顾问业务管理中，履行下列职责：

1. 负责证券投资顾问的资格复核；

2. 协助证券投资顾问业务培训的组织实施；

3. 负责向中国证券业协会进行证券投资顾问资格的注册登记、变更、注销及年检等工作；

4. 负责在中国证券业协会网站公示证券投资顾问业务资格与证券投资顾

问人员资格的相关信息。

四、分公司

分公司在公司证券投资顾问业务管理中，履行下列职责：

1. 负责根据公司部署，组织、指导、推进辖内营业部证券投资顾问业务的开展；

2. 负责协助公司对辖区内营业部证券投资顾问业务进行监督管理；

3. 负责协助公司完成对辖区内营业部证券投资顾问客户进行回访和投诉处理；

4. 负责收集与整理辖区内营业部有关开展投资咨询业务的各项需求报经纪总部。

五、证券营业部

证券营业部在公司证券投资顾问业务管理中，履行下列职责：

1. 负责本部门证券投资顾问队伍的建设；

2. 负责本部门开展证券投资顾问业务的日常管理；

3. 负责对本部门证券投资顾问的执业行为管理和绩效考核；

4. 负责对本部门证券投资顾问客户进行回访和投诉处理；

5. 负责向分公司、经纪总部就本部门证券投资顾问业务的开展提出各类需求。

第二节 证券投资顾问业务管理

一、证券投资顾问业务的服务内容

证券投资顾问业务的服务内容包括：

1. 按照证券投资顾问业务开展的要求和约定，向客户提供涉及证券及证券相关产品的投资建议，投资建议内容包括投资的品种选择、投资组合以及理财规划建议等；

2. 辅助客户作出投资决策，引导客户理性投资；

3. 向客户充分提示证券投资的风险及中国证监会、中国证券业协会规定的应告知客户的其他信息；

4. 向客户开展投资者教育活动，传播证券投资知识。

二、开展证券投资顾问业务一般要求

证券投资顾问业务的开展，应符合下列要求：

1. 拥有具备投资咨询执业资格并注册为证券投资顾问的人员，方能开展证券投资顾问业务；证券投资顾问自制的服务产品必须由证券投资顾问署名，并经营业部证券投资顾问总监审核后方能向客户提供。

2. 对证券投资顾问客户进行客户分类和适当性管理。营业部在接受客户申请时，应当按照公司规定的程序和要求，通过现场询问、问卷调查等方式，收集客户信息，包括客户身份、财产与收入状况、证券投资经验、投资需求与风险偏好、投资目标等，评估客户的风险承受能力，并以书面或者电子文件形式予以记载、保存。

3. 在了解客户的基本情况、评估客户风险承受能力和服务需求的基础上，由客户签收确认《风险揭示书》并与客户签订《证券投资顾问服务协议》后，可以为客户提供适当的证券投资顾问服务。

4. 严格管理证券投资顾问的执业行为，切实维护客户的合法权益。

5. 证券投资顾问服务的推广与宣传，应客观、真实，禁止以任何方式承诺或者保证投资收益，禁止对服务能力和过往业绩进行虚假、不实、误导性的营销宣传。

6. 通过广播、电视、网络、报刊等公众媒体对证券投资顾问业务进行广告宣传，应遵守《广告法》和证券信息传播的有关规定，并提前5个工作日将广告宣传方案和时间安排，向经纪总部报告、同时向媒体所在地证监局报备，由经纪总部统一向辅区证监局报备。

7. 通过举办讲座、报告会、分析会等进行证券投资顾问业务推广和客户招揽，应提前5个工作日向举办地证监局报备并抄报经纪总部。

三、证券投资顾问服务收费应符合的要求

证券投资顾问服务收费，应符合下列要求：

1. 收费原则。证券投资顾问费以公司（营业部）账户收取，禁止以个人名义向客户收取证券投资顾问费。证券投资顾问费的收取方式、收取金额等应与客户协商并书面约定；

2. 收费形式。证券投资顾问费可以按照服务期限、客户资产规模收取服务费用，也可以采用差别佣金等其他方式收取，具体方式在协议中约定。

证券投资顾问可以通过公司有关信息系统平台，获得公司对证券投资顾问服务提供的研究支持。证券投资顾问采用信息系统平台以外的资讯信息，必须采用市场公开信息。

证券投资顾问向客户提供投资建议，应当将向客户提供投资建议的时间、内容、方式和依据等信息，以书面或者电子文件形式予以记录留存。证券投资顾问业务档案的保存期限自协议终止之日起不得少于5年。

与其他证券投资咨询机构以合作方式向客户提供证券投资顾问服务，应当与该证券投资咨询机构就服务方式、报酬支付、投诉处理等作出约定，明确当事人的权利和义务。有关与其他证券投资咨询机构合作的制度由公司经纪总部另行制定发布。

第三节 证券投资顾问注册登记

申请注册登记为证券投资顾问的条件：

1. 与公司签订劳动合同；

2. 通过证券基础知识和证券投资分析两门证券从业资格考试或具有证券投资咨询执业资格；

3. 具有大学本科以上学历、两年以上证券业务或证券服务业务经历；

4. 未在其他证券机构执业；

5. 申请证券投资咨询执业资格的其他各项条件；

6. 中国证券业协会和所在机构规定的其他条件。

营业部负责对证券投资顾问申请人的资格条件进行初审。由申请人填写相关申请材料，并将身份证、学历证明、证券投资咨询执业证书或证券投资咨询从业资格考试成绩合格证明等材料原件提交至营业部，营业部经初审合格后将相关证件复印留档并提交经纪总部。经纪总部对申请材料审核同意后提交人力资源总部，经人力资源总部复核后向中国证券业协会办理证券投资顾问的注册登记手续。

由营业部、人力资源总部、经纪总部分别负责在营业场所、中国证券业协会网站和公司网站公示证券投资顾问的信息，并及时更新。公示信息至少包括公司名称、地址、联系方式、投诉电话、证券投资咨询业务资格、证券投资顾问的姓名及其证券投资咨询执业资格编码等信息。

证券投资顾问离职或发生岗位变动，由人力资源总部在该事项发生之日起10个工作日内，向中国证券业协会办理注销该人员的证券投资顾问注册登记手续，由营业部、人力资源总部、经纪总部同步更新公示信息。

第四节 证券投资顾问执业准则

如前所述忠实客户利益，以行业公认的谨慎、客观公正、诚实信用和勤勉尽责的态度开展证券投资顾问服务。

证券投资顾问向客户提供投资建议时，应符合下列要求：

1. 根据合理的依据向客户提供投资建议，合理的依据包括证券研究报告或者基于证券研究报告、理论模型以及分析方法形成的投资分析意见等，并向客户说明所依据的证券研究报告的发布人和发布日期。

2. 向客户提供投资建议时必须提示潜在的投资风险。

3. 尽可能向客户说明与其投资建议不一致的观点，供客户参考。

公司、营业部可以组织安排证券投资顾问，按照证券信息传播的有关规定，通过广播、电视、网络、报刊等公众媒体，客观、专业、审慎地对宏观经济、行业状况、证券市场变动情况发表评论意见，为公众投资者提供证券资询服务，传播证券知识，揭示投资风险，引导理性投资。

证券投资顾问不得从事下列活动：

1. 接受客户的全权委托、代客户作出投资决策；
2. 以任何方式向客户承诺或者保证投资收益；
3. 与客户约定分享投资收益或者分担投资损失；
4. 利用咨询服务与他人合谋操纵市场或者进行内幕交易；
5. 以虚假信息、市场传言或者内幕信息为依据向投资人或者客户提供投资分析、预测或建议；
6. 通过广播、电视、网络、报刊等公众媒体，作出买入、卖出或者持有具体证券的投资建议；
7. 为公司及其关联方的利益损害客户利益；
8. 为证券投资顾问人员及其利益相关者的利益损害客户利益；
9. 为特定客户利益损害其他客户利益；
10. 泄露客户、公司相关信息；
11. 以个人名义向客户收取证券投资顾问费；
12. 法律、法规、规章所禁止的其他证券欺诈行为；
13. 其他法律、法规、规章及公司制度禁止的行为。

第五节 证券投资顾问风险控制

证券投资顾问风险控制可借鉴证券项目风险管理的经验，证券项目风险管理是指通过风险识别、风险分析和风险评价去认识项目的风险，并以此为基础合理地使用各种证券风险应对措施、管理方法、技术和手段，对项目的风险实行有效的控制，妥善地处理证券风险事件造成的不利后果，以最少的成本保证项目总体目标实现的管理工作。它包括将积极因素所产生项目风险管理流程的影响最大化和使消极因素产生的影响最小化两个方面内容（这里的项目风险管理主要是活动项目管理，同样适合证券行业的市场风险管理）。主要包括：风险识别、风险量化、应对计划、风险监控。如图 13－1 所示。

证券行业有句话，没有风险就没有利润，把风险控制到位，利润自然就会出来。所以，我们必须对项目过程中出现的风险有充分的认识。

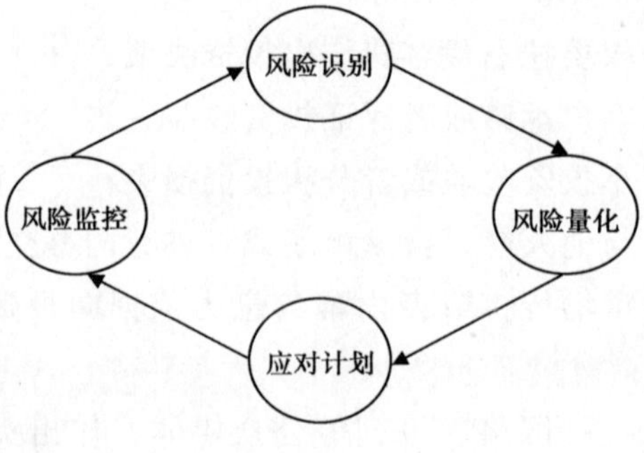

图 13－1

1. 证券风险具有客观存在性，不以人的意志而转移，不管怎么样去预防风险的出现，人类都是有局限性的，都只能是最大限度地减少发生风险的概率，在这个相对运动的世界里，达到一定条件，发生风险是必然的。

2. 证券风险具有不确定性和危害性，正是这种不知什么时候、什么地点发生的不确定性，有的时候与我们的项目计划背道而驰，给我们项目的实施带来很多麻烦，这就要求我们在充分地接受风险、认识风险的基础上，做好应急预案，尽可能避免风险，将证券项目风险的危害降低到最小。

证券投资顾问在提供咨询产品与证券投资顾问服务时必须强化风险控制意识，符合风险管理要求。券商总部风险管理办公室负责证券投资顾问客户交易行为的风险监控管理。经纪总部负责根据风险事件线索，组织分公司、营业部开展相关事件调查。

（本章作者：黄小宁）

参考文献

[1] 刘军稳、鄢圣鹏编译：《1940年美国投资公司立法》（中英文对照本），新华出版社2007年9月第1版。

[2] 香港证券及期货监察委员会：《证券及期货监察委员会持牌人或注册人操作准则》。

[3] 《证券投资信托及顾问法》，中国台湾“行政院”金融监督管理委员会证券期货局。

[4] 《我国证券投资咨询问题研究》，深圳证券交易所综合研究所（深证综研字第0156号）。

[5] 中国证券监督管理委员会：《现行证券期货法规汇编》，法律出版社2007年12月第1版。

[6] 林义相：《投资咨询：继往开来　促进投资咨询业健康发展》，《中国证券》2006年第11期。

[7] 凯瑟琳·迪佛利：《黄金服务15秒》，天津社会科学院出版社2003年版。

[8] 宋豫书：《赢得客户的沟通细节》，经济管理出版社2007年版。

[9] 周洁如：《客户关系管理与价值创造》，上海交通大学出版社2006年版。

[10] 中国证券业协会：《证券市场基础知识》，中国财政经济出版社历年版。

[11] 中国证券业协会：《证券市场分析》，中国财政经济出版社历年版。

[12] 华猛：《证券投资分析》，中国人民大学出版社2010年版。

[13] 《基本面和技术面相结合》，中证内参。

[14] 中国证券监督管理委员会机构监管部孟繁永：《〈证券投资顾问业务暂行规定〉和〈发布证券研究报告暂行规定〉有关问题的说明》，《中国证券报》2010年11月2日专题版。

[15] 山海:《这样操盘一定大赚》，中国经济出版社 2006 年版。
[16] CFA Institute，http：//www. cfainstitute. org/。
[17] CFP Board，http：//www. cfp. net/。
[18] 傅吾豪、袁志强:《操盘圣经》，当代中国出版社 2001 年版。
[19] 谭伟成:《价值平均法投资锦囊》，http：//www. 927100. com。
[20] 马赛尔·林克:《加仓的效果——交易的阵地战法》。
[21] 龙人操盘（博客）:《股票的价值投资》。
[22] 中华管理学习网，http：//www. cas. org. cn。
[23] 李振勇:《商道逻辑》，2009 年。
[24] 秦宝燕:《论我国证券公司商业模式面临的挑战及创新》，2010 年。
[25] 匿名:《价值投资——从巴菲特谈起》，360 个人图书馆。

附件
《证券投资信托暨顾问商业同业公会证券投资顾问事业从业人员行为准则（中国台湾地区）》

前言与宗旨

为推展证券投资顾问业务，提升社会投资大众对证券投资顾问事业之信心，证券投资顾问事业及其从业人员应重视伦理规范及内部控管，并避免利益冲突情事发生。依此，各证券投资顾问事业有订定业务人员行为准则之必要，俾利全体从业人员遵守。观诸美国、加拿大及香港等地制度，均有由业者自律制定道德规范（ethics codes）供业界各依其需要采行，以作为各公司内部行为规范及作业检查之准据。该等道德规范规定，均为指引式（guide line）之指导原则，而针对从业人员个人金融交易行为，及可能与客户产生利益冲突之情形，则订立详细规定。

目前证券投资顾问事业之管理依据，主要为中国台湾“证券投资信托及顾问法”、“证券投资顾问事业设置标准”、“证券投资顾问事业管理规则”；有关全权委托投资业务则依据“证券投资信托事业证券投资顾问事业经营全权委托投资业务管理办法”及台湾证券投资信托暨顾问商业同业公会（以下简称“公会”）经主管机关授权订定之业务操作办法、申请程序暨审查要点、检查辅导办法、纷争调解处理办法、营业保证金处理要点及账务处理要点等相关规定办理。此外，为加强证券投资顾问事业自律精神，公会亦订有之“会员自律公约”、“会员违规处置申复办法”及“证券投资顾问事业从事广告及营业促销活动行为规范”并经主管机关核定，期使会员公司及其业务人员得以依其规范之内容，共同为证券投资顾问事业之良好声誉努力。至于从业人员之管理方面，除应遵守“证券投资顾问事业负责人与业务人员管理规则”规定及主管机关发布的相关行政函令外，为强调公司对内部人员行为控管之重要性，于“证券投资顾问事业管理规则”第十一条第四项，亦要求证券投资顾问事业应订定内部人员行为规范，供其人员遵守。

为提升证券投资顾问事业之声誉，并落实公司内部道德规范，爰参酌其他国家制度，订定本行为准则，供证券投资顾问事业制定内部人员职业道德规范时参考援引。本行为准则为指引式规范（guide line），各公司得依其状况，自行斟酌裁量公司之内部人员行为规范制定，于必要时，得为修正或增删，以配合法令规定或公司管理政策。

本行为准则为业界自律规范，故从业人员违反本行为准则之规定，由公司依其雇佣或委任关系处理，将可能遭受公司之警告、处分或解职。若同时违反法律或主管机关之相关规定时，亦将遭受司法机关及行政机关之处分。唯公司负责人及员工之行为如违反公司依本行为准则所制定之内部规范者，可能作为主管机关行政处分之参考或遭致公会之自律处分。

第一章　通　　则

第一条　证券投资顾问公司之全体从业人员应重视伦理规范及内部控管，并遵守证券投资信托及顾问法、证券投资顾问事业设置标准、证券投资顾问事业管理规则、证券投资顾问事业负责人与业务人员管理规则、证券投资信托事业证券投资顾问事业经营全权委托投资业务管理办法等相关法令、公会会员自律公约、全权委托投资业务相关规章、证券投资顾问事业从事广告及营业促销活动行为规范与本行为准则，以避免利益冲突情事发生，共同为证券投资顾问事业之良好声誉努力。

第二条　公司之负责人、业务人员及所有受雇人员，应一体遵行本行为准则之规定。但本行为准则有关个人交易之规定，仅适用于经手人员。

前项之经手人员指公司负责人、担任证券投资分析之人员、全权委托账户管理人、公司员工依其职位行为参与、制定投资决策之人，或公司员工中有机会事先知悉公司有关投资交易行为之非公开信息或提供投资建议之人。

第三条　负责人、业务人员及所有受雇人员应秉持下列之业务经营原则，共同为维护证券投资顾问公司之声誉与发展而努力：

一、忠实诚信原则：应遵守并奉行高标准的诚实、清廉和公正原则，确实掌握客户之资力、投资经验与投资目的，据以提供适当之服务，并谋求客户之最大利益，不得有误导、诈欺、利益冲突或内线交易之行为。

二、勤勉原则：公司员工应于其业务范围内，注意业务进行与发展，对客户的要求与疑问，适时提出说明。无论和现有客户、潜在客户、雇主或职员进行交易时，都必须秉持公正公平且充分尊重对方。

三、善良管理人注意原则：应以善良管理人之责任及注意，确实遵守公司内部之职能区隔机制，以提供证券投资顾问服务及管理客户委托之资产，并提供最佳之证券投资服务。

四、专业原则：应持续充实专业职能，并有效运用于职务上之工作，树立专业投资理财风气。

五、保密原则：妥慎保管客户数据，禁止泄露机密信息或有不当使用之情事，以建立客户信赖之基础。

第四条 本行为准则为公司委任或聘雇契约之一部份，负责人、业务人员及所有受雇人员如违反本行为准则时，可能遭受公司之警告、惩戒或解雇处分。若同时违反法律或主管机关之相关规定时，亦将遭受司法机关或行政机关之诉追或处分。

第二章 个人交易之规范

第五条 经手人员于到职日起十日内应出具声明书（如附件 A）及依公司所制定之制式表格（如附件 B）申报本人账户及利害关系人账户持有有价证券及其衍生性金融商品之名称及数量等数据。

第六条 经手人员于在职期间应依公司所制定之制式表格（如附件 B）每月十日前汇总申报前一月本人账户及利害关系人账户每一笔交易状况，包括有价证券及其衍生性金融商品之名称、数量、金额及日期等数据，当月无交易者，无需申报。公司于必要时，可要求该人员出具由所开户之证券商及期货商所开立之交易证明。

第七条 前二条所称之利害关系人包括：

一、本人配偶及其未成年子女。

二、本人、配偶及其未成年子女利用他人名义投资有价证券及其衍生性金融商品而直接或间接受有利益者。

第八条 经手人员不得取得与业务相关之初次上市（柜）股票，以避免其利用职务之便获取不当利益。

第九条 经手人员为本人账户投资国内上市、上柜公司股票及具股权性质之衍生性商品前，应事先以书面报经督察主管或所属部门主管核准。

前项具股权性质之衍生性商品指可转换公司债、附认股权公司债、认股权凭证、认购（售）权证、股款缴纳凭证、新股认购权利证书、新股权利证书、债券换股权利证书及个股选择权交易。

第一项核准限申请书所载之投资日期当日有效，超过时应另行报经核准。督察主管及各部门主管之个人账户交易，应经总经理或其指定人员予以核准或查核。

第十条 经手人员之任何交易，皆应将客户之利益列为优先之地位。督察主管如认为某特定之个人交易与客户之利益有冲突之虞而不适当时，可不予核准。

第十一条 经手人员为其个人账户买入某种股票后三十日内不得再行卖出，或卖出某种股票后三十日内不得再行买入。但有正当理由并事先以书面报经督察主管或其他由高阶管理阶层所指定之人允许者，不在此限。经手人员自知悉公司推介予客户某种有价证券或为全权委托投资账户执行及完成某种股票买卖前后七日内，不得为本人或利害关系人账户买卖该种有价证券。但得事先获得督察主管或其他由高阶管理阶层所指定之人书面批准，提早于前后二日以上买入或卖出。

第十二条 办理全权委托投资业务之相关人员为本人或利害关系人账户买卖有价证券，除应遵守前条规定外，如拟买卖与全权委托投资账户相同之有价证券，使其自证券市场直接或间接受有利益时，须事先报经督察主管或其他由高阶管理阶层所指定之人，检视其决定是否符合客户之利益。

第十三条 经手人员决不可利用所获得之未公开、具价格敏感性之相关资讯从事证券之交易，包括经手人员获得客户对某种证券或其衍生性产品已下单或将要下单买卖之信息。

第三章 收受馈赠或款待之规范

第十四条 负责人、业务人员及所有受雇人员不得接受客户、有价证券发行公司、证券商、其他交易对象或其他有利益冲突之虞者提供金钱、不当馈赠、招待或获取其他利益。

第十五条 员工于节庆时，得依风俗惯例给予或收受小金额之馈赠或礼品，且礼品价值以不超过新台币三千元者为限；但经督察主管核可者，不在此限。

第十六条 于收受下列形式之馈赠或款待，应事前得到督察主管或所属部门主管之核准：

一、重大之差旅费用，尤其是境外之旅费；

二、旅馆费；

三、单独之款待；

四、他人或其他公司定期提供之款待。

第四章 业务之执行

第十七条 负责人、部门主管、分支机构经理人、其他业务人员或受雇人于执行业务时，除法令另有规定外，不得有下列行为：

一、以诈欺、胁迫或其他不当方式签订委任契约。

二、以任何形式代理客户从事有价证券或证券相关商品之投资或交易行为。

三、与客户为投资有价证券收益共享或损失分担之约定。

四、买卖其推介予投资人相同之有价证券。

五、为虚伪、欺罔、谩骂或其他显著有违事实或足致他人误信之行为。

六、与客户有借贷款项、有价证券，或为借贷款项、有价证券之居间情事。

七、保管或挪用客户之有价证券、款项、印鉴或存折。

八、利用对客户之投资研究分析建议、发行之出版品或举办之讲习，谋求自己、其他客户或第三人利益之行为。

九、非依法令所为之查询，泄露客户委任事项及其他职务所获悉之秘密。

十、同意或默许他人使用本公司或业务人员名义执行业务。

十一、于有价证券集中交易市场或柜台买卖成交系统交易时间内，以任何方式向客户传送无分析基础或根据之建议买卖讯息。

十二、于公开场所或广播、电视以外之传播媒体，对不特定人就个别有价证券未来之价位做研判预测，或未列合理研判分析依据，对个别有价证券之买卖进行推介。

十三、藉卜筮或怪力乱神等方式，为投资人作投资分析。

十四、以文字、图画、演说或他法鼓动或诱使他人拒绝履行证券投资买卖之交割义务、为抗争或其他扰乱交易市场秩序之行为。

十五、利用非专职人员招揽客户或给付不合理之佣金。

十六、以非真实姓名（化名）从事证券投资分析活动。

十七、其他违反证券暨期货管理法令或经主管机关规定不得为之行为。

第十八条 办理投资研究分析之业务人员在提供客户投资组合建议或为全权委托投资账户进行投资行为前，应对客户的财务状况、投资经验以及投资标的作适度的询问，并考虑该投资组合对于客户之适合度与适当性。在决定每一个投资的适合度与适当性时，应考虑的相关因素包含该投资组合或客户需要及情况，投资所包含的基本特性及整个投资组合的基本特性。

第十九条 办理证券投资顾问业务时，应向客户提供有关公司之充分资料，包括公司之营业地址、公司经营业务之种类与限制，以及代表公司执行业务并可能与客户有所联系的人员之身份和职位。

第二十条 接受客户委任，提供证券投资顾问服务前，应先向客户揭露收费之基准及数额，并与客户签订书面证券投资顾问契约，以确定双方之权利义务。

第二十一条 提供研究分析建议时，应作成投资分析报告，载明分析的基础及根据，并应适时提供客户有关投资组合的基本特性及相关风险。

第二十二条 办理全权委托投资业务之相关人员，应注意遵守“证券投资信托事业证券投资顾问事业经营全权委托投资业务管理办法”、公会订定之相关规章及本公司所订定之业务章则办理。办理全权委托投资业务之相关人员，应以善良管理人之注意管理全权委托投资资产，除法令与契约另有规定外，不得为自己、代理人或其他任何第三人谋取利益。

第二十三条 公司运用全权委托投资资产为有价证券之投资时，应关注被投资标的发行公司之公司治理情形。

第二十四条 从事广告、公开说明会及其他营业促销活动时，应注意遵守证券投资顾问事业管理规则、证券投资顾问事业负责人与业务人员管理规则、证券投资信托事业证券投资顾问事业经营全权委托投资业务管理办法，及公会订定之证券投资顾问事业从事广告及营业促销活动行为规范之相关规定。

第二十五条 不得无故泄漏证券投资分析资料或全权委托账户之机密，亦应避免关系企业间、不同部门与不同职务人员间传递机密。

第二十六条 非因职务需要或公司书面同意，不得于任职期间内或期间终止后，泄露或利用公司或其客户任何机密、通讯往来、账户、关系或交易，或任何其于受雇期间所接触获得之信息，亦不得藉由该项信息获取财务利益。

第二十七条 对于客户个人数据（指自然人之姓名、出生年月日、身份证统一编号、特征、指纹、婚姻、家庭、教育、职业、健康、病历、财务状况、社会活动及其足资识别该个人之资料）之搜集或利用，应注意遵守计算机处理个人数据保护法之规定，若有违反，应自负法律责任，并赔偿公司因此直接或间接所受损害及所生费用（含诉讼费及律师费）。

第五章 客户申诉之处理

第二十八条 无论是客户书面或口头的申诉案件，客户服务相关部门均应逐日详细登载。应至少包括以下各项：申诉日期、传达方式（信件/传真/电话/会议/其他）、客户姓名、编号、经办人员、申诉性质、处理人员、处理结果、回复日期、类似申诉是否持续发生等。主管应指派资深同仁保管上述档案记录，且至少每季一次交由部门主管及督察主管核阅。

第二十九条 申诉案件应由经验丰富的资深员工调查处理，且该员工不得为申诉案件中的申诉对象。申诉对象之员工，应全力配合调查；若陈述与客户有重大不一致时，为确保其真实性，应出具所言为实之声明书。负责处理申诉案件之员工应本恳切之态度深入了解整个申诉案件之全貌，并依公司内部作业程序妥适处理。

第三十条 督察主管应定期执行查核，以确保客户申诉案件均依公司所订之作业程序办理。

第六章 罚　则

第三十一条 违反本行为准则之相关规定者，公司得依情节轻重为警告、记过、降职、停职、减薪或解职处分，并作为内部检讨事项，且应将处理情形通知公会。如有违反法令之情事时，并将查报主管机关及公会等相关单位。违反本行为准则第十一条个人交易限制之规定者，除前项处分外，公司并得请求该经手人员将所得利益归于公司。

方正证券简介

方正证券为上海证券交易所上市公司（股票代码：601901）。公司为全国A类券商，注册在湖南长沙，总股本为61亿股，业务资格牌照齐全，在全国18个省（市）拥有99家营业网点（含4家筹建），控股拥有瑞信方正（中外合资）、方正期货、方正和生投资、方正富邦基金、浙江分公司等多家专业子（分）公司。公司为我国中西部最大证券公司，市值规模、财务指标及业务指标位居上市券商前列。

重庆新南路营业部简介

地处渝北区新牌坊转盘繁华地段，交通便利、内部环境优美。营业部拥有专业客户服务团队，为客户提供强大的咨询服务。依托总部南方财富管理中心，为您量身制定财富管理计划。“聚焦财富管理，实现客户资产保值增值”是我们的经营目标。

机构投资者特色金融服务

融资工具——伞型信托

伞型信托是为成熟的股票投资者提供杠杆融资，以期成倍增加投资回报的融资工具。伞型信托所提供的融资杠杆高，最高可达1:2，同时还具有投资范围较广，融资期限灵活，融资成本低等优点。

代理交易业务

由公司配备专业交易员负责接收、执行客户交易指令，使客户收益最大化。公司专业交易员通过运用先进的交易策略、专业的交易软硬件，充分把握市场机会、节约交易成本，为客户更好、更快地完成交易。

大小非市值管理服务

公司可以为大小非减持提供税收优惠、寻找对手盘等多项服务，并制订减持整体方案，为大小非持有者提供一站式服务。

个人投资者特色金融服务

财富管理服务：投资顾问一对一跟踪

（1）至赢版套餐——投顾资讯产品：博文、投资内参、特色短信、投资组合等。

（2）至尊版套餐——投资顾问面对面交流；包含至赢版所有内容之外，还包括视频交流、面对面沟通、账户诊断书（深度套牢解套计划书）、投资理财规划书等。

数量投资服务：程序化投资决策系统

华尔街数量化专家精心设计的投资系统，系统采用量化模型、精准择时、实现360度智能选股功能，还兼具资金流向查询，资金深度分析等功能。

现金理财服务：债券质押式报价回购

该产品是指符合条件的投资者与其指定交易的证券公司之间进行的特定债券质押式回购。该产品的突出优势体现在资金门槛低、不收取佣金、假日计息、收益稳定、交易操作方便等方面。

对每位投资者，我们会根据其资产状况、年龄结构、风险偏好等多方面进行系统性评估，从而选择最适合的产品供其投资参考，以实现财富保值增值。